Jean-Charles Brisard

Das neue Gesicht der Al-Qaida

Jean-Charles Brisard

Das neue Gesicht der Al-Qaida

Sarkawi und die Eskalation der Gewalt

Aus dem Französischen
von Karola Bartsch und Jutta Kaspar

Propyläen

Titel der französischen Originalausgabe:
Zarkaoui. Le nouveau visage d'Al-Qaida

Propyläen ist ein Verlag
der Ullstein Buchverlage GmbH

ISBN-13: 978-3-549-07266-0
ISBN-10: 3-549-07266-X

Inhalt

*Den Opfern des Terrorismus
und ihren Familien*

Vorwort

Auch wenn es einzelne Umstände sind, die über den Bekanntheitsgrad von Terroristen entscheiden, so ist der Irak für Abu Mussab al-Sarkawi doch das, was Afghanistan für Osama bin Laden war, mit dem Unterschied, dass im Irak barbarische Gewalt an der Tagesordnung ist.

Afghanistan und der Irak, zwei globale Brennpunkte, zwei Länder, in denen der Dschihad beheimatet ist. In Afghanistan hat bin Laden sich mit strategischer Intelligenz durchgesetzt, im Irak kommt Sarkawi mit roher Gewalt zum Zuge. Ersterer hat einen pragmatischen Diskurs entwickelt, Letzterer predigt Chaos als Politik. Jener verstand sich als Einiger, dieser tritt als Einzelkämpfer auf.

Durch das Ausmaß an Gewalt wirft Sarkawi den Terrorismus auf seine eigentliche Bedeutung – die Verbreitung von Terror – zurück. Sarkawi war nie auf der Höhe der Zeit, er scheiterte mit allem, was er anfing, bis er im Irak-Konflikt ein Ventil für Frustrationen, Komplexe und Misserfolge fand. Unter Zurschaustellung abwegiger religiöser Überzeugungen hat er der ganzen Welt den Krieg erklärt. »Ich bin global«, behauptet er, um nicht sagen zu müssen, dass ihm, der sich mit seinen religiösen oder militärischen Lehrmeistern – angefangen bei Osama bin Laden – nie messen konnte, der in seiner Heimat im Gefängnis saß oder Stadtviertelterrorismus betrieb, als Daseinsberechtigung nichts anderes blieb als eine Politik der schlimmsten Verheerungen.

Die Belanglosigkeit seiner Kämpfe erklärt, warum der weltweit meistgesuchte Mann auf der Endlosliste der Dschihad-Kandidaten jahrelang nur einer unter vielen war und, angefangen von Jordanien bis hin zu den Vereinigten Staaten, die Entwicklung dieses Monsters nirgends wahrgenommen wurde. Man setzte ihn auf freien Fuß, weil man glaubte, die Gefangenschaft mache ihn irre. In Wirklichkeit entließ man eine menschliche Bestie in die Freiheit, die der Tod schon damals faszinierte. Die Ahnungslosigkeit hielt lange vor: Bis Anfang November 2004 gab es für Sarkawi noch nicht einmal eine »Red Notice«, den von Interpol ausgestellten internationalen Haftbefehl.

Hinter der Maske des blutrünstigen Schlächters, der die Welt via Internet in Schrecken hält, ist Sarkawi ein Terrorist mit untypischem und chaotischem Werdegang. Den Zusammenbruch von Al-Qaida hat er genutzt, um sich zu profilieren und eine »eigene« Organisation aufzubauen, die in zahlreichen Ländern das Netzwerk Osama bin Ladens verdrängt hat.

Sarkawi hat bei seinem Werdegang zum Terrorprofi und kaltblütigen Killer viel gelernt, in erster Linie bei Al-Qaida. Dort konnte er eigene Ambitionen realisieren und zu einem der Anführer aufsteigen, bevor er sich völligen Freiraum verschaffte. Er hat von der Schwäche mehrerer Staaten profitiert oder von deren uneindeutiger Haltung gegenüber Terrorismus und radikalem Islamismus. So hat er im Schutz der Organisation das Feld behauptet – und macht heute seinen Einfluss geltend.

Er ist weder ein Instrument Saddam Husseins, wie die Amerikaner zuweilen behauptet haben, noch ein Handlanger Osama bin Ladens. Er ist das degenerierte und überspannte Produkt einer verworrenen Geisteshaltung, dem die Umstände mehr als jedem anderen in die Hände gespielt haben. Sarkawi will nicht Karriere machen, sondern Rache am Leben nehmen. Er gehorcht keiner Logik außer der einer Gewalt, angesichts deren sich die Taliban fast wie ein fröhlicher Haufen von Turbanträgern ausnehmen. Sarkawi erteilt der Hölle eine Lektion, um mit André Malraux zu sprechen, und er findet Nacheiferer. Der Irak könnte sein Untergang sein, er selbst aber betrachtet ihn als Sprungbrett. Es ist höchste Zeit, sich dessen bewusst zu werden.

Meine Beschäftigung mit Abu Mussab al-Sarkawi und seinem Tun geht auf den Oktober 2002 zurück. Damals war es vier Monate her, seit die Anwälte der Familien von Opfern der Anschläge vom 11. September, die 10 000 Angehörige vertraten, mich mit einer internationalen Untersuchung betraut hatten, die zu Tage fördern sollte, welche Personen und Organisationen hinter Al-Qaida standen. Mein Team war den Finanziers und den logistischen Helfern der Terrorgruppe pausenlos auf der Spur. Von den Bergen Afghanistans über Tschetschenien und Bosnien-Herzegowina bis hin zur jemenitischen Wüste waren fünfzehn Ermittler Tag für Tag unterwegs und trugen Informationen über den islamistischen Terrorismus zusammen, manchmal auch zum Leidwesen offizieller Nachrichtendienste.

Einer unserer Ermittler in Afghanistan, der ein paar Wochen zuvor für seinen Schutz Maschinenpistolen und -gewehre sowie ein Dutzend Leibwächter angefordert hatte, vertraute mir eines Morgens im Oktober einen Karton mit dem Stempel »SECRET-AFG« an. Darin lag ein Stapel ungeordneter, unveröffentlichter Dokumente, die er in den Büroräumen eines Trainingslagers gefunden hatte, das im Anschluss an die amerikanische Offensive geräumt worden war. Es fanden sich Militärurkunden, ein Handbuch für die Herstellung chemischer und bakteriologischer Substanzen, ein antiwestliches Pamphlet und ein Handbuch von Al-Qaida in Afghanistan für neu geworbene Mitglieder. Letzteres mit seinen rund dreißig Seiten erwies sich als wahre Fundgrube. Es enthielt nützliche Telefonverbindungen, Angaben über Kommunikationswege und Codewörter sowie eine Liste von Kontaktpersonen, angefangen von religiösen Führern über Militärchefs bis hin zu Logistikern, die für Unterkünfte zuständig waren. Unter den Namen der Mitglieder, deren Identität bereits bekannt war, fiel mir einer auf, über den ich bislang hinweggelesen hatte: Abu Mussab al-Sarkawi. Er wäre auch weiterhin bedeutungslos geblieben, hätte sein Name nicht zwischen dem Militärchef von Al-Qaida und dem Leiter von bin Ladens terroristischen Trainingslagern gestanden.

Schon nach wenigen Tagen stellte sich heraus, dass besagter Sarkawi, mit richtigem Namen Ahmed Fadil Nasal al-Khaleileh, in Jordanien gesucht wurde und auf der Liste der in den Iran geflohenen Al-Qaida-Mitglieder stand.

Im Januar 2003 übergab ich die Akte »AMAZ« einem meiner Mitarbeiter, der mit der neuen Al-Qaida-Führung befasst war und nun über Sarkawi und dessen Verbindungen, Aufenthaltsorte und Gefolgschaft recherchierte. Seither kamen über 10 000 Seiten Dokumente von Justiz- und Polizeibehörden oder Nachrichtendiensten aus über zehn Ländern zusammen, die über die Machenschaften des »Sarkawi-Netzwerks« Auskunft geben. Mehr als hundert Zeugen wurden gehört – Richter, Mitarbeiter von Polizeibehörden und Nachrichtendiensten, aber auch Angehörige und Freunde Sarkawis –, um den Aufstieg dieses Mannes nachzuvollziehen und sich ein Bild davon zu verschaffen, wie weit sein Einfluss reicht. Über zehn Reisen in den Mittleren Osten, vor allem nach Jordanien, waren nötig, um die in diesem Buch präsentierten Informationen zusammenzutragen. Die meisten sind bisher unveröffentlicht, und manche werden dem Leser auch nicht in vollem Umfang zur Kenntnis gebracht, um die amtlichen Ermittlungen gegen den inzwischen meistgesuchten Mann der Welt nicht zu beeinträchtigen.

15. November 2004

WERDEGANG EINES TERRORISTEN

»Ehrgeiz ohne entsprechendes Talent ist ein Verbrechen.«

René de Chateaubriand

Sarka und der Stamm der Sarkawi

Das Bild ging um die Welt: Am 6. September 1970 wurden zwei Linienflugzeuge, eines der Swiss Air, das andere der TWA, entführt und zur Landung auf dem »Flughafen der Revolution«, einem stillgelegten Militärflughafen im jordanischen Sarka (Zarqa), gezwungen. Drei Tage später wurde eine britische Maschine auf denselben Flughafen umgelenkt. Nach der Befreiung der Passagiere sprengten zwei palästinensische Terroristen, Wadi Haddad und Leila Khalid, die Cockpits in die Luft. Der erste Schlag der PFLP[1] war der Auslöser für den »schwarzen September«, die von König Hussein eingeleitete unerbittliche Niederschlagung der nach Jordanien geflohenen palästinensischen Fedajin.

Die Weltöffentlichkeit war schockiert von diesem erstmaligen, spektakulären Akt der Luftpiraterie. Die Filmaufnahmen von den gesprengten Maschinen, die ersten dieser Art, verliehen dem Schauspiel des Terrors eine unerwartete Tragweite. Von da an machten sich die gewiefteren Terroristen zur Verbreitung ihrer Todesbotschaft die Medien zunutze. Diese Botschaften entwickelten sich und mündeten dreißig Jahre später in jene Bilder von barbarischer Grausamkeit, die über die neuen Digitalsender ausgestrahlt werden.

1970 in Sarka waren die Flugzeuge leer. In Bagdad, im Jahr 2004, schneidet ein in Sarka geborener Mann Leuten vor laufender Kamera die Kehle durch, und die Einstellungen sind gleichermaßen unerträglich wie endlos.

Trotz verstärkter Anstrengungen in seinem Kampf gegen den Terrorismus ist es dem jordanischen Königreich nicht gelungen, der seit den neunziger Jahren wachsenden islamistischen Gefahr zu begegnen. Als zentrales Land in einer Krisenregion hat Jordanien wiederholt Angriffe verschiedener extremistischer Bewegungen hinnehmen müssen. In der Peripherie der Hauptstadt Amman sind Städte wie Ma'an oder Sarka zum Rückzugsort für die Hardliner der islamistischen Sache geworden. Dort werden Allianzen geschmiedet, bilden sich terroristische Vereinigungen und lösen sich wieder auf. Aktivisten werden verhaftet, verurteilt und häufig wieder auf freien Fuß gesetzt, derweil die salafistische Ideologie um sich greift, die eine Rückkehr zu den Wurzeln des Islam predigt und sich zum Ziel gesetzt hat, aus Jordanien einen islamischen Staat zu machen.

In Ma'an oder Sarka, den beiden größten Städten des Königreiches nach Amman, macht die Not die Bevölkerung empfänglich für extremistische Sirenengesänge. Seit den fünfziger Jahren leben dort palästinensische Flüchtlinge in großer Ungewissheit auf engstem Raum. Zwar verfügt die Stadt über ein für Jordanien bedeutendes Wirtschaftsgebiet, doch ist auch die Arbeitslosenquote eine der höchsten im ganzen Königreich,[2] und die Kriminalitätsrate bricht sämtliche Rekorde, so dass Sarka häufig als das »jordanische Chicago« bezeichnet wird. Im Gegensatz zur Hauptstadt Amman, wo Monat für Monat neue Bürotürme aus dem Boden schießen, liegt hier die öffentliche Infrastruktur darnieder.

Von Amman aus sieht man, so weit das Auge reicht, die staubigen Hügel Sarkas, das Jordaniens größte Palästinensergemeinde beherbergt: Im Schneller Camp (auch Hittin Camp) oder im Lager Mushairifeh leben Flüchtlinge seit

1948, dem Jahr der Gründung des Staates Israel, im Exil. Bei den Lagern handelt es sich in Wirklichkeit um regelrechte Stadtviertel, die zum Ballungsraum gehören. Östlich des Jordans herrscht seit fast fünfzig Jahren Unmut sowohl über den israelischen wie auch den jordanischen Staat. Diese palästinensische Identität sorgt für einen starken sozialen Zusammenhalt, befördert aber auch die Politisierung des Islam. Seit 1948 versucht das haschemitische Königreich, das prekäre Gleichgewicht zwischen Beduinenstämmen und palästinensischen Flüchtlingen zu wahren. Aber trotz der vom Staat initiierten Integrationsprogramme sind die Palästinenser Jordaniens außerhalb der regionalen und nationalen politischen Strukturen geblieben, auch wenn sie auf dem Papier über alle Attribute der jordanischen Staatsbürgerschaft und insbesondere über einen haschemitischen Pass verfügen.

Seit Anfang der neunziger Jahre wächst die Unzufriedenheit innerhalb von Sarkas Bevölkerung. Parallel zur politischen Entwicklung in manchen Nachbarländern, etwa in Syrien oder Saudi-Arabien, und zur Zuspitzung des israelisch-palästinensischen Konflikts verschärft sich auch die Lage in Jordaniens großen Palästinensersiedlungen. Allmählich breitet sich der Fanatismus in der jordanischen Gesellschaft aus. Sogenannte Ehrenmorde an Frauen nehmen zu, in den Moscheen erschallen die Predigten extremistischer Imame, und terroristische Bewegungen rekrutieren immer mehr Anwärter für Selbstmordattentate in Israel. Afghanische Mudschahidin preisen die Bildung eines islamischen Staates, des Kalifats, die Muslimbruderschaft breitet sich an Universitäten und in den staatlichen Machtzentren aus, und politisch-religiöse Wortführer organisieren »Wutmärsche« gegen die Politik Israels. Die jordanischen Palästinenserenklaven werden von der Hamas unterwandert.

Mehrere Fakten belegen den insbesondere in Sarka zunehmenden Fanatismus. Kurz vor den Anschlägen des 11. September 2001 machte sich ein 22-jähriger Palästinenser aus Jordanien namens Said Hotary, den seine Verwandten als ruhigen, bedächtigen jungen Mann beschreiben, nach Israel auf, um dort seinen Lebensunterhalt zu verdienen. Am 1. Juni 2001 sprengte er sich vor der Tel Aviver Diskothek »Dolphinarium« in die Luft und riss 21 junge Israelis mit sich in den Tod. Wie viele andere Mitglieder der Hamas, der Organisation, die sich zu diesem blutigen Anschlag bekannte[3], war Said Hotary in Sarka aufgewachsen.

Andere Terrorgruppen sind genauso aktiv, allen voran Al-Qaida. So wurde ein junger Palästinenser aus Jordanien, der ursprünglich aus Sarka stammende Mohammed Salameh, wegen seiner Beteiligung am ersten Anschlag auf das World Trade Center in New York im Jahr 1993 in den Vereinigten Staaten zu lebenslänglichem Zuchthaus verurteilt. Er war am 17. Februar 1988 mit einem Touristenvisum in die USA eingereist und hatte noch am Tag des Attentats versucht, sich die Kaution für den Kleintransporter, von dem aus der Anschlag verübt wurde, auszahlen zu lassen. Die amerikanischen Justizbehörden konnten nachweisen, dass er zum innersten Zirkel der Organisation um Omar Abdulrahman gehörte, der diese Anschläge vorbereitet hatte.[4] Die Familie von Mohammed Salameh in Sarka hatte für sein Visum gespart.

Oft ähneln sich die Schicksale dieser Hundertschaften palästinensischer Aktivisten, ob sie nun in den Reihen der Hamas oder in den Märtyrerbrigaden von *Al-Aqsa* zu Hause sind. Und die Stadt Sarka hatte dem islamistischen Terror bereits einen hohen Tribut entrichtet, noch bevor Abu Mussab al-Sarkawi, wörtlich »Abu Mussab aus Sarka«, seinen Auftritt in der internationalen Medienwelt hatte. Mit dem politischen Aktivismus der jungen Palästinenser hat sein Extremismus jedoch nichts zu tun. Sarkawi ist ein Profikiller, ein kaltblütiges Monster, das eigenhändig Gewalttaten verübt. Er ist untypisch und schwer greifbar, er passt in kein Profil der Antiterrordienste, auch nicht der jordanischen.

Dabei hatte der gefürchtete jordanische Geheimdienst *General Intelligence Directorate* (GID) Anfang der neunziger Jahre mit der systematischen Überwachung der in Jordanien operierenden radikalen Bewegungen begonnen und sich dabei besonders der Gruppe um Sarkawi angenommen. Das Land erlebte damals eine der schlimmsten politischen Krisen seiner jüngsten Geschichte. Erfasst von einer tief greifenden, durch die Muslimbruderschaft ausgelösten islamistischen Strömung, hatte das jordanische Königreich Entschlossenheit demonstriert und Strafmaßnahmen gegen die verschiedenen Terrorgruppen in den Vororten Ammans eingeleitet. Die Logik der Strafgesetze konnte Abu Mussab al-Sarkawi jedoch nichts anhaben. Dank einer Generalamnestie für politische Gefangene wurde er nach mehrjähriger Haft wieder auf freien Fuß gesetzt. So verließ einer der symbolträchtigsten Terroristen nach Osama bin Laden am 29. März 1999 das jordanische Gefängnis und kehrte auch nie mehr dorthin zurück.

Im Gegensatz zu anderen arabischen Ländern wie Algerien und Tunesien hat Jordanien ab 1989 mehrere islamistische Parteien zugelassen. Die wichtigste, die Islamische Aktionsfront (*Islamic Action Front*, IAF), ist direkt aus der Muslimbruderschaft hervorgegangen. Die IAF hat sich politische Ämter auf höchster Ebene gesichert, darunter mehrere Ministerposten.[5] Mehrmals hat diese Partei versucht, das Königreich politisch auf die Linie des Fundamentalismus zu bringen. Sie hat an der Reform der Schulbücher mitgewirkt, und da sie die Kontrolle über mehrere Stadtgemeinden ausübte, hat sie sich im Laufe der neunziger

Jahre als unverzichtbarer Partner der jordanischen Monarchie behauptet. Dabei ist sie lediglich das legale Aushängeschild der Muslimbruderschaft.

Nachdem die IAF aus den Wahlen im November 1993 geschwächt hervorgegangen war, erlebte sie nach dem im Oktober 1994 unterzeichneten Friedensabkommen zwischen Jordanien und Israel, das von den Islamisten als »Verrat« gebrandmarkt wurde, ihr Comeback. Von da an verstärkte sie ihren Einfluss in den großen Palästinenserstädten Jordaniens, insbesondere in ihrer Hochburg Sarka. Der Bürgermeister der Stadt, Jasser Omari, war ein hoher Würdenträger der IAF.[6]

Die Islamische Aktionsfront übte nun massive Kritik am Friedensabkommen und an der entscheidenden Rolle, die die Vereinigten Staaten bis zur Unterzeichnung spielten. Parteiaktivisten brachten in den Vororten Ammans fundamentalistische Botschaften unter die Leute. Zur selben Zeit ermunterten andere militante Gruppierungen wie *Hizb al-Tahrir al-Islami* (Partei der islamischen Befreiung) oder *Dscheisch Mohammed* (die Armee Mohammeds) ihre Mitglieder dazu, Gewalttaten gegen Juden und Bürger westlicher Länder zu verüben. Mehrere Waffenbrüder Sarkawis aus dessen erster Terrorgruppe *Beit al-Imam* waren diesen Organisationen irgendwann beigetreten, obwohl sie in Jordanien verboten waren. Die meisten von ihnen waren Afghanistan-Veteranen. Diese in Jordanien neuartige Spezies von Terroristen ließ sich vorzugsweise »Imam« nennen, ohne diesen Titel durch irgendetwas rechtfertigen zu können. Sie hatten größtenteils nur eine vage religiöse Vorbildung.

So war der politische Kontext im Jordanien der neunziger Jahre ein Nährboden für islamistische Organisationen und radikale Strömungen vornehmlich salafistischer Ausrichtung. Kurz nach dem Krieg Afghanistans gegen die Sowjets war der Salafismus in den Vierteln von Sarka in der Tat angesagt. Allein in dieser Stadt vereinigten die drei Kandidaten der Islamischen Aktionsfront bei den Wahlen von 1993 nach einer eindeutig antiisraelischen Kampagne 85 Prozent der Stimmen auf sich. Die islamistische Strömung in Jordanien machte gemeinsame Sache mit den Palästinensern in den besetzten Gebieten,[7] während Sarka im Verlauf der neunziger Jahre immer tiefer in eine soziale und wirtschaftliche Krise rutschte.[8]

Sarkawi gehört zum Clan der Khaleileh, dessen Namen er trägt. Diese Familie beduinischen Ursprungs ist vor rund 250 Jahren in Jordanien sesshaft geworden und nimmt auf dem politischen Schachbrett in Sarka einen der bedeutendsten Plätze ein. Sarkawi stammt also nicht aus einer der jordanischen Palästinenserfamilien, wie Colin Powell am 5. Februar 2003 anlässlich eines Auftritts vor den Vereinten Nationen behauptete. Das geht aus sämtlichen Dokumenten und Zeugnissen über Sarkawi zweifelsfrei hervor.[9] Im Jahr 2004 hat ihm der jordanische Staat übrigens die Staatsbürgerschaft entzogen; so war Saudi-Arabien 1994 auch mit Osama bin Laden verfahren.

Der mehrere tausend Mitglieder starke Khaleileh-Clan bevölkert einen Großteil der Stadt Sarka sowie verschiedene Siedlungen am Stadtrand von Amman. Als wollten sie sich von den Umtrieben ihres Enfant terrible distanzieren, haben Vertreter des Clans am 29. Mai 2004 eine Botschaft an König Abdullah II. gesandt, in der sie Sarkawis Machenschaften verurteilten und den Treueschwur auf den König und das Königreich erneuerten.[10]

Der Khaleileh-Clan gehört zum Beduinenstamm Bani Hassan, der mit über 200 000 Mitgliedern zu den größten Stämmen Jordaniens zählt.[11] Teile davon leben auch in anderen Ländern des Nahen und Mittleren Ostens, unter anderem im Irak. Es handelt sich um einen der einflussreichsten Stämme im Königreich. Er teilt sich die Stammesmacht mit den Bani Hamida und den Heduan.

Obwohl der Clan der Bani Hassan über verschiedene Gebiete und mehrere Länder verteilt ist, zeichnet er sich durch guten Zusammenhalt und eine eigenständige politische Führung aus. So hat der Stammesvertreter am 16. Juli 2002 die »teuflische Politik der Vereinigten Staaten« gegenüber dem Irak scharf verurteilt. Andere Repräsentanten der Bani Hassan erklärten, sie seien »fest entschlossen, den Irak und die arabischen Rechte allerorts zu verteidigen« und »das Opfer weiterhin zu bringen, bis [...] die amerikanisch-zionistischen Pläne in der Region gescheitert sind«.[12] Die Gemeinschaft ist autarkisch organisiert, sie will ihre Interessen selbst vertreten. So gibt es in Sarka eine karitative Einrichtung namens *Bani Hassan Islamic Society,* die sich der ärmsten Clanmitglieder annimmt. Die Bani Hassan bilden ein zentrales Glied im politisch-sozialen Gefüge Jordaniens.

Der »grüne Mann«

Am 20. Oktober 1966 kommt Abu Mussab al-Sarkawi (alias Ahmed Fadil al-Chaleila, alias Ahmed Fadil Nasal al-Khaleileh, alias Abu Ahmed, alias Abu Mohammed, alias Abu Muhannad, alias al-Muhadschir, alias Muhannad, alias Sakr Abu Suweid, alias Gharib) unter dem Namen Ahmed Fadil Nazzal al-Khaleileh in Sarka in Jordanien zur Welt.

In bescheidenen, vom konservativen Islam geprägten Verhältnissen wächst Sarkawi zusammen mit einem seiner Brüder und seinen sieben Schwestern im Stadtviertel Maqsum auf.[13] Maqsum ist eine Schlafstadt, in der die traditionelle Beduinenkultur und die Moderne dicht beieinander liegen. Die Wolkenkratzer der Hauptstadt sind nur wenige Autominuten entfernt. Dieses Viertel im Herzen von Sarka, das sich über die verschiedenen Hügel im Stadtbereich erstreckt, ist die Wiege der Bani Hassan. Es ist ein Armen-, aber kein Elendsviertel. Bleiern senkt sich die Sonne auf die karge Landschaft.

Das zweistöckige, bürgerliche Elternhaus Sarkawis geht auf den verfallenen Gemeindefriedhof hinaus, dessen Gräber schon lange nicht mehr gepflegt werden. Sarkawis Vater, Fadil Nazzal Mohammed al-Khaleileh, Jahrgang 1926, ein ehemaliger Freiwilliger aus dem Krieg von 1948, ist wie viele Mitglieder des Khaleileh-Clans Angestellter bei der

Stadt Sarka. Er ist dort *mukhtar,* eine Art Standesbeamter und Schlichter, zu dem die Leute gehen, wenn sie Streitigkeiten haben.[14] 1994, zwei Jahre nach Eintritt ins Rentenalter, stirbt der Patriarch.[15] Die Stadt zeigt sich wohlwollend gegenüber der Familie und lässt dem Khaleileh-Clan eine Pension zukommen. Die große Villa in Maqsum wird dennoch verkauft und gegen ein bescheideneres Haus im Stadtviertel al-Ramzi in Sarka eingetauscht.

Seine Kindheit verbringt Sarkawi, der sich damals noch Ahmed Fadil Nazzal al-Khaleileh nennt, also gegenüber dem Friedhof in Maqsum. Als Junge hat er stets diese von Gräbern durchzogene Mondlandschaft vor Augen, die vermutlich nicht ohne Einfluss auf ihn ist und nach Aussagen derer, die ihn als Kind gekannt haben, eine regelrechte Faszination für den Tod bei ihm ausgelöst hat.[16] Mit seinen staubigen Alleen und seinen kaum geteerten Chausseen steht Maqsum in Kontrast zum nahen Amman und dessen Geschäftszentren. Am Freitag, dem Tag des Gebets, sind fast alle Frauen verschleiert, die meisten tragen Gewänder, die bis zu den Knöcheln reichen.

Der junge Ahmed Fadil zeigt durchschnittliche Leistungen. Sein Lehrer an der König-Talal-bin-Abdullah-Grundschule beschreibt ihn als einen jungen Schüler mit »mäßigen« geistigen Fähigkeiten.[17] Im Alter von sechs bis elf Jahren erhält er nur selten einmal die Note 2.[18] Nach seinem Wechsel auf die Al-Zarqa-Oberschule, die größte Jungenschule im Governorat Sarka, sitzt Ahmed Fadil in der vierten Reihe links am Fenster. Nach Aussage seines damaligen Lehrers war er ein verträumter Junge, der kein Interesse am Unterricht zeigte. Die Schule grenzt unmittelbar an das größte Palästinenserviertel der Stadt, das sich entlang der Hauptstraße nach Amman erstreckt. Die Anstalt untersteht der UNRWA, dem Hilfswerk der Vereinten Nationen für Palästinaflüchtlinge im Nahen Osten, die einen Großteil der öffentlichen Infrastruktur für die palästinensischen Flüchtlinge in der Stadt bereitgestellt hat.

Ahmed Fadil setzt die Schule bis zur 9. Klasse fort. 1982, in seinem letzten Schuljahr, erhält er dürftige 51,6 von möglichen 100 Punkten in den Hauptfächern und tut sich lediglich mit seinen Leistungen in Sport und Kunsterziehung hervor.[19] Er verläßt die Schule, man empfiehlt ihm eine Berufsausbildung, doch Sarkawi weigert sich und lässt seine Ausbildung lieber ganz, ohne sich seiner Umgebung zu erklären. Die meiste Zeit verbringt er nunmehr untätig auf dem Friedhof von Maqsum.[20]

Seine 1940 in Sarka geborene Mutter Umm Sajel, die am 29. Februar 2004 an Leukämie gestorben ist und mit richtigem Namen Dallah Ibrahim Mohammed al-Khaleileh hieß, war tief gläubig. Sie hat immer bedauert, dass Ahmed Fadil keine Ausbildung hat. Aber wie zur Entschuldigung ihres Sohnes, den die westlichen Medien als ausgefuchsten Strategen darstellen, hat sie auch erklärt, er sei kein gebildeter Mann. Dabei erinnert sich Umm Sayel, dass Sarkawi, der jüngste ihrer drei Söhne, durchaus geistige Fähigkeiten hatte. Kurz vor ihrem Tod konnte sie sich noch immer nicht erklären, warum er die Schule verlassen hatte: »Wir haben versucht, ihn zu überzeugen, mit der Schule weiterzumachen, aber er wollte nicht. Selbst wenn es kostenlos gewesen wäre, sagte er, hätte er nicht weitergemacht und wäre auch nicht zur Universität gegangen.«[21]

Sarkawi ist lieber auf der Straße. Seine einstigen Spielkameraden erinnern sich an einen mehr oder weniger normalen Jungen, der in den Gassen von Maqsum Fußball spielte.[22] Ins Gotteshaus geht er, der mit den Jungen aus der Nachbarschaft die Schule schwänzt, nicht. Nach übereinstimmender Aussage war er ein Rebell, der sich gern raufte und gewalttätig war. Sein Cousin Mohammed al-Sawahra gibt an: »Er war nicht gerade kräftig, aber verbissen.«[23]

Sein damaliges Umfeld beschreibt ihn als aufsässigen und undisziplinierten Jungen.

Kurz nachdem er mit der Schule aufgehört hat, beginnt Sarkawi sein Berufsleben als Arbeiter in einer Papierfabrik. Er ist für die Zufuhr der Chemikalien zuständig, die für die Papierherstellung benötigt werden. Zwei Monate später wird er entlassen, weil er seine Maschinen unbeaufsichtigt gelassen hat. Daraufhin erhält er eine Stelle beim städtischen Wartungsdienst. Wie vor ihm schon sein Vater, kommt er in den Genuss einer unsicheren Anstellung, die ihm die Stadt gewährt und die er seiner Zugehörigkeit zum Khaleileh-Clan verdankt.[24] In der Tat ist es im Königreich Tradition, eine bestimmte Anzahl von Stellen im öffentlichen Dienst an Mitglieder wichtiger Familien zu vergeben. Angehörige des Khaleileh-Clans sind zahlreich in der Armee, bei der Polizei und in lokalen Institutionen vertreten. So versucht man in Jordanien das soziale Gleichgewicht zwischen den einzelnen Stämmen zu wahren.[25] Dessen ungeachtet zählen staatliche und lokale jordanische Institutionen zu Sarkawis ersten Zielscheiben, als er später Anführer der Terrororganisation *Beir al-Imam* wird.

Als städtischer Angestellter ist Sarkawi Ende der achtziger Jahre wie so viele Jordanier seiner Generation von Beschäftigungslosigkeit und Zukunftsängsten betroffen. Umfassende Wirtschaftsreformen und erste Privatisierungen bescheren den jungen Leuten wirtschaftliche und soziale Unsicherheit.[26] Ehemalige Freunde Sarkawis geben an, dass der Posten, den der junge Amtmann damals bekleidete, seinen eigentlichen Ansprüchen nicht genügt habe. Man beschreibt ihn als Idealisten, cholerisch und schwer zu bändigen. Zweimal wird er abgemahnt, weil er Raufereien anzettelt, und schließlich 1983, nur sechs Monate nach seiner Einstellung, entlassen.[27] Ibrahim Izzat, einer seiner Nachbarn, sieht in ihm einen »Mann aus bescheidenen Verhältnissen, der zurückgezogen lebt und sehr wenig Kontakte pflegt«.[28] Sarkawi versucht, sich aus der Sackgasse zu befreien, in der er sich sieht. Er will seinem Leben einen Sinn geben und sein Schicksal selbst in die Hand nehmen.

1984 kommt für ihn die Zeit der Einberufung. Mit 18 Jahren beginnt Sarkawi seinen zweijährigen Militärdienst. Als er 1986 nach Sarka zurückkehrt, ist er ohne Beschäftigung und führt ein ausschweifendes Leben. Aus dem jungen, undisziplinierten Amtmann ist ein unter Gleichaltrigen gefürchteter Ganove geworden. Bekannte aus der Zeit berichten, er habe sich regelmäßig betrunken und sich am ganzen Körper tätowieren lassen. Beides wird vom Islam verurteilt. Wegen seiner vielen Tätowierungen, vor allem auf Schultern und Unterarmen, nennen sie ihn den »grünen Mann«. Auf der linken Hand trägt er sogar einen Anker als Zeichen seiner Verbundenheit mit dem Meer, und drei blaue Punkte zieren seinen Daumen.[29] Diese Initiative ist in seinem Fall wohl als deutlicher Hinweis darauf zu sehen, dass er sich von den engen Kreisen in Sarka, in denen er mehr schlecht als recht seinen Weg geht, abheben will. 1998 wird er versuchen, die Tätowierungen mit Hilfe von Säure wegzuätzen.[30]

Innerhalb weniger Monate hat er sich den Ruf erworben, eine zwielichtige Gestalt mit jähzornigem Charakter zu sein. Mehrmals gerät er in Konflikt mit der Polizei, zum großen Kummer seines Vaters, der zu den Honoratioren der Stadt gehört und dessen Lieblingssohn er immerhin ist. Immer wieder müssen der Vater und einer seiner Onkel ihn auf der Polizeistation abholen. 1987 verletzt er einen jungen Mann aus dem Viertel mit einem Messer. Er bleibt vier Tage in Untersuchungshaft, bevor er zu zwei Monaten Gefängnis verurteilt wird. Schließlich lässt man ihn gegen Zahlung einer beträchtlichen Geldstrafe frei.[31] Des Öfteren wird er auch wegen Diebstahls und Drogenhandels verhaftet und einmal sogar wegen einer versuchten Vergewaltigung vernommen. Damals ist Sarkawi alles andere als religiös, ganz im Gegenteil: Sein ganzes Verhalten widerspricht den elementaren Vorschriften des Koran. Der junge Mann, der mitten in einer Lebenskrise steckt, sucht in den Gassen von Sarka seinen Weg.

Der große Aufbruch

Ganz in der Nähe der Schule, die Sarkawi vorzeitig verlassen hat, ragt die Moschee al-Falah empor. Sie liegt auf dem Gelände des größten palästinensischen Flüchtlingslagers in Sarka. In der Moschee, die innerhalb des Lagers vollkommen autonom ist, versammeln sich die radikalsten palästinensischen Jugendlichen. Dort findet Sarkawi neue Freunde, die einen stark politisierten Islam vertreten. Er macht sich ihre Grundsätze mit derselben Inbrunst zu Eigen, mit der er wenige Monate zuvor noch raufend und trinkend unterwegs war. Über Monate hinweg geht er in dieser Palästinenserenklave ein und aus. Trotz seiner jordanischen Abstammung gewinnt er rasch das Vertrauen der jungen Palästinenser und wird zu deren allseits geachtetem Anführer.

Um ihren Sohn auf den rechten Weg zurückzuführen, meldet Sarkawis Mutter ihn im Religionsunterricht der Moschee al-Hussein bin Ali im Zentrum von Amman an. Ende der achtziger Jahre verbringt er dort einen Großteil seiner Zeit. Damals gilt diese salafistisch ausgerichtete religiöse Stätte als notwendige Durchlaufstation, bevor man in Afghanistan in den »Heiligen Krieg« gegen die Sowjets ziehen darf. Der salafistische Schekh Dscharrah al-Qaddah, Prediger in der Moschee, erinnert sich an die Begegnung mit Sarkawi zu einem Zeitpunkt, als dieser noch kein praktizierender Muslim war. Nach Aussage des Predigers habe das afghanische Abenteuer Sarkawi gereizt, und so habe er sich den elementarsten Glaubensanforderungen rasch unterworfen. Er soll auch auf Alkohol verzichtet und regelmäßig die flammenden Predigten der Imame angehört haben.[32] Die Aussicht, in Afghanistan kämpfen zu können, ist für Sarkawi die beste Gelegenheit zur Flucht und die ersehnte Möglichkeit, selbst über sein Schicksal zu bestimmen.

Nach mehrmonatiger Vorbereitung beschließt Abu Mussab al-Sarkawi 1989 zum großen Bedauern seiner Familie, gemeinsam mit anderen jungen Leuten über das pakistanische Peschawar nach Afghanistan zu gehen. Damals ist er noch nicht dem Extremismus verfallen; er studiert lediglich gewissenhaft die Gebote der salafistischen Ideologie. Sarkawis Entscheidung zieht eine schwere Auseinandersetzung mit dem Vater nach sich. Dieser ist überzeugt, es sei das Beste für seinen Sohn, in Jordanien einem »richtigen Beruf« nachzugehen. Der Konflikt hat Sarkawi lange Zeit geprägt.[33]

Er und seine Freunde lassen sich schon bald in Hayatabad nieder, einer Stadt nahe Peschawar, die den afghanischen und arabischen Mudschahidin als rückwärtige Basis dient. Hayatabad liegt am Fuße des Khaiber-Passes, eines ausgesprochen strategisch gelegenen Ortes, der nach Jalalabad und auf die afghanischen Schlachtfelder führt. Während der gesamten neunziger Jahre ist die Stadt der Zufluchtsort für Al-Qaida. Als Sarkawi sich dort niederlässt, ist Osama bin Laden bereits dort, genauer gesagt im Quartier IV, wo er erste Strukturen seiner wenige Monate zuvor, im September 1988, gegründeten Organisation aufbaut.

In der Garnisonsstadt Hayatabad liegen vor allem die Legionen der arabischen Dschihadisten, die zur Verstärkung der Afghanen angerückt sind. Die gefragtesten islamistischen Kämpfer, wie Abdullah Azzam, Gulbuddin Hekmatjar oder Abu Mohammed al-Maqdissi, sind im »Gästehaus« der Stadt untergebracht. Diese *safe house* oder *guest house* genannten Einrichtungen beherbergen sowohl Prediger als auch Kämpfer.

Die geistigen Anführer des Dschihad teilen die Kämpfer zu und kümmern sich um die jungen Leute aus aller Welt. Erste Etappe: die Empfangsstelle *Makhtab al-Khedamat* und die Truppe von Abdullah Azzam. Von hier aus werden sie auf Lager in den einzelnen Gebieten verteilt, die von den verschiedenen Kriegsherren in Afghanistan kontrolliert werden, als da wären: Gulbuddin Hekmatjar, Abdul-Rassul Sajjaf und Burhanuddin Rabbani. Manche, denen diese rigorose Betreuung gilt, bleiben bisweilen auch in Peschawar und verzichten darauf, auf der anderen Seite der Grenze gegen arabische Brüder zu kämpfen.[34]

Im Frühjahr 1989 wird Sarkawi zusammen mit anderen neuen Kämpfern nach Khost (Khowst) im Osten Afghanistans beordert. Als er nach mehrtägiger Reise dort eintrifft, ist der Krieg gegen die Sowjets soeben vorbei. Er erlebt gerade noch Khosts Fall, bevor er dort als Befreier einziehen kann. Dennoch bleibt die Stadt ein wichtiger strategischer Schauplatz, denn zwei Jahre später, 1991, liefern sich rivalisierende aufständische Gruppen immer noch Kämpfe mit dem prokommunistischen Regime von Nadschibullah. Bei der erneuten Einnahme der Stadt ist Sarkawi mit dabei.[35]

Schon 1988 hat sich die Sowjetarmee verpflichtet, sämtliche Truppen aus Afghanistan abzuziehen, und tatsächlich ziehen sich die Sowjets im Februar 1989 aus den afghanischen Bergen zurück. Sarkawi aber kommt zu spät, um noch einen Schuss auf sie abzufeuern. Nach mehreren Jahren als Kleinkrimineller in Sarka verpasst der junge Jordanier sein Rendezvous mit dem Schicksal: den ersten Afghanistankrieg. Bei den Kämpfen zwischen islamistischen und prokommunistischen Umstürzlern, die bis 1993 andauern, ist er allerdings dabei. Damals toben in ganz Afghanistan Stammeskriege um die Einnahme der Hauptstadt Kabul.

Mehrere Wochen nachdem er afghanischen Boden betreten hat, beschließt Sarkawi, das Abenteuer auszudehnen. Vermehrt bewegt er sich jetzt zwischen den afghanischen Kriegsgebieten und Hayatabad. Auf beiden Seiten des Khaiber-Gebirges haben die »Araber« jetzt Siegerstatus und in beiden Ländern eine starke Position inne. Vor diesem Hintergrund hat Sarkawi mehrere entscheidende Begegnungen, namentlich mit Mohammed Taher al-Barqawi (alias Abu Mohammed al-Maqdissi), den er schon 1989 bei seiner Ankunft im pakistanischen Peschawar getroffen hat.[36] Ab 1992 wird Maqdissi für Sarkawi zum geistigen Ziehvater. In einem Brief aus dem Jahr 2004, den Maqdissi ihm aus dem Gefängnis im jordanischen Qafqafa geschrieben hat, in dem er einsitzt, wird die Freundschaft zwischen ihm und Sarkawi und ihr Treffen in Peschawar bei Abu Walid al-Ansari, einem weiteren Theoretiker des Dschihad, ausführlich erwähnt.[37]

Maqdissi ist 30 Jahre alt, als er Kuweit verlässt und nach Pakistan geht.[38] Anders als Sarkawi hat er bereits solide islamistische Anknüpfungspunkte. Der 1959 in Borka nahe Nablus im Westjordanland geborene Issam Mohammed Taher al-Barqawi war im Alter von drei Jahren mit seiner Familie nach Kuweit emigriert, wo er bis Mitte der achtziger Jahre blieb. Danach setzte er im Irak seine islamischen Studien fort. Maqdissi galt als Feind von Saddam Husseins laizistischem Baath-Regime. Er wurde verhaftet und von den irakischen Behörden nach Saudi-Arabien abgeschoben. Dort ließ er sich in Mekka nieder, wo er ab 1984 mehrere Hilfsaktionen für die in Afghanistan operierende Islamische Weltliga durchführte. 1988 knüpfte Maqdissi enge Bande zu einer anderen radikalen Organisation, die in Kuweit ansässig war: der *Dscham'ijjat ihjaʿ al-Turath al-*

Islamija oder »Revival of the Islamic Heritage Society« (RIHS).[39] Seit Beginn der neunziger Jahre wird diese »karitative« kuweitische Einrichtung oftmals mit dem islamischen Terrorismus in Verbindung gebracht. Derzeit ist sie in Russland verboten, und Großbritannien verdächtigt sie der Unterstützung des Terrorismus.[40] Am 1. September 2002 hat das amerikanische Finanzministerium die RIHS übrigens als terroristische Vereinigung aufgedeckt,[41] und die ägyptische Regierung hat ihre Bankguthaben eingefroren.

Im Nahen Osten ist Maqdissi einer der einflussreichsten Ideologen des salafistischen Gedankenguts. Seine Äußerungen sind für viele künftige »Märtyrer« eine Quelle der Inspiration. Achtzehn Artikel und Schriften Maqdissis fanden sich in Hamburg auch unter den persönlichen Dingen von Mohammed Atta, dem Koordinator der Anschläge vom 11. September.

Maqdissi ist insgesamt drei Jahre in Peschawar. Aufgrund seiner guten Religionskenntnisse hat die Gruppe *Badafit al-Mudschahddin* (oder *Badafat al-Mudschahidin*) ihn als Religionslehrer nach Pakistan eingeladen. Zwei Monate später verlässt er die Gruppe und schließt sich dem fundamentalistischen Zentrum *Dschami al-Rahman* in Peschawar an. In dieser Zeit hört Sarkawi Maqdissis religiöse Belehrungen, und schon bald freunden sich die beiden Männer miteinander an. Später sagt Maqdissi gegenüber dem GID, dass zu Sarkawi in Peschawar eine »große Freundschaft« entstanden sei.[42] Sarkawi ist begierig, bei Maqdissi, der als erstklassiger Ideologe gilt, zu lernen.

Im Verlauf der neunziger Jahre stellt sich Maqdissi ebenso als Theoretiker wie als furchterregender Praktiker eines radikalen Islamismus heraus. Diverse sunnitische Terrororganisationen gehen auf ihn zurück, und er steht im Verdacht, Drahtzieher mehrerer Attentate oder versuchter Attentate zu sein. So taucht sein Name beispielsweise in dem Geständnis eines der vier Saudis auf, die 1996 im Zusammenhang mit dem Anschlag auf den US-Stützpunkt al-Khobar verhaftet wurden, bei dem im November 1995 fünf Amerikaner starben. 1996 erklärte der saudische Terrorist Abdul-Aziz Fahd Nassir al-Mi'thm vor seiner Hinrichtung: »In Riad habe ich junge Leute kennen gelernt, deren Namen ich schon während der Ermittlungen genannt habe. Sie hatten am Dschihad in Afghanistan teilgenommen. Dort haben sie Leute unterschiedlicher Herkunft getroffen und gerieten unter ihren Einfluss. […] Gemeinsam erhielten wir Propagandamaterial von Mas'ari, von Osama bin Laden und auch von Abu Mohammed Issam al-Maqdissi. Wir haben auch Bücher gelesen und untereinander ausgetauscht. In ihnen stand, dass die arabischen Machthaber ›Ungläubige‹ sind, so etwa in einem Buch mit dem Titel *Unumstößliche Beweise für das untreue Wesen des saudischen Staates* oder *Der Glaube Ibrahims* von Abu Mohammed al-Maqdissi. Nachdem ich das Buch *Der Glaube Ibrahims* gelesen hatte, wollte ich Abu Mohammed al-Maqdissi unbedingt besuchen, und ich habe ihn dann auch mehrmals in Jordanien getroffen. Seine Ideen haben mich überzeugt.«[43]

Ende der achtziger Jahre florierten mehrere radikalislamistische, doktrinäre Strömungen. Einer der berühmtesten Theoretiker des damaligen Dschihad war Abdullah Jussuf Azzam (alias Abdullah Azzam). 1941 in der Provinz Jennin in Palästina geboren, war Azzam ein hochbegabter Schüler. Nach seinen Koranstudien in Syrien erhielt er 1971 das renommierte »Scharia-Diplom« der Universität Al-Azhar. 1979 wurde er Lehrer für islamische Rechtsprechung an der saudischen König-Abdul-Aziz-Universität in Jiddah und beteiligte sich ab den frühen achtziger Jahren am afghanischen Dschihad. Er richtete sich seine rückwärtige Basis in Peschawar ein und begegnete dort Osama bin Laden, zu dessen geistigem Lehrmeister er bald wurde.

Ende der achtziger Jahre ist Abdullah Azzam jedoch nicht der einzige Ideologe des islamistischen Terrorismus. Zur Gründung der Gruppe Al-Qaida haben noch weitere radikale Theoretiker beigetragen, zu denen auch Maqdissi gehört. Die saudischen Ermittlungen zu den Anschlägen von Al-Khobar förderten im Übrigen zu Tage, dass Maqdissi bei den Vorbereitungen der Operation eine aktive Rolle gespielt hatte.

Im Mai 1997 wird Osama Jassin Abu Schamah, Lehrer an der Yarmouk-Universität in Irbid, von jordanischen Sicherheitskräften in Suweilih, einem Vorort von Amman, verhaftet. Er unterhielt enge Verbindungen zu Maqdissi und hat, wie sich herausstellen sollte, die Operation von Al-Khobar finanziell unterstützt: Demnach war er für die Gruppe *Beit al-Imam* tätig.

Nach Angaben der jordanischen Polizei wurde 1997 ein Teil der terroristischen Aktivitäten Maqdissis direkt von Afghanistan aus durch Osama bin Laden höchstpersönlich finanziert.[44] Die beiden Männer, die sich bekanntlich nahe stehen, trafen sich damals häufig in Afghanistan und vor allem in Pakistan, der Rückzugsbasis der arabischen Kräfte. Einer der ersten Verbündeten von Osama bin Laden in Afghanistan überhaupt, der heute im Londoner Exil lebende algerische Mudschahid Abdullah Anas, erinnert sich an ein gemeinsames Essen, das 1994 in Islamabad mit Osama bin Laden, Abdullah Azzam und Maqdissi stattfand.[45]

Kurz gesagt, Maqdissi ist innerhalb des Al-Qaida-Netzwerks an zentraler Stelle vertreten, und zwar von Beginn an. Das bestätigt auch Dschamal al-Fadl, ein Abtrünniger der Terrorgruppe, der an der Seite von Osama bin Laden leitende Funktionen innehatte: Seine Aussage liefert erstklassige Informationen über Maqdissis Rolle bei Al-Qaida.

Al-Fadl hat erklärt, er sei Maqdissi im Rahmen der Aktivitäten der Gruppe begegnet. Dieser hat soeben die Schrift

Unwiderlegbare Gründe, den Dschihad zu beginnen veröffentlicht. Er steht manchen arabischen Kämpfern in Pakistan und Afghanistan nahe und pflegt eine enge Freund-
schaft zu einem anderen Terroristen namens Asmiri.[46]
Gegen diesen wird später im Zusammenhang mit der Affäre
der »Operation Bojinka« Anklage erhoben, bei der mehrere
Flugzeuge gleichzeitig über den Vereinigten Staaten zum
Absturz gebracht werden sollten. Dieser 1994 gescheiterte
Plan nahm die Anschläge vom 11. September bereits vor-
weg. Später hat Asmiri in Manila im Übrigen den geistigen
Urheber der Anschläge vom 11. September, Khaled Schekh
Mohammed, getroffen. Er soll auch an einem fehlgeschla-
genen Mordanschlag auf Präsident Bill Clinton bei einem
Afrikabesuch im Jahr 1998 beteiligt gewesen sein.

Ein weiterer enger Freund Maqdissis in Pakistan ist Mohammed Schobana (alias Schabana), Herausgeber der islamistischen Zeitschrift *Al-Bunjan al-Marsus,* »Das un-
ergründliche Gefüge«, bei der unter anderen auch Abid
Schekh Mohammed mitwirkt, der Bruder des geistigen Ur-
hebers des 11. September. Die Zeitschrift, die von Freunden Schekh Abdullah Azzams kontrolliert wird, gilt als
Sprachrohr der Mudschahidin und der zentralen Organisation Al-Qaida. Schon in der Juli-Ausgabe des Jahres 1989
wird dort ein Leitartikel veröffentlicht, der Al-Qaidas wirkliche Ziele verkündet: »Die Pflicht eines jeden Muslims ist
es, die Ziele des Dschihad zu verwirklichen, bis wir auch
Amerika erreichen und befreien.« Es ist dies eine der ersten
Erklärungen, in denen zum Dschihad gegen die Vereinigten Staaten aufgerufen wird. Auf Maqdissis Empfehlung
stellt Mohammed Schobana den – im Arabischen nicht gerade sattelfesten – jungen Abu Mussab al-Sarkawi wenige
Wochen nach dessen Ankunft in Pakistan bei seiner Zeitschrift ein.

Eine weitere entscheidende Begegnung hat Sarkawi in Pakistan mit seinem späteren Schwager Saleh al-Hami, einem Kämpfer aus den arabischen Truppen. Saleh al-Hami, der stolz seinen langen schwarzen Bart und seine Beinprothese zur Schau trägt, ist ein Kämpfer der ersten Stunde. Auch er ist Jordanier und hat an der Universität von Irbid Journalismus studiert. Bis 1992, als er Pakistan verlässt und nach Jordanien zurückkehrt, arbeitet Saleh al-Hami als Korrespondent für die von Abdullah Azzam, dem Mentor Osama bin Ladens, gegründete Zeitschrift *Al-Dschihad*.

Nachdem Saleh al-Hami in den Bergen von Khost durch eine Tretmine verletzt worden ist, hält er sich zur Genesung in einem Krankenhaus in Peschawar auf. Dort lernt er Abu Mussab al-Sarkawi näher kennen, der bei dem Unfall und auch bei al-Hamis Abtransport über den Khaiber-Pass in Richtung Peschawar zugegen war. Sarkawi bewundert den Verletzten für seinen Mut und besucht ihn regelmäßig im Krankenhaus. Saleh al-Hami erinnert sich: »Sarkawi sah mich blutüberströmt, nachdem es mich erwischt hatte. Sobald es mir besser ging, kam er auf mich zu und stellte sich mir als Korrespondent der Zeitschrift *Al-Bunjan al-Marsus* vor. Er bat mich, ihm ein paar Techniken der Berichterstattung und Redaktionsarbeit beizubringen. Das habe ich gern getan. Unsere Verbindung geht auf diesen Tag zurück.«[47]

Damals ist Sarkawi 23 Jahre alt, ein finster dreinblickender, schlanker Mann von 1,76 Meter Größe. Die Zeitschrift, für die er arbeitet, hat ihren Sitz im Zentrum von Peschawar. Regelmäßig pendelt er zwischen Afghanistan und Pakistan, und er bereist ganz Afghanistan, um Zeugnisse von den arabischen Kämpfern einzuholen, Siegern eines Krieges, den er selbst wenige Monate zuvor verpasst hat. Die Zeitschrift, für die er seine Artikel verfasst, ist damals die ideologische Speerspitze von Al-Qaida. Der behelfsmäßige Journalist ohne Berufserfahrung und kulturelles Rüstzeug versucht, sich an der Seite der von ihm so bewunderten Kämpfer eine eigene Identität zu konstruieren. Diejenigen, die ihn damals kannten, beschreiben einen ungemein wissbegierigen jungen Mann auf der Suche nach Orientierung. Abends am Feuer nimmt er offenkundig Zuflucht beim Koran und betet nächtelang.

Im Laufe der Monate nähert sich Sarkawi Saleh al-Hami immer mehr an. Er stellt seinem neuen Gefährten die Ehe mit einer seiner in Jordanien verbliebenen Schwestern in Aussicht. Al-Hami willigt ein, und so trifft die junge Frau 1991 zu den Hochzeitsfeierlichkeiten in Peschawar ein. Bei den Khaleileh ist es Tradition, dass die Töchter mit Islamkämpfern vermählt werden. Auch zwei andere Schwestern Sarkawis haben hartgesottene Dschihadisten als Ehemänner. Die 1968 geborene Alia ist mit Khaled al-Aruri verheiratet, einem von Sarkawis engsten Vertrauensleuten in Afghanistan und später im Irak, und Mariam ist die Frau von Heitham Mustafa Obeidat alias Abu Hassan geworden, einem Veteranen des afghanischen Dschihad.[48] Die Heirat besiegelt die Freundschaft zwischen den beiden Männern, und al-Hami erklärt später: »Danach habe ich ihn oft gesehen, und ich mochte ihn gern.«[49] Bei seiner Rückkehr nach Jordanien lässt er sich übrigens auch in unmittelbarer Nähe von Sarkawis Elternhaus im Stadtteil Al-Ramzi in Sarka nieder.

Die beiden Männer teilen die Vision von einem expansiven Islam. Saleh al-Hami betrachtet Osama bin Laden noch heute als Vorbild: »Er ist ein bedeutender Mann, ein Beispiel für uns alle. Er ist der neue Kalif. Es ist, als sei der Prophet Mohammed aus dem siebten Jahrhundert auf die Erde zurückgekehrt, um unter uns zu weilen.«[50] Al-Hami erinnert sich auch an einen Traum, den Sarkawi ihm erzählt, nachdem sie eine Nacht in einer Höhle verbracht haben. Darin

habe er gesehen, wie ein Säbel mit der Inschrift »Dschihad«
auf der Klinge den Himmel zerteilt.[51]

Saleh al-Hami und Sarkawi verbringen mehrere Monate
gemeinsam in Afghanistan, bevor al-Hami mit seiner Frau
nach Jordanien zurückgeht; ihrem Mann zufolge preist
diese Gott, dass sie einen körperlich beeinträchtigten Mann
geheiratet hat, denn »Gott belohnt Versehrte und Mudschahidin«.[52] Nachdem ihr Bruder zum »internationalen Terroristen« erklärt worden ist, hält man sie auf ihrer Pilgerfahrt
nach Mekka sechs Stunden an der jordanisch-saudischen
Grenze fest. Al-Hami zeigt sich später empört über den
Eifer der saudischen Polizei und entsinnt sich der guten Zeiten mit seinem Schwager in Afghanistan: »Das war herr-
lich, ein wunderbares Leben, die beste Erfahrung, die ich je
gemacht habe [...]. Ich fühlte mich wie neugeboren. Damals
haben wir wirklich gelebt.«[53]

Diese erste Reise nach Afghanistan ist für Sarkawi buch-
stäblich eine Initiation. Er entdeckt ein Land, das in Trümmern liegt, und sucht den Kontakt zu anderen, allen voran
den vielen arabischen und afghanischen Kriegsherren, denen er Respekt und Achtung zollt. Der Kleinkriminelle aus
Sarka lernt das Leben kennen. Doch das Afghanistan der
ausgehenden achtziger Jahre ist ein Land mit vielen Frage-
stellungen, um das rivalisierende Gruppen streiten, arabische Heere und afghanische Kämpfer. Der junge Sarkawi
hat nicht den nötigen Hintergrund, um sich in dieser Ge-
mengelage Gehör zu verschaffen, und er verfügt über keinerlei finanzielle Mittel. So bemüht er sich, Verbindungen
zu den Älteren zu knüpfen, die ihn bei seinem Aufenthalt
in Afghanistan unterstützen könnten, wie etwa Maqdissi,
der ihm Zutritt zu den islamistischen Organisationen verschafft.

Der Krieg gegen das sowjetische Regime ist jetzt endgültig vorbei. Der Dschihad hat, nicht ohne fremde Hilfe, den Sieg davongetragen. Doch schon bald tobt im Inneren der Kampf zwischen rivalisierenden Gruppen. Jeder Clan vertritt einen eigenen Regierungsentwurf, je nach stammesbedingten, ethnischen, regionalen, ideologischen oder religiösen Eigenheiten. Beim Kampf um die Kontrolle über Kabul erreichen die Auseinandersetzungen ihren Höhepunkt. Im Mai 1992 hält der gemäßigte tadschikische Islamist Ahmed Schah Massud mit mehreren tausend Männern Einzug in Kabul und wird Verteidigungsminister. Die Lage bleibt sehr gespannt, und noch im Jahr darauf herrscht ein offener Konflikt. Trotz eines Friedensabkommens zwischen den rivalisierenden Parteien finden südlich von Kabul weiterhin Kämpfe statt. Am 7. Mai 1993 tritt Ahmed Schah Massud von seinem Amt zurück, und es formiert sich eine neue Regierung um den radikalen Anführer Gulbuddin Hekmatjar, den Vordenker der Taliban – und Förderer von Al-Qaida.

Den Krieg gegen die Sowjets hat Abu Mussab al-Sarkawi zwar knapp verpasst, doch bei dieser zweiten Gefechtswelle der Bürgerkriegsauseinandersetzungen ist er dabei. Schnell schließt er sich dem Lager des Paschtunen Gulbuddin Hekmatjar an, der der Vertreter der größten Volksgruppe ist. So tauscht er kurz nach seinen ersten journalistischen Versuchen bei der extremistischen Zeitung *Al-Bunjan al-Marsus* die Feder gegen die Waffe und steht unter anderem an der Seite des afghanischen Kriegsherrn Dschalaluddin Haqqani, der sich ab 1995 bei der Ausbildung von Taliban-Kadern in der *madrasa* (Koranschule) *Dar al-Ulum al-Islamija* in Kharsadda hervortut. Später beklagt Osama bin Laden in einer Ansprache auf dem Sender Al-Dschasira, dass Dschalaluddin Haqqani, dieser »Held [...], der die amerikanische Besatzung in Afghanistan abgelehnt hat«[54], bei den amerikanischen Angriffen in Afghanistan ums Leben gekommen ist.

In Afghanistan besucht Sarkawi mehrere militärische Ausbildungslager, namentlich das von Sada (»das Echo«), wo er lernt, Kriegswaffen vom Typ Kalaschnikow oder RPG und Granatwerfer zu bedienen.[55] Sada wird von einem Mann irakischer Herkunft geleitet, Abu Burhan al-Iraqi, einem engen Mitarbeiter von Abdul-Rasul Sajjaf, dem Anführer der *Hisbu-l-Ittihad al-Islami* (Partei der Islamischen Union), die 1993 das Kampfgebiet rund um Kabul kontrolliert.[56] Die Truppen von Abdul-Rasul Sajjaf gelten als die härtesten innerhalb der afghanischen Gruppierungen, die auch vor Vergewaltigungen und Enthauptungen nicht zurückschrecken.

In das Lager von Sada ist Sarkawi in Begleitung seines Freundes aus Sarka, Mohammed Wasfi Omar Abu Khalil, gelangt.[57] Dieser wird im Rahmen der Zerschlagung von Sarkawis erster Terrorgruppe *Beit al-Imam* verhaftet und verurteilt werden, und Sarkawi und Abu Khalil werden bei dieser Gelegenheit gemeinsam im Wüstengefängnis von Suwaqah in Jordanien einsitzen.

Sada liegt, wie gesagt, im Einflussgebiet von Abdul-Rasul Sajjaf, dem politisch Verantwortlichen der Partei der Islamischen Union und Propagandisten des Dschihad. Durch seine dominante politische Stellung innerhalb des Volksstammes der Paschtunen hat Sajjaf erheblichen Anteil am Aufbau der Infrastruktur von Al-Qaida, insbesondere durch die Eröffnung mehrerer militärischer Trainingslager, die den »Arabern« zur Verfügung stehen.

Neben Sarkawi halten sich damals noch weitere hochrangige Terroristen in Sada auf, darunter auch Khalid Schekh Mohammed.[58] Dieser wird sogar zu einem Vertrauten von Abdul-Rasul Sajjaf, bevor er im engsten Kreis um Osama bin Laden die Anschläge vom 11. September plant. Jahrelang ist das Lager Sada an der pakistanisch-afghanischen Grenze die obligatorische Durchlaufstation für Terroristen aus aller Welt, die die Reihen Al-Qaidas verstärken. Als weitere Symbolfigur des islamistischen Terrors, die sich wochenlang in diesem Lager hat ausbilden lassen, ist Ramsi Jussuf zu nennen, Urheber des ersten Anschlags auf das World Trade Center vom 26. Februar 1993.[59] Er wird von Pakistan an die Vereinigten Staaten ausgeliefert und dort 1998 zu lebenslangem Zuchthaus verurteilt.

Damals bewegt sich Sarkawi also im nahen Umfeld der Schaltzentrale von Al-Qaida, wenngleich er dem innersten Zirkel nicht angehört. Denn obwohl Sada innerhalb der militärischen Struktur von Al-Qaida ein bevorzugtes Glied für die Ausbildung der »Araber« in Afghanistan darstellt, steuert es doch nur den Anteil gewöhnlicher Kämpfer bei.[60] Die vielversprechendsten Mudschahidin werden in einer »Langzeitlager« genannten weiteren Stätte ausgebildet, die einem Militärberater untersteht. Zu ihnen gehört Sarkawi nicht. Er freundet sich jedenfalls mit mehreren anderen jordanischen Kämpfern an, darunter einem gewissen Salem Saad Salem bin Suweid, den er rund zehn Jahre später für den Mord an dem amerikanischen Diplomaten Laurence Foley in Amman anheuert.[61]

Bis zu seinem Weggang aus Afghanistan im Laufe des Jahres 1993 führt Sarkawi sich über Bücher und Kassetten die flammenden Predigten des Dschihad-Theoretikers Abdullah Azzam zu Gemüte, der im September 1989 durch eine Autobombe getötet wurde. Nach Aussage seines Schwagers Saleh al-Hami identifiziert Sarkawi sich voll und ganz mit dem Gedankengut des Palästinensers, des geistigen Vaters des zeitgenössischen Salafismus und Mentors Osama bin Ladens. Tief beeindruckt von der erbarmungslosen und stark vereinfachenden Rhetorik Azzams, lässt er sich stundenlang von der salafistischen Botschaft durchdringen, auf die er sich später auch beruft, als er sich zu den Anschlägen im Irak bekennt.

Der junge Sarkawi verinnerlicht die von Azzam und in der Folge von Maqdissi ausgegebenen Parolen: Ablehnung der Moderne, Rückkehr zu den Wurzeln des Islam, Ausrufung des Kalifats. Die Straßen Sarkas sind weit weg. In Afghanistan macht Sarkawi sich den Geist des Dschihad zu eigen, und zwar unabhängig von der Sache, um die es geht. Ob für die Befreiung Afghanistans, für den Islam, für die Befreiung des Irak oder andere Motive: Sarkawi entdeckt den Kämpfer in sich.

Anfang der neunziger Jahre ist die afghanisch-pakistanische Grenze bereits durchlässig, die arabischen Heere beziehen Quartier in Karatschi und Peschawar. Mehrmals hält Sarkawi sich zwischen Hayatabad und Peschawar auf. Vor Ort besucht er die Moschee Said bin-Harithah. Der Imam erinnert sich an einen jungen, von religiöser Inbrunst erfüllten Mann, der insbesondere in den dreißig Tagen des Ramadan stundenlang mit seinen arabischen Brüdern beim Gebet saß. Bevor er 1992 zur Pilgerfahrt nach Mekka aufbrach, bat Sarkawi ihn sogar, für ihn zu beten, damit Gott ihn »ein bisschen vergisst«.[62] Ermutigt durch die in Afghanistan gesammelten Erfahrungen, beschließt er damals, nach Jordanien zurückzukehren.

Rückkehr nach Jordanien

Als Sarkawi Anfang 1993 nach Jordanien zurückkommt, hat sich das Königreich infolge politischer und wirtschaftlicher Liberalisierungen stark verändert. Jordanien unternimmt Anstrengungen im Hinblick auf ein Friedensabkommen mit Israel und festigt seine Position innerhalb der Region. Ab September 1991 kehren die ersten jordanischen Veteranen aus Afghanistan zurück. Diese ehemaligen Kämpfer betrachten es als ihre Pflicht, sich für die Erneuerung der islamischen Sache stark zu machen.

Innerhalb weniger Monate hat der Feind gewechselt. Wer begeistert in den Kampf gegen den sowjetischen Besatzer gezogen war, kehrt mit erbittertem Hass auf die Vereinigten Staaten und die israelische Regierung zurück. Die Zeiten haben sich grundlegend gewandelt. Die motiviertesten Mudschahidin haben bereits neue Dschihad-Länder im Visier, namentlich Bosnien-Herzegowina.[63] Etliche Jordanier sind zum heiligen Krieg zwischen Sarajewo und Tuzla bereit. Sarkawi schließt sich ihnen nicht an, er geht zurück in seine Heimat, nach Sarka. Nach dem verpassten Krieg gegen die Sowjets versäumt Sarkawi damit eine zweite Gelegenheit, am Dschihad teilzunehmen, dieses Mal bei den arabischen Legionen in Bosnien-Herzegowina.

In ihrer Heimat werden etliche junge »Veteranen« von den Ordnungskräften überwacht. In Ägypten, Marokko,

Tunesien und Jordanien wissen die Nachrichtendienste oftmals genauestens über die Mudschahidin Bescheid. Schon vor ihrem Aufbruch nach Afghanistan standen die meisten Kämpfer bereits verschärft unter der Beobachtung der Geheimdienste. Ob als normaler Krimineller im Sinne des Strafrechts oder als fanatischer Islamist – nach Afghanistan ging man nicht zufällig. Nun fürchten die Staaten in der Region die Rückkehr der »Afghanen«, was vor allem auf Ägypten und Algerien zutrifft, wo sich auch sehr rasch wieder islamistische Gruppen aus ehemaligen Kämpfern formieren. Als 1991 in Algerien der FIS als Sieger aus den demokratischen Wahlen hervorzugehen droht, herrscht größte Beunruhigung. In Ägypten kommt es seitens der radikalen, gewalttätigen Gruppen vermehrt zu Ausschreitungen gegen die Regierung und gegen koptische Christen. Schon bald müssen die ägyptischen Dschihad-Heimkehrer im islamischen Sudan oder in Saudi-Arabien Zuflucht suchen. Die islamistische Welle erschüttert sämtliche arabischen Länder des großen Mittelmeerbogens.

Von 1991 an schenkt auch Jordanien den Mudschahidin im Land vermehrt Aufmerksamkeit. Ihr Kampfeinsatz steht nicht im Einklang mit der neuen politischen Richtung des Königreichs. Das gilt sowohl innenpolitisch, da die islamistischen Parteien vom Kabinett des Königs in engen Grenzen gehalten werden, als auch außenpolitisch mit der diplomatischen Annäherung an Israel.

Die rege Tätigkeit der »Afghanen« zu Beginn des Jahres 1991 ist den jordanischen Geheimdienstchefs nicht geheuer.[64] Vieles deutet darauf hin, dass Hunderte ehemaliger Kämpfer nach ihrer Rückkehr junge Islamisten angeworben und in der Wüste ausgebildet haben. In der Politik ergreifen die »Afghanen« das Wort und prangern die jordanische Beteiligung an den Verhandlungen mit den Amerikanern über ein Friedensabkommen im Nahen Osten an. Gemeinsam mit dem jordanischen Zweig der Muslimbruderschaft, *Ikhwan al-Muslimun,* einer in allen übrigen arabischen Ländern verbotenen Partei, rufen sie zur Vernichtung Israels auf. Ab 1991 formieren sich die »Afghanen«, die am besten organisierte Gruppe, in der Armee Mohammeds, *Dscheisch Mohammed,* neu, einer sunnitischen Terrorgruppe, die im haschemitischen Königreich schon bald ihr Unwesen treiben wird. Andere ehemalige Kämpfer treten in den von Israel besetzten Gebieten wieder dem Islamischen Dschihad oder der Hamas bei.

Die jordanischen Justizbehörden bemühen sich, diese neuen Bedrohungen zu erfassen, um sie besser bekämpfen zu können. Ab 1991 werden groß angelegte Anschläge vom Königreich vereitelt, fünf Organisationen werden zerschlagen. Die 22 Terroristen, die die Zelle von Khadir Abu Hawschar bildeten, werden verhaftet. Sie hatten für den Jahreswechsel 1999/2000 Anschläge auf Touristenziele geplant. Ende 1991 werden am Stadtrand von Amman militante Mitglieder der Armee Mohammeds festgenommen, deren Ziel die Beseitigung der jordanischen Regierung ist.

Zwischen 1991 und 1993 plant die Organisation *al-Haschajibakah* (»die afghanischen Jordanier«) Terroranschläge in Jordanien. Ihre Mitglieder werden am 21. Dezember 1994 vom Sicherheitsgericht des haschemitischen Königreichs zu hohen Haftstrafen verurteilt. Unter ihnen befindet sich auch der saudische Geschäftsmann Mohammed Dschamal Khalifa, ein Schwager Osama bin Ladens. Von 1986 bis 1994 leitet er auf den Philippinen das Büro der Wohlfahrtsorganisation IIRO (International Islamic Relief Organization). Er wird beschuldigt, Verbindungen zum islamistischen Terrorismus zu haben, was er abstreitet,[65] und im Laufe des Prozesses in Abwesenheit zum Tode verurteilt. Er findet Unterschlupf in Jiddah in Saudi-Arabien, wo er seither ein Fischrestaurant führt.

Die Aktivisten von *Harakat al-Islah wa-t-Tahaddi* (Bewegung für Reform und Herausforderung), einer weiteren, 1997 in Jordanien gegründeten bewaffneten Gruppe, werden am 22. Juli 2001 wegen terroristischer Aktivitäten von einem Militärgericht verurteilt. Auf der Liste der Verurteilten findet sich der Religionsführer Abu Qatada (mit wirklichem Namen Omar Mahmud Osman Abu Omar[66]), ein Verbündeter Osama bin Ladens und Maqdissis. Der von der jordanischen Justiz in Abwesenheit zu lebenslanger Freiheitsstrafe verurteilte und von den ägyptischen und algerischen Behörden gesuchte Abu Qatada führte in London ein beschauliches Rentnerleben, bis er von der britischen Polizei verhaftet und im Oktober 2002 in Untersuchungshaft genommen wurde. Von 1995 bis 2001, dem Jahr, in dem er seine britischen Papiere erhielt, soll Abu Qatada an der Ansiedlung des Al-Qaida-Netzwerks in Europa beteiligt gewesen sein. Er war auch in mehrere Operationen terroristischer Zellen in Europa verwickelt, unter anderem die der spanischen Al-Qaida-Zelle.

Schließlich wird im September 1998 noch eine weitere Gruppe von Dschihadisten mit Namen *Al-Buq'ah* zerschlagen.[67] Ziel all dieser Gruppierungen ist die Beseitigung der arabischen Regierungen, und insbesondere der jordanischen, die durch ein fundamentalistisches Kalifat ersetzt werden sollen. In diesem entschieden simplizistischen Vorsatz sind die radikalsten Islamisten geeint.

Am 10. November 1992 werden Leith Schubeilat und Jaqub Qarrasch, zwei führende Islamisten und unabhängige islamistische Dissidenten, wegen unerlaubten Waffenbesitzes und versuchten Staatsstreichs von einem Militärgericht zu zwanzig Jahren Freiheitsstrafe verurteilt. Am 23. November 1992 erklärt König Hussein, er werde alles in seiner Macht Stehende unternehmen, um die Regierung zu retten, nachdem sich etliche Politiker wegen der Radikalität der jungen, aus dem afghanischen Dschihad zurückgekehrten Veteranen besorgt gezeigt hatten. Im selben Monat richtet der Beduine Ahmed Oweidi Abbadi, Mitglied des jordanischen Parlaments und ehemaliger Offizier, anlässlich einer Ansprache vor dem Parlament eine förmliche Warnung an das Königreich: »Diese Leute behaupten, ihre Waffen dienten dazu, Israel zu bekämpfen, aber bei genauerer Betrachtung zeigt sich, dass ihr Ziel der Umsturz der Monarchie ist.«[68]

Es gibt immer mehr bewaffnete illegale Gruppen, und ihre gewalttätigen Ausschreitungen gegen das Königreich nehmen zu. Zielscheibe sind mehrere Bereiche, darunter der Tourismus und damit eine funktionierende Einnahmequelle für ausländische Devisen, die man zum Versiegen bringen will. Opfer dieser Gewaltwelle ist auch der französische Staatsbürger und Diplomat Gilbert Heines.[69] Als die Eheleute Heines im Februar 1995 das Touristenziel Wadi al-Mujib, sechzig Kilometer von Amman entfernt, besichtigen, werden sie von Schüssen aus den Bergen getroffen. Die Schützen, Salem Khakhit Abdullah, 31, und Ahmed Khaled Qassem, 23 Jahre alt, werden auf der Stelle festgenommen und zu lebenslänglich beziehungsweise zehn Jahren Haft verurteilt. Ihren Aussagen zufolge wollten sie mit dieser Tat gegen das im Oktober 1994 geschlossene Friedensabkommen zwischen Jordanien und Israel protestieren.

Nach seiner Rückkehr nach Sarka wird auch Abu Mussab al-Sarkawi wie die übrigen »Afghanen« vom Geheimdienst GID überwacht, allerdings mit dem Unterschied, dass er bei der lokalen Polizei bereits vor seinem Weggang nach Afghanistan kein Unbekannter war. Er kehrt in sein Wohnhaus in der 6. Straße im Stadtviertel Al-Ramzi zurück, ein großes, zweistöckiges Haus mit der Nummer 13, um das ringsum eine hohe Mauer verläuft. Es ist zwar kleiner und schlichter als das Elternhaus in Maqsum, hat jedoch durchaus Mittel-

klassestandard. Dort erwarten ihn seine Frau Intisar, genannt Umm Mohammed (»Mutter Mohammeds«), die er
1988 geheiratet hat, sowie sein ältester Sohn und seine
Tochter Aminah, die 1991 zur Welt gekommen ist. Auch
seine Mutter, mehrere Schwestern und sein Bruder Mohammed leben hier.

Die Erlebnisse in Afghanistan haben Sarkawi tief geprägt.
Aus dem Kleinkriminellen von nebenan ist ein hartgesot-
tener, gebieterischer Mann geworden, der die Seinen schon
bald mit Nachdruck zu religiöser Strenge zwingt. Die
Frauen in der Familie müssen sich den religiösen Praktiken
unterwerfen, die er in seinen Jahren in Afghanistan angenommen hat. Fortan erkennt man die Mitglieder der Familie Sarkawi auf der Straße auf Anhieb an der Burka, dem
traditionellen afghanischen Gewand, das sie als Einzige
– und bis heute – tragen.[70] Männer, die nicht zur Familie gehören, dürfen das Haus nicht betreten. Umm Mohammed
berichtet auch, dass Sarkawi seine Geschwister gleich nach
seiner Rückkehr aufgefordert habe, nicht mehr fernzusehen,
da die Programme »die junge Generation verderben«.[71]

Neben Sarkawi leben noch weitere Veteranen im Viertel
Al-Ramzi, darunter Abu Qudama, der in unmittelbarer
Nähe wohnt, und mehrere zukünftige Mitglieder der Terrorgruppe *Beit al-Imam*. Wie sie sind auch die Khaleileh
sehr strenggläubig. Als einzige Zierde schmücken die Verse
des Koran sowie eine Tafel mit der eingravierten Inschrift
»Allah« ihr Zuhause.

Um seinen Lebensunterhalt zu verdienen, eröffnet Sarkawi einen Videoverleih, mit allerdings fragwürdigen Er-
folgsaussichten. Doch hat der junge Veteran ganz andere
Ambitionen. Schon kurz nach seiner Rückkehr hat Sarkawi
sich mit alten Kameraden getroffen. Er verbringt viel Zeit
damit, seine Vorstellungen unter den jungen Jordaniern
und Palästinensern zu verbreiten. Er besucht wieder die

Moscheen Al-Falah und Al-Hussein bin Ali, berichtet dort von seinen Erfahrungen in Afghanistan und versammelt immer mehr junge Leute um sich, die es nach innerer Berufung verlangt.

Einer der salafistischen Führer in Amman, Schekh Dscharrah al-Qaddah, erinnert sich an einen jungen, überschwänglichen Mann, der schreiend durch die überfüllten Straßen Sarkas zog, um das rechte Wort zu verkünden. Die Bürger einer Stadt, in der öffentliche Predigten verboten sind, dürften ein solches Verhalten zumindest als ungewöhnlich empfunden haben. Mit solch extravagantem Verhalten schart er jedenfalls schon bald die Verfechter gewalttätigster Bestrebungen um sich. Saleh al-Hami, der 1992 aus Afghanistan zurückkehrte, erinnert sich: »Damals begannen die Spannungen zwischen Sarkawi und dem jordanischen Regime. […] Wenn man viel Zeit mit dem Dschihad verbringt, verhält es sich damit für den Menschen wie mit dem Sauerstoff. Es ist sehr schwierig, ohne ihn auszukommen.«[72] Nachdem Sarkawi in Afghanistan Krieg und Dschihad kennen gelernt hat, ist er offenbar entschlossen, den Kampf im eigenen Land fortzusetzen. Die jordanischen Sicherheitsdienste wissen das und steigern ihre Wachsamkeit.

In Sarka lässt sich der, den alle unter dem Namen Ahmed Fadil Nazzal al-Khaleileh kennen, künftig Abu Mussab (»Vater Mussabs«) nennen, wenngleich sein jüngster Sohn, der diesen Namen tragen wird, noch gar nicht geboren ist. Und auch dass jemand den Namen seiner Stadt trägt, ist selten. Der Lehnname des nunmehr gefürchteten jungen Mannes aber lautet Abu Mussab al-Sarkawi (»Abu Mussab aus Sarka«) und zeugt vom Ehrgeiz dessen, der um jeden Preis seinen Clan und seine Stadt repräsentieren will. Der Name Mussab wiederum geht auf einen Kämpfer des Propheten Mohammed zurück, Mussab bin Umeir, der in der Schlacht von Jathrib (heute Medina), einer von Sarkawi wiederholt zitierten Episode, beide Hände verlor und als Schutzpatron der Selbstmordattentäter gilt.

Nur wenige Monate nach seiner Rückkehr nach Sarka versucht Sarkawi, den palästinensischen Prediger al-Maqdissi wiederzufinden, der mit seinen Predigten die »Araber« in Peschawar entflammte. In einem Brief Maqdissis aus dem Jahr 2004 ist von seinem Wiedersehen mit Sarkawi die Rede: »Gleich nach seiner Rückkehr aus Afghanistan hat Sarkawi mich besucht. [...] Meine Adresse in Jordanien hatte er von Abu Walid. [...] Wir haben dann zusammengearbeitet, und ich habe in mehreren Städten Jordaniens Religionsunterricht erteilt. Wir haben Flugblätter entworfen.«[73] Issam Mohammed Taher al-Barqawi alias Abu Mohammed al-Maqdissi ist damals für Sarkawi ideologische Stütze, spiritueller Vater und intellektuelle Kristallisationsfigur in einem. Er hat auf seiner Ebene für Sarkawi die Bedeutung, die Abdullah Azzam für Osama bin Laden hatte.

Maqdissi hat sich inzwischen am Stadtrand von Amman niedergelassen, in Yajuz nahe der Soheib-Moschee. Nach Kuweit, dem Irak, Saudi-Arabien, Pakistan und erneut Kuweit ist Maqdissi 1992, als die jordanischen Kämpfer aus Afghanistan zurückkehrten, endgültig nach Jordanien übergesiedelt. Anfang 1993 kommt nun auch Sarkawi zurück. Erfreut über ihr Wiedersehen, pflegen die beiden Männer ihre Freundschaft im Austausch über die Erlebnisse in Pakistan.

So kommt es, dass der einfache Mann aus den Vorstädten Ammans mit einem der Anfang der neunziger Jahre angesehensten Theoretiker des Dschihad verkehrt. In der kleinen Welt der radikalen Theologen nämlich ist Maqdissi bereits eine Berühmtheit. Soeben hat er seine Schrift *Die Demokratie ist eine Religion* veröffentlicht, eine Polemik gegen den Westen und dessen demokratische Systeme, der zufolge die Demokratie eine vom Koran verurteilte soziale Erfindung mit ketzerischer Botschaft ist. Die Bürger demokratischer Systeme seien »Ungläubige«, der Vernichtung geweiht.

»Die Demokratie ist eine Religion, die nicht die Religion Allahs ist [...], es ist eine heidnische Religion [...], eine Religion, die andere Götter in ihren Glauben einschließt. [...] In der demokratischen Religion werden die Menschen von den Abgeordneten im Parlament vertreten [...]. Sie und die Ihren erlassen Gesetze entsprechend ihrer Religion von der Demokratie und den Gesetzen ihrer Verfassung, auf die sich die Regierung gründet [...].«[74]

In Begleitung älterer Prediger wie der beiden radikalen Saudis Hamud bin Uqla al-Schuaibi oder Ali al-Khudeir fordert Maqdissi eine Rückkehr zu den Ursprüngen des Islam und eine entschlossene Verurteilung alles Nichtmuslimischen. Diese extremistische Rhetorik beschränkt sich allerdings nicht auf ein paar aufgeregte Schriften: Seit 1991 ist Maqdissi unmittelbar an der Rekrutierung und Ausbildung junger jordanischer Veteranen für Terroraktionen beteiligt. Seine Mitwirkung bei verschiedenen Terrororganisationen, darunter die Armee Mohammeds und *Al-Islah wa-t-Tahaddi,* ist von der jordanischen Justiz zweifelsfrei nachgewiesen. Er wird deswegen auch mehrfach von der jordanischen Justiz verurteilt.

Nach seiner Festnahme wegen seiner Beteiligung an der Organisation *Beit al-Imam* wird Maqdissi 1999 freigelassen, bevor er im Dezember 2002 wegen der Beteiligung an den Aufständen in der Stadt Ma'an erneut verhaftet und eingesperrt wird. Darüber hinaus hat die jordanische Justiz im Juli 1991 Verbindungen zwischen Maqdissi und der Armee Mohammeds aufgedeckt, deren Mitglieder in den afghanischen Lagern ausgebildet werden. Die sechs Anführer der Gruppe werden bald darauf wegen ihrer Beteiligung an Anschlägen in Jordanien zum Tode verurteilt. Im Zuge einer königlichen Amnestie werden die Todesstrafen allerdings in lebenslange Haft umgewandelt.

1991 ist man zwar wachsam im jordanischen Königreich, doch hat man das Ausmaß der Bedrohung noch nicht erfasst. Die Justizbehörden, die Strafen verhängen, diese aber nicht in voller Härte anwenden, nehmen die Veteranen nicht wirklich ernst. Dessen ungeachtet stehen diese allerdings sehr wohl unter der Bewachung der Geheimdienste.

1993 beschleunigt sich der Gang der Dinge für Maqdissi, Sarkawi und die rund dreihundert übrigen Afghanistan-Veteranen. Aus der Frustration heraus, »ihren« Krieg nicht fortführen zu können, bilden sie eine Terrorzelle. Sie, die kriegsgewöhnt sind und in ihrem Heimatland ohne echten sozialen Rückhalt, erklären sich »wegen ihrer Überzeugungen bereit für eine Konfrontation mit dem [jordanischen] Regime«.[75] Die jungen Veteranen lehnen das Friedensabkommen mit Israel, dessen Unterzeichnung unmittelbar bevorsteht, vehement ab. Sie alle sind militärisch ausgebildet. Sie haben Trainingslager der Muslimbruderschaft durchlaufen, wie das Lager Salah Eddin in Jalalabad im Osten Afghanistans, oder auch die ersten Al-Qaida-Lager wie das von Sarkawi besuchte in Sada. 1992/93 gelten die Lager des Saudis Osama bin Laden wegen ihrer guten Infrastruktur und ihrer Ausrüstung allerdings als die besten in ganz Afghanistan. Nicht selten wird dort während der Ausbildung an Stinger-Luft-Boden-Raketen geübt, obwohl diese viel Geld kosten. Die Al-Qaida-Lager in Afghanistan sind damals sicherlich am weitesten perfektioniert und auch am »elitärsten«. Dort lernt man, ohne Nachsicht und notfalls mit Gewalt das Gesetz des Islam durchzusetzen.

In Sarka macht Sarkawi Maqdissi mit einigen seiner früheren Freunde bekannt, allesamt Afghanistan-Rückkehrer, darunter Scherif (auch bekannt unter dem Namen Abu

Aschraf), Suleiman Taleb Damra, Khaled al-Aruri, Nasser Fajez, dessen Bruder Nafez, Mohammed Rawaschdeh, Amer Sarradsch und Nasri Tahajineh.[76] Diese Männer bilden Sarkawis innersten Zirkel in Sarka und stellen schon bald seine Terrorgruppe *Beit al-Imam*. Die jordanischen Behörden erfahren, wie erwähnt, erst 1997 anlässlich der Vernehmung des Aktivisten Osama Jassin Abu Schamah, Professor an der Yarmouk-Universität und Geldgeber der Organisation, dass Osama bin Laden die Terrorzelle auch finanziell unterstützt hat.[77]

Im Zuge seiner ersten Geständnisse vor der jordanischen Justiz am 3. August 1994 macht Sarkawi detaillierte Angaben über seine und Maqdissis Vorgehensweise bei der Gründung der Terrorzelle *Beit al-Imam* (»Treue den Imamen«). Letzterer unterweist die Gruppe in Religionsfragen und hält einen hasserfüllten Diskurs über das jordanische Regime. Seine simple Botschaft beruht auf der Vorstellung, dass jedes Individuum ein Leben gemäß dem Koran zu führen habe und die arabischen Regierungen, insbesondere die jordanische, dieses Gebot nicht befolgen, weshalb das jordanische Regime auch beseitigt werden müsse.

In Absprache mit Sarkawi erscheint Maqdissi immer häufiger auch zu Hause bei den Mitgliedern der Gruppe sowie an den Kultstätten, die sich dem Dschihad verschrieben haben. So predigt er beispielsweise in der Moschee Hamuri in Awajan am Stadtrand von Amman, unweit von Sarkawis Wohnhaus. Dort stellt er seine Argumentation auf den Prüfstand: die schwindende Souveränität Jordaniens angesichts des israelischen Einflusses, die amerikanische Einmischung in der Region, die Notwendigkeit des Dschihad, den Kampf gegen Ungläubige. Gegenüber Staatsanwalt Mahmud Obeidat behauptet Sarkawi: »Wir sind gegen die Amerikaner, weil sie den Islam ablehnen.«

Maqdissis Talent und Wortgewandtheit, gepaart mit Sar-

kawis angsteinflößendem Charisma, ziehen immer mehr
Anhänger an. Auch in der jordanischen Provinz gewinnt
die Gruppe an Zulauf. Eines Tages begibt sich Sarkawi gemeinsam mit seinem Freund Aruri in die Gegend von Ka-
rak an der Küste des Toten Meeres, unweit des Dorfes al-
Qasr. Dort können sie Abdul Madschid al-Madschali für
sich gewinnen. Mustafa Hassan Musa, ehemaliges Mitglied
der 1991 zerschlagenen Armee Mohammeds, bringt schon
bald sein Wissen als Sprengstoffexperte ein.

Musa ist der Schwager Maqdissis. Sarkawi berichtet,
Musa habe eines Tages bei sich zu Hause, wo die Gruppe
versammelt war, einen Funken an ein Häufchen Aceton-
peroxyd (APEX), einen Sprengstoff in Form eines weißen
Pulvers, gebracht und damit eine leichte Explosion ausgelöst. Damit hatte er immerhin sein Vorhaben veranschau-
licht, dem Direktor der arabischen Zeitschrift *Al-Watan al-
Arabi,* Walid Abu Daher, ansässig in Paris, eine Briefbombe
in Form eines »Weihnachtsgrußes« zukommen zu lassen.
Zur Durchführung kam es nie,[78] doch wurde Mustafa Hassan Musa wegen des versuchten Anschlags verurteilt. Walid Abu Daher starb 2004.

Im Zuge der Versammlungen und theologischen Diskussionen zeigt sich, dass die Gruppe darauf brennt, ihre terroristischen Vorhaben in die Tat umzusetzen. Auf Betreiben
Sarkawis und Maqdissis wird ein Plan für eine Selbstmord-
operation gegen israelische Ziele ausgearbeitet. Für eine er-
folgreiche Durchführung wird allerdings die entsprechende
Ausrüstung benötigt.

Zum Zeitpunkt ihres Rückzugs aus Kuwait hatten Saddam Husseins Truppen massenhaft Munition zurückgelas-
sen, wovon Maqdissi, der damals bekanntlich dort lebte, auf
dem Schwarzmarkt eine größere Menge erstand. Vor seinem Umzug nach Jordanien hatte er fünf Tretminen, sieben Handgranaten und mehrere Panzerraketen in seinen

Möbeln verstaut. Später gestand Maqdissi den jordanischen Ermittlern vom GID, dass er dieses Material im Rahmen eines Angriffs gegen Israel zum Einsatz bringen wollte.

Sarkawi schlägt Maqdissi vor, das Material in dem großen Haus in Maqsum zu verstecken, das damals von einem Teil seiner Familie bewohnt wird. Nachdem er zwei Wochen vergeblich versucht hat, die Waffen auf dem Friedhofsgelände zu verbergen, gibt er sie Maqdissi zurück und behält lediglich ein paar Sprengladungen, für die er bei sich zu Hause ein Versteck hinter einer Doppelmauer einrichtet.[79] Er wollte, wie er später angibt, diese Waffen behalten, »um sie im Rahmen eines Selbstmordanschlags in den von den Zionisten besetzten Gebieten einzusetzen«.[80] Tatsächlich überredet er damals seine beiden treuen Verbündeten Suleiman Talib Damra und Abdel-Hadi Daghlas, an der israelisch-jordanischen Grenze einen Selbstmordanschlag zu verüben. Die vorzeitige Verhaftung von Daghlas durch die jordanischen Behörden vereitelt jedoch die erste von Sarkawi geplante Terroraktion.

Manche seiner Komplizen bei *Beit al-Imam* beschreiben Sarkawi als ehrgeizigen Mann, jedoch gewiss nicht als Visionär. So erinnert sich der jordanische Aktivist Jussuf Rababa an einen Mann, der im Gegensatz zu Osama bin Laden keine langfristigen Pläne hatte. Sarkawis damaliger Anwalt Mohammed Dweik geht sogar so weit zu sagen, sein Mandant sei ihm nie sonderlich intelligent erschienen.[81] Maqdissi ist derjenige, der innerhalb der Gruppe als Vordenker gilt, während Sarkawi für die Durchführung militärischer Operationen zuständig ist.

Die Verhaftung von Abdel-Hadi Daghlas stellt alles in Frage. Damals setzt sich *Beit al-Imam* lediglich aus einigen wenigen Männern zusammen, nämlich im Wesentlichen aus Maqdissi, Sarkawi, Aruri sowie Suleiman Taleb Damra, den Brüdern Nasser und Nafez Fajez, Mohammed Rawaschdeh, Amer Sarradsch, Nasri Izzedin Mohammed al-Tahajineh, Mohammed Wasfi Omar Abu Khalil, Nabil Abu Harthiyeh, Scherif Abdul Fattah und Ahmed Jussuf. Als harten Kern kann man lediglich Maqdissi, Sarkawi, Aruri und Abu Khalil bezeichnen, zwischen denen allmählich allerdings auch Divergenzen zutage treten.

Protest wird namentlich von Khaled al-Aruri laut, der Nummer drei der Organisation. Der damals 27-jährige Aruri aus Sarka stammt ursprünglich aus Ramallah in Palästina. 1991 arbeitet er in Pakistan für die saudische IIRO und kehrt 1992 nach Sarka zurück. Er unterstützt Sarkawi, steht jedoch nicht hinter allen geplanten Vorhaben. So ist er gegen die Erschießung von Ali Berdschak, Mitglied der Antiterroreinheit des GID, oder von Jaqub Sajadin, dem Ehrenvorsitzenden der Kommunistischen Partei Jordaniens. Auch die Idee, am Sitz des jordanischen Geheimdienstes, des mächtigen GID, Feuer zu legen, heißt Aruri nicht gut.[82]

Nach mehreren Geheimtreffen zwischen Mitgliedern der Gruppe *Beit al-Imam* übernimmt es Sarkawi, die Operationen fortzuführen. Er liefert Aruri und Damra zusätzliche Informationen über seine beiden Zielscheiben Ali Berdschak und Jaqub Sajadin. Dann holt er gezielt Informationen ein und ermittelt Berdschaks Wohnort.[83] Acht Jahre später, am 28. Februar 2002, sterben zwei Menschen durch eine Autobombe in unmittelbarer Nähe von Berdschaks Domizil. Das Auto gehörte der Frau des GID-Agenten.

Während seiner gesamten terroristischen Laufbahn zählt Khaled al-Aruri zu Sarkawis Vertrauensleuten. Sein Name taucht auch in den Ermittlungen zu den Anschlägen in Casablanca vom 16. Mai 2003 auf: Er soll dem marokkanischen Salafisten Aziz Hummani die 70 000 Dollar zur Durchführung der Attentate übergeben haben.

Die Mitglieder von *Beit al-Imam* fürchten weniger das

Gefängnis als die harten Methoden des GID. Dessen Zielsetzung zwei Jahre nach der Rückkehr der ersten Veteranen ist die Zerschlagung der aufständischen Gruppen. Die jordanische Regierung treibt die Gruppe *Beit al-Imam,* die infolge der Verhaftung von Abdel-Hadi Daghlas bereits geschwächt ist, in die Enge. Sarkawi und Maqdissi fassen ins Auge, mit gefälschten Papieren aus Jordanien zu fliehen. Zu diesem Zweck nimmt Sarkawi Kontakt mit Mahmud Hassan Hadschawi auf, der in Sarka in der Nähe der Moschee al-Hussein lebt. Für 100 Dinar erhält er eine Woche später einen gefälschten jordanischen Pass auf den Namen Ali Ahmed Abdullah Madschali.

Als Einsatzleiter der Gruppe lässt Sarkawi auch Maqdissi und Khaled al-Aruri von seinem Netz profitieren. Maqdissi erhält schon bald einen zweiten gefälschten jordanischen Ausweis auf den Namen Fajez al-Hafi.[84] Alsdann widmen sich die beiden Führer der Gruppe *Beit al-Imam* verstärkt ihren Fluchtvorbereitungen, da sie sich seit mehreren Wochen observiert wissen. Das bestätigt Sarkawi gegenüber dem Staatsanwalt, der ihn dazu befragt: »Ich wusste, dass der Geheimdienst mich überwacht.«[85]

Schon bald erhält Sarkawi vom Hauptquartier des jordanischen Geheimdienstes eine Vorladung. Sogleich fasst er den Entschluss, ihr nicht Folge zu leisten. Seine Reaktion, von ihm selbst im Laufe seines Verhörs dargelegt, sagt viel über seine Persönlichkeit aus: »Ich hätte das Unmögliche getan, um nicht dorthin zu gehen und Widerstand zu leisten, falls sie mich abgeholt hätten. Als ich von der Vorladung erfuhr, habe ich […] eine Maschinenpistole […] gekauft, die mich 800 Dinar gekostet hat. Das habe ich getan, um der Polizei Widerstand zu leisten, falls sie bei mir aufgetaucht wäre. […] Ich hatte drei Magazine für die Waffe, und 35 Patronen.«[86]

Trotz seines festen Vorsatzes, sich nicht erwischen zu lassen, wird Sarkawi am 29. März 1994 verhaftet. Fünf Tage später nimmt die Polizei auch Maqdissi in dessen Haus in Yajuz fest. Während der Hausdurchsuchung unter Leitung von Hauptmann Mustafa Awad äußert Maqdissi die Bitte, seine Eltern mögen die Erlaubnis bekommen, das Haus zu verlassen, um nicht zu erfahren, das ihr Sohn Sprengstoff im Haus versteckt hat.[87] Der ist in Gardinenstangen und über einer abgehängten Decke verborgen, die eigens zu diesem Zweck eingezogen wurde. Maqdissi steigt höchstpersönlich auf ein Fass, um den Beamten das Versteck zu zeigen.

Anwalt Fu'ad Badawi, der zum Pflichtverteidiger Sarkawis und Maqdissis bestellt wird, lehnt das Mandat ab. An seine Stelle tritt Mohammed Dweik. Während der Verhöre bekommen die Terroristen die harten Methoden des GID zu spüren; mehrfach bittet Maqdissi darum, man möge ihn nicht schlagen.[88]

Während des Ermittlungsverfahrens erhebt Militärstaatsanwalt Mahmud Obeidat mehrere Anklagepunkte gegen sie, darunter die Zugehörigkeit zu einer illegalen Organisation, unerlaubter Sprengstoff- und Waffenbesitz, das Fälschen von Ausweispapieren und Ehrenbeleidigung des Königs. Der Militärstaatsanwalt Muhannad Hidschasi, der bei der Rekonstruktion der Ereignisse vor Ort im Haus in Maqsum anwesend war, erinnert sich, wie Sarkawi sich an ihn wandte. Er war gefesselt und wurde von Sicherheitskräften bewacht, als der Staatsanwalt auf ihn zukam. Sarkawi sprach ihn mit Namen an, obwohl Hidschasi weder eine offizielle Plakette noch irgendeinen sonstigen Hinweis auf seine Funktion an sich trug. Der überraschte Staatsanwalt fragte ihn, woher er seinen Namen kenne. Sarkawi entgegnete, er habe ihn in mehreren Verfahren gesehen und ihm sei aufgefallen, wie stichhaltig seine Plädoyers stets gewesen seien.

Staatsanwalt Hidschasi erinnert sich an einen schwieri-
gen jungen Mann mit durchdringendem Blick und täto-
wiertem Körper. Seiner Ansicht nach hatte Sarkawi damals
mehr von einem Kriminellen als von einem internationalen Terroristen an sich: ein Ganove mit vagen religiösen
Kenntnissen. Während die Justizbeamten ihrer Arbeit
nachgingen, versuchte Sarkawi mehrfach, seiner Familie,
die ihn vom Balkon des Hauses aus beobachtete, Botschaften zukommen zu lassen. Vor allem wollte er seinem Bruder
einen Hinweis auf den Ort geben, an dem der Sprengstoff
versteckt war. Gegenüber der Polizei hatte er angegeben,
die Waffen lägen in einem ausgetrockneten Flussbett unter-
halb des Hauses, in der Nähe des Friedhofs von Sarka; tatsächlich aber befanden sie sich auf dem Grundstück selbst.
Zuvor hatte Sarkawi mehrere Stunden lang behauptet, er
könne sich nicht mehr an das Versteck erinnern.[89]

Auch sein Bruder Omar wird im Rahmen der Ermittlungen zum *Beit al-Imam*-Netzwerk schließlich festgenommen
und sitzt eine Weile im Gefängnis von Suwaqah ein.

Schließlich legt Sarkawi am 31. August 1994 vor dem Militärstaatsanwalt Mahmud Obeidat doch noch ein ausführ-
liches Geständnis ab: »Ich erkläre mich schuldig, ohne offizielle Erlaubnis im Besitz von Bomben und Minen gewesen
zu sein und einen gefälschten Pass angefertigt und benutzt
zu haben. Unterzeichnet und bestätigt, Ahmed Fadel.«[90]
Maqdissi legt ein ähnliches Bekenntnis ab und geht sogar
so weit, den Terrorismus zu verdammen: »Die Bomben,
Minen und Waffen in meinem Besitz waren nicht für Ter-
rorakte in Jordanien bestimmt, sondern für den Widerstand gegen den israelischen Feind, und ich bin gegen alle
Personen, die Terroranschläge verüben, sei es auf Polizisten, Geheimagenten, Kinos oder Geschäfte, in denen Alkohol verkauft wird.«[91] Unter welchen Umständen Maqdissi
das Geständnis abgegeben hat, ist nicht bekannt. Die von

Beit al-Imam verübten Anschläge sind jedenfalls sehr wohl dem Terrorismus zuzuordnen und vornehmlich gegen das haschemitische Königreich gerichtet.

Nachdem Maqdissi seine erste Haftzeit abgesessen hat, fährt er fort, die salafistische Sache und die weltweit verübten islamistischen Anschläge zu unterstützen. In der Folge des 11. September äußert er Genugtuung über die Terroranschläge von Washington und New York.[92] Obwohl er erneut in Jordanien inhaftiert ist, verbreitet er – und das erst kürzlich noch – über seine Website weiterhin seine extremistischen Reden.

Im Verlauf des Jahres 1994 wird die Gruppe *Beit al-Imam* von der jordanischen Polizei nach und nach zerschlagen. Ihre Anführer Maqdissi und Sarkawi werden zu Haftstrafen verurteilt. Die Organisation stellt damals eine der größten extremistischen Bedrohungen für das Königreich dar. Die Behörden atmen auf. 1997 aber, keine drei Jahre später, fördern neuerliche Untersuchungen zutage, dass *Beit al-Imam* wieder aktiv ist, und zwar unter der Führung von vier jungen Jordaniern: Mudschahid Abdul-Rahim sowie Issa, Ali und Saud al-Khaleileh. Die drei Letztgenannten gehören zum Sarkawi-Clan; Saud al-Khaleileh ist ein Cousin Abu Mussabs.[93]

Im Wüstengefängnis von Suwaqah

Für die jordanischen Sicherheitskräfte ist die Operation gegen Sarkawi und seine Gruppe ein Erfolg. Im November 1996 werden die dreizehn Terroristen dem Militärischen Sicherheitsgericht unter dem Vorsitz von Oberst Jussuf Faouri überantwortet.

Im Verlauf des Prozesses scheint Maqdissi sein Geständnis zurücknehmen zu wollen und ruft: *»Allahu Akbar«* (Gott ist groß), die Geschichte wird das Geheimnis unseres Dschihad schreiben, die Stimme des Dschihad wird nicht schwächer.« Als Oberst Jussuf Faouri das Urteil verkündet – fünfzehn Jahre Haft für die Anführer der Gruppe –, rezitiert Maqdissi Koranverse. Bevor er den Gerichtssaal verlässt, ruft er: »Ihre Strafen werden unseren Glauben an unsere Religion nur stärken, Sieg dem Dschihad!«[94]

Zum ersten Mal wird Abu Mussab al-Sarkawi in seinem Heimatland zu einer hohen Haftstrafe verurteilt, und das nur drei Jahre nach seiner Rückkehr. Seit jenem Tag hegt er tiefen Hass gegen die Regierung, die er für korrupt und amerikahörig hält. 1995 zeigt sich eben dieses Amerika allerdings besorgt über die Haftbedingungen der in Suwaqah inhaftierten Jordanier.[95]

Während des Prozesses wirkt Sarkawi regelrecht hypnotisiert vom salafistischen Diskurs, in den er sich seit seiner Rückkehr aus Afghanistan vertieft hat. Er erkennt weder die jordanischen Machthaber noch irgendeine andere Form der öffentlichen Autorität an. Einen Anwalt lehnt er ab und weigert sich, den Richter anzuhören, dessen Urteil, wie er sagt, im Widerspruch zur Lehre Gottes stehe. Unbeholfen versucht er, sich selbst zu verteidigen, und fordert die Richter auf, Reue zu tun und den Geist des Dschihad nicht länger abzulehnen. Ganz offensichtlich kommt ihm der Sinn für die Realität abhanden. Er offenbart eine verwirrte und gestörte Persönlichkeit, die die geschickt verabreichte Ideologie seines großen intellektuellen Vorbilds Abu Mohammed al-Maqdissi regelrecht aufgesogen zu haben zu scheint. Der Pflichtverteidiger von Sarkawi und Maqdissi, Mohammed Dweik, schätzt die beiden Männer folgendermaßen ein: »Damals hatte Ahmed [Sarkawi] dieselben Überzeugungen wie Maqdissi [...]; er hätte sich ohne weiteres dazu bekennen können, ein Abziehbild Maqdissis zu sein. Aber Maqdissi ist tausendmal gefährlicher als Sarkawi. Er hatte Charme und Charisma und konnte jeden überzeugen.«[96]

Nach den pakistanischen Koranschulen, dem verminten Land in Afghanistan und den Vorstädten Ammans sucht Sarkawi sich ein neues Einsatzgebiet: die jordanischen Gefängnisse. Im Gefängnis zeigen sich sein Charisma und seine Stärke in neuem Licht. Nach seiner Verurteilung zu fünfzehn Jahren Haft am 27. November 1996 wird er sofort in das Hochsicherheitsgefängnis von Suwaqah überstellt, eine der bestbewachten Haftanstalten Jordaniens, die 75 Kilometer südlich von Amman mitten in der Wüste liegt.

Seit seiner Verhaftung 1994 hat er hier bereits über zwei Jahre verbracht. Er ist in Zelle Nr. 6 im zweiten Stockwerk des dritten Blocks untergebracht, direkt gegenüber dem Büro des Anstaltsleiters.[97] Es ist eine große Gemeinschaftszelle mit vielen Stahlbetten, in der mehrere »Islamisten« untergebracht sind, darunter auch Mitglieder von *Beit al-*

Imam. Einer von Sarkawis Mitgefangenen erinnert sich, dass Sarkawi seine Bettstelle wie ein Zelt arrangierte, indem er die Decken rundherum über die Matratze hängen ließ und dann, auf dem Boden sitzend, Koranverse studierte.[98] Maqdissi erinnert sich, dass er »auf dem Gebiet der Religionswissenschaften nicht gerade ein Musterschüler war, aber das Buch Gottes konnte er auswendig«.[99]

Damals sitzt Maqdissi im selben Gefängnis ein. Dieses Mal aber hat Sarkawi das Sagen. 2004 gibt Maqdissi im Nachhinein eine stark »abgemilderte« Version dieser Autoritätsverlagerung zum Besten: »Die Brüder haben mich zum Emir [Gebieter] erwählt. Das bin ich wider Willen ein Jahr lang geblieben, bevor ich mich der Religion gewidmet habe. Ich habe beschlossen, meinen Platz Sarkawi zu überlassen. Im Gegensatz zu dem, was mancherorts geschrieben wurde, war [dies] nicht die Folge eines Streites zwischen uns, sondern das Ergebnis einer Übereinkunft, damit wir uns gegenüber der Gefängnisleitung einmütig äußern konnten.«[100]

Sarkawi wird sowohl für die Wärter als auch für seine Mithäftlinge zur Kuriosität. Wer ist dieser Mann mit dem vor lauter Tätowierungen grünlichen Körper, der seine Zeit mit Koranlektüre verbringt? Und warum ist er so schweigsam? Man betrachtet ihn mit Neugier und Faszination. Sehr rasch knüpft er innerhalb wie außerhalb der Haftanstalt ein Netz von Beziehungen. Die Kontakte nach draußen sind leicht herzustellen. So kann Maqdissi Texte verfassen und verbreiten, gleich ob er sich in Suwaqah, al-Salt, Jafar oder Qafqafa aufhält. 2004 erklärt er, dass »wir in jedem Gefängnis die Möglichkeit hatten, Briefe herein- und hinauszubringen […]. Die Regierung sperrt uns ein, und Gott schenkt uns alles, was wir brauchen.« Gottes Wege sind unergründlich, und Bestechung ist in Gefängnissen eine weit verbreitete Praxis. Die regelmäßigen Überstellungen von einem Gefängnis ins andere machen es laut Maqdissi möglich, »[unsere] Brüder einander näher zu bringen« und »uns in unseren Überzeugungen zu bestärken«. Maqdissi fügt auch hinzu, dass die jordanische Regierung »gar nicht ahnt, dass wir durch die Haft in unserem Kampf bestärkt werden«.[101]

Schekh Dscharrah al-Qaddah, der Sarkawi damals im Gefängnis besucht, erinnert sich, ihn kurz nach seiner Verurteilung wiedergesehen zu haben. Damals heißt es, er liebe seine Kampfgenossen mehr als seine eigene Familie. Im Gefängnis macht er sich oft auch lautstark bemerkbar, wie schon in den Straßen von Sarka kurz nach seiner Rückkehr aus Afghanistan.

Innerhalb weniger Monate wird er zum allseits geachteten Anführer im Gefängnis, wegen seiner afghanischen Vergangenheit, seiner religiösen Standpunkte, seiner kräftigen Erscheinung, seiner trotzigen Haltung gegenüber der Gefängnisleitung und der oftmals sehr direkten Methoden gegenüber seinen Mithäftlingen. Zur gleichen Zeit sitzt auch Leith Schubeilat, ein anderer, allerdings gemäßigterer islamistischer Opponent der jordanischen Regierung, wegen seiner Mitgliedschaft in der Armee Mohammeds dort ein. Die beiden Männer begegnen sich häufig auf den Gängen. Obwohl beide militante Islamisten sind, blickt Sarkawi voller Verachtung auf das ehemalige Parlamentsmitglied, das mit den Methoden der Politik bestens vertraut ist und innerhalb des demokratischen Systems agiert. Als getreuer Schüler Maqdissis ist Sarkawi der festen Überzeugung, das demokratische Modell stehe keineswegs im Einklang mit dem Koran. Leith Schubeilat erinnert sich seinerseits an einen Religionsfanatiker. Mehrfach zieht Sarkawis Verhalten einen ernsthaften Konflikt mit dem Gefängnispersonal nach sich. So verlangt die Leitung beispielsweise, dass die Häftlinge eine Uniform tragen, wovon nur manche politische Gefangene ausgenommen sind. Sarkawi und seine Gefolgschaft verweigern die Uniform, die in ihren Augen ein Symbol für die Unterwerfung unter die Autorität des Königreiches ist. Leith Schubeilat berichtet später, die Armee habe eines Tages Truppen in das Gefängnis einmarschieren lassen, um dafür zu sorgen, dass die Vorschriften eingehalten wurden. Es kam zum Eklat, Sarkawi und seine Anhänger mussten sich schließlich beugen. Der vor Zorn rasende Sarkawi beschimpfte die Soldaten als »Ungläubige«. Schubeilat gibt auch an, Sarkawi habe sich schon in den ersten Tagen seiner Haft als einer der einflussreichsten Anführer gezeigt.[102]

Einige Monate später kommt Leith Schubeilat aufgrund eines Erlasses von König Hussein frei. Er unternimmt viel, damit auch seine islamistischen Gefährten aus der Haft entlassen werden. Später berichtet er von einer Unterredung mit König Hussein anlässlich einer Audienz, die dieser ihm kurz nach seiner Freilassung gewährt habe:

»Hoheit, lassen Sie mich Ihnen gute Nachrichten überbringen.«

»Auf wen spielen Sie an?«

»Auf die Gefangenen, die politischen Gefangenen, oder die Islamisten oder Afghanen, wenn Sie so wollen [...]. Hoheit, erlauben Sie mir die Äußerung, dass Sie und ich für diese Menschen verantwortlich sind.«

»Wie bitte?«

»Fünfzig Jahre lang haben Sie ihnen beigebracht, wie sie dem Zionismus die Stirn bieten sollen, und jetzt wollen Sie sie von heute auf morgen ändern? In meinen Augen – und ich bin ein gemäßigter Islamist – sind Sie gescheitert. Sie haben es weder mir noch denen, die so denken wie ich, ermöglicht, unser Programm ganz oder in Teilen weiterzuentwickeln. Jetzt müssen Sie damit rechnen, Hoheit, dass noch fragwürdigere Typen als ich Sie als einen Ungläubigen bezeichnen.«[103]

Über die Reaktion des Königs geht aus dieser Anekdote, wie Leith Schubeilat sie erzählt, nichts hervor.

Während Schubeilat so die islamistische Sache vor dem König vertritt, betreiben die »demokratischen« islamistischen Kräfte, darunter die Partei der Muslimbruderschaft (jordanischer Zweig), intensiv Lobbyarbeit bei den verschiedenen politischen Institutionen des Königreichs, und Sarkawi stärkt seine Position innerhalb der Haftanstalt. Mit jedem Tag im Gefängnis wächst sein Hass auf das Regime und seine Wut auf die »Ungläubigen«. Seine Familie vergisst er indes nicht und schickt regelmäßig Briefe und Zeichnungen, vor allem an seine Mutter Umm Sajel und seine Frau Umm Mohammed. Diese Briefe aus den ersten Jahren seiner Haft zeigen, wie sehr er sich im Gefängnis verhärtet. Der Freiheitsentzug bestärkt ihn in der Überzeugung, einen gerechten Kampf zu führen und einen unerschütterlichen Glauben vertreten zu müssen. Fast zwei Jahre nach seiner Festnahme durch die jordanische Polizei zeigt sich Sarkawi weder bezüglich seiner ideologischen Ausrichtung noch des von ihm initiierten versuchten Anschlags irgendeiner Schuld bewusst.

Seine Mithäftlinge scharen sich immer enger um ihn, aus ihrer Mitte rekrutiert Sarkawi seine treuesten Gefolgsleute. Die in diesen Jahren entstehenden Bande erweisen sich als unzerstörbar, umso mehr, als sie sich auf eine unerbittliche Ideologie gründen. Der jordanische Journalist Abdullah Abu Rumman, der spätere Chefredakteur der Wochenzeitschrift *Al-Mira'ah,* hat mit Sarkawi in Suwaqah den Gefängnisalltag geteilt. Er erinnert sich, dass dieser auch im September 1996 noch der Anführer der islamistischen Gefangenen und namentlich der Mitglieder seiner eigenen Gruppe *Beit al-Imam* war. Damals sind Sarkawi und seine

Anhänger in der Zelle neben der des Journalisten untergebracht. Sie führen ihr eigenes Gemeinschaftsleben, das
nach strengen, von Sarkawi festgelegten Regeln verläuft. Er
wird als Anführer anerkannt und kümmert sich auch um
sämtliche Belange im Zusammenhang mit der sozialen Organisation der Gruppe. Natürlich gibt es im selben Gefäng-
nisflügel auch andere Gruppierungen mit abweichenden
Überzeugungen. Nach Aussage von Abdullah Abu Rumman
kommt es oft zu Auseinandersetzungen zwischen den einzelnen Clans, wobei jeder den anderen des Ketzertums be-
zichtigt. Das Gefängnis eröffnet den Gotteskriegern eine
neue Kampfarena.

So stellt das Gefängnis von Suwaqah Anfang der neunziger Jahre einen eindrucksvollen Tummelplatz für die
verschiedensten islamistischen Bestrebungen dar. Die dort
vertretenen Bewegungen gleichen Gangs, die ihren Mitgliedern Schutz bieten und gleichsam als Lebensversicherung
fungieren. Jede Gruppe beansprucht ihren eigenen Raum,
rekrutiert neue Mitglieder, verteilt eigene Flugblätter zum
Zwecke der Bekehrung und versammelt sich an eigenen
Orten zum Freitagsgebet.

Den Hauptflügel der Anstalt teilen sich mehrere Forma-
tionen, die allesamt illegal sind, darunter auch die Islamische Befreiungspartei, deren Führer Ata Abu al-Raschtah
auch die Gruppen *Al-Dschun* und *Al-Mudschib* ins Leben
gerufen hat. Neben diesen Bewegungen, die aus der jordanischen Muslimbruderschaft hervorgegangen sind, gibt es
ein paar islamistische Einzelgänger wie Leith Schubeilat.
Und dann sind da noch die »Afghanen«. Sie bilden eine
eigene Gruppe und sind entschlossen, in Jordanien und im
gesamten Nahen Osten das Kalifat durchzusetzen, zualler-
erst im Gefängnis von Suwaqah. Die Mitglieder dieser
Gruppe sind unberechenbar, verwegen und von den übrigen Gefangenen gefürchtet, dies umso mehr, als ihr Netz

sich über sämtliche Flügel der Anstalt erstreckt. Und gemeinsam mit Abu Mohammed al-Maqdissi wacht Sarkawi über die Gruppenhierarchie.

Abdullah Abu Rumman, der aus unmittelbarer Nähe mitverfolgt, wie innerhalb der Haftanstalt wieder die fundamentalistische Organisationsstruktur zum Tragen kommt, betont, welchen Einfluss Sarkawi nach und nach bei den »afghanischen« Gefangenen gewinnt, und zwar auf Kosten des Ideologen al-Maqdissi.[104] Dieser sieht seine Kontrolle schwinden, wenn auch er derjenige war, der Sarkawi zu seiner »islamistischen« Berufung überhaupt erst hingeführt hat. Im Gegensatz zum Theoretiker Maqdissi jedoch spielt Sarkawi gern den starken Mann und zögert nicht, wenn es darum geht, die Wärter und die Gefängnisverwaltung zu provozieren. Mehrfach versucht er sogar, einen Aufstand zu organisieren, und wiegelt die Gruppe der Mithäftlinge auf, die seine Haftbedingungen teilen. Oft beschimpft er die Wärter als *kufar,* Ungläubige. Mehrmals wird er in das Büro des Sicherheitsbeauftragten der Anstalt bestellt, dessen Blick er jedes Mal entschlossen standhält.[105]

Seine Provokationen bringen ihm einerseits eine strenge Überwachung im Gefängnis, andererseits aber auch Vergünstigungen seitens seiner Wärter ein. Bald schon genießt der Flügel, in dem die Mitglieder von *Beit al-Imam* untergebracht sind, Privilegien. So müssen sie beispielsweise nicht am Morgenappell im Gefängnishof teilnehmen und irgendwann auch nicht mehr die Uniform tragen. Laut Abdullah Abu Rumman genießen die »Afghanen« auch eine größere Bewegungsfreiheit innerhalb der Anstalt und können andere Gefangene besuchen, ohne dafür getadelt zu werden.[106]

Mit seinem rebellischen Verhalten gegenüber den Wärtern gewinnt Sarkawi die Bewunderung – oder zumindest den

Respekt – seiner Kameraden, Kritik verträgt er allerdings nicht. Jussuf Rababa, ein wegen seiner Verbindungen zu der illegalen Organisation *Adschlun Minds* verurteilter Mithäftling, schreibt damals häufig für die Gefängniszeitung. Wenn er kritische Beiträge über Sarkawi bringt, antwortet dieser mit den Fäusten. Laut Rababa war Sarkawi zu nichts anderem in der Lage, denn er habe weder den nötigen Abstand besessen noch sein Anliegen verbal angemessen vertreten können.[107] Die Aussage deckt sich mit anderen Zeugnissen über einen gewalttätigen Mann, der keinen Widerspruch und keinerlei Abweichen von der Religion duldet. Nach Aussage seiner Helfershelfer soll er mehrfach sogar Mitgefangene geschlagen haben, weil sie andere Bücher als den Koran lasen. Einer von ihnen, Abu Doma, der wegen eines Bombenanschlags auf Zivilisten verurteilt ist, hat Sarkawi in besonders schlechter Erinnerung.

Eines Tages überrascht Sarkawi den in die Lektüre von *Schuld und Sühne* vertieften Abu Doma und brüllt ihn an: »Warum liest du das Buch eines Gottlosen?« Kurz darauf erhält Abu Doma einen Drohbrief von Sarkawi, in dem er ihm erneut zum Vorwurf macht, sich mit dem Meisterwerk von Dostojewski beschäftigt zu haben. Und Abu Doma erhält nach eigenen Angaben noch einen zweiten Brief in sehr schlechtem Arabisch, der sich liest, als sei er von einem kleinen Kind verfasst und in dem Sarkawi ihm die Order erteilt, nicht mehr »Doseefski« zu lesen.[108]

In seine traditionelle afghanische Kluft gehüllt, bewegt sich Sarkawi frei im Gefängnis. Er geht mit dem Mythos von den großen »afghanischen« Schlachten gegen die Sowjets hausieren, an denen er nie teilgenommen hat. Bei vertraulichen Treffen und im Zuge langer nachmittäglicher Diskussionen in der Gemeinschaftszelle Nr. 6 glorifiziert er die Rolle der »Araber in Afghanistan« und schmiedet so seine eigene Legende. Da er bei den politischen Diskussionen zwischen Islamisten überfordert ist, lenkt er gern ab, indem er mit behelfsmäßigen Hanteln trainiert, die er aus Teilen seines Bettgestells und mit Kieselsteinen gefüllten Olivenöldosen zusammengebastelt hat. Seine Zellengenossen erinnern sich noch gut an seine Muskelübungen. Um sich in Form zu halten, geht er jeden Tag im Gefängnishof laufen. Auch seine physische Kraft soll ihm Macht verleihen. Der Mann, der Gefallen an der Macht findet, »hat seine Autorität gern mit Händen greifbar«, bestätigt Jussuf Rababa.[109] Den düsteren Beweis dafür liefert Sarkawi später im Irak bei der Hinrichtung von Geiseln.

Monat um Monat trimmt Sarkawi seinen Körper auf Kämpferformat. In der kleinen Welt von Suwaqah wird er zu einer gewichtigen Persönlichkeit. Doch gelingt es ihm, die rund vierzig Gefangenen aus seinem Umfeld unter anderem auch dadurch für sich einzunehmen, dass er soziale Verantwortung übernimmt und beispielsweise das Essen an seine Mithäftlinge ausgibt, sich an den Hausarbeiten beteiligt oder versehrte Gefangene gelegentlich badet.[110] So gewinnt er Anhänger auch unter den normalen Delinquenten und »Junkies«, die er als »Opfer der Gesellschaft« betrachtet.[111]

Im Laufe des Jahres 1997 werden Sarkawi und die politischen Gefangenen von Suwaqah in die Strafanstalt von al-Salt verlegt, von wo aus sie 1998 in das Hochsicherheitsgefängnis von Jafar kommen, das eigens zu diesem Zweck wieder in Betrieb genommen wird.[112] 1998 bittet Sarkawi um eine Untersuchung durch den Gefängnisarzt; ein Elternteil sei Diabetiker gewesen und er wolle seine Blutzuckerwerte überprüfen. Dem diensthabenden Arzt, Dr. Bassil Abu Sabha, fällt auf, wie viel Einfluss Sarkawi im Kreise seiner Mithäftlinge besitzt. Der Gefangene erteilt seinen Mithäftlingen mit einem Blinzeln Befehle, und nur mit seiner vorherigen Erlaubnis dürfen sie auf die Krankenstation.[113] Der Arzt bemerkt ferner, dass Sarkawi versucht hat, seine Tätowierungen mit Hilfe von Salzsäure wegzuätzen, was ihm jedoch nicht gelungen ist.

Im selben Jahr, 1998, als Al-Qaida Anschläge auf die amerikanischen Botschaften in Tansania und Kenia verübt, tut Sarkawi vor seinen Zellengenossen seine feste Absicht kund, ebenfalls amerikanische Ziele anzugreifen.

Derweil erwarten seine Frau Umm Mohammed, seine älteste Tochter Aminah und seine schon schwer kranke Mutter ungeduldig seine Rückkehr nach Al-Ramzi. Die Familie ist um ihn besorgt. Er hingegen fühlt sich im Gefängnis eher wohl. In Briefen an seine Familie gibt er gelegentlich zu verstehen, er habe sich mit sich und mit Gott ausgesöhnt.

1998 verbringt Sarkawi immer mehr Zeit beim Beten mit seinen Kameraden. Nach jedem Freitagsgebet verlängert er die Predigt noch ein wenig, indem er gegen Ungläubige und die von den arabischen und der amerikanischen Regierung begangenen Ungerechtigkeiten das Wort erhebt. Seine Beziehung zu Maqdissi wird immer gespannter, Sarkawi missgönnt ihm die Anerkennung, die er in seinem Umfeld genießt. 1998 bemerkt Jussuf Rababa, der die Entwicklung von außen verfolgt, eine deutliche Veränderung im Verhältnis zwischen Sarkawi und Maqdissi. Am Ende des Jahres bleibt Maqdissi allein in Suwaqah zurück, da Sarkawi mit seiner Gruppe treuer Anhänger in die Haftanstalt von Jafar verlegt wird. Dieses mitten in der Wüste gelegene Hochsicherheitsgefängnis ist eines der härtesten seiner Art im jordanischen Königreich. Die Behörden fürchten Sarkawis Schadenspotential und seinen Einfluss auf die übrigen Gefangenen.

Seit seiner Verhaftung im Jahr 1994 ist Sarkawi nicht ruhiger geworden, ganz im Gegenteil. Anders als Osama bin Laden, der den Kampf gegen Juden und »Kreuzzügler« predigt, gelobt Sarkawi, alle Ungläubigen zu vernichten, was ihm nach seiner Entlassung ein breites Spektrum an potentiellen Zielscheiben sichert. Unter dem Begriff »Ungläubige« subsumiert Sarkawi eine zusammengewürfelte Mischung aus Christen, Juden, aber auch Schiiten, Hindus und ganz allgemein all jenen, die nicht der strengstmöglichen Form des Salafismus anhängen.

Gegen Ende seiner Haftzeit bekennt Sarkawi sich zu der stark vereinfachenden und manichäistischen Vorstellung von der Existenz zweier Welten: die der gläubigen sunnitischen Muslime salafistischer Ausrichtung und die der *kufar* (Ungläubigen), denen er auch diejenigen Muslime zurechnet, die mit dem »unbelehrbaren« Feind Israel und den Vereinigten Staaten gemeinsame Sache machen. Niemand, der der zweiten Kategorie angehört, verdient es zu leben. Kurz vor seiner Entlassung vertraut Sarkawi Rababa an, es sei seine Pflicht, die Ungläubigen dort anzugreifen, wo sie sich gerade befinden, ohne Unterschied, ob es sich um Europäer oder schiitische Muslime handelt.

Während Sarkawi ganz auf die Vollendung seiner düsteren Pläne setzt, ist der jordanische Geheimdienst zutiefst beunruhigt über dieses Individuum, das nicht einzuordnen und dabei sehr zielstrebig ist – und verhärtet durch fünf Jahre Haft. Sarkawi entspricht keinem vorgezeichneten Schema und keiner parteilichen Logik. Er scheint einem zerstörerischen Instinkt zu folgen. In diesem letzten Punkt ist der militante Sarkawi von den ausgefeilten Zielen Al-Qaidas und der ideologischen Ausrichtung eines Osama bin Laden weit entfernt. Die einzelnen Terroraktionen von Al-Qaida folgen damals einer von bin Laden selbst langfristig vorbereiteten und persönlich umgesetzten militärischen und politischen Strategie. Weder Sarkawi noch Maqdissi verfügen zu jenem Zeitpunkt über die Mittel, ein ambitioniertes Terrorprogramm in die Tat umzusetzen. So begnügt sich Sarkawi zunächst noch mit einem Gelegenheitsterrorismus.

VOLLZEITTERRORIST

»Er war so etwas wie ein Ganove in Sarka. Er stand nicht im Ruf, ein intelligenter oder herausragender Mann zu sein. Und mit einem Mal fand sich dieser Kriminelle und Trunkenbold in den Reihen von Al-Qaida wieder.«

König Abdullah von Jordanien,
27. September 2004

Ein neuer Aufbruch

Amman, Januar 1999. König Hussein ist tot, es lebe König Abdullah! Noch im selben Monat besteigt dieser den Thron des haschemitischen Königreichs. Der Sohn von König Hussein und Königin Muna, einer zum Islam konvertierten Engländerin, hat seine Kindheit in Jordanien und England verbracht, die meiste Zeit in Surrey an der Seite seiner Mutter, einer geborenen Antoinette Avril Gardiner. Er besucht die St. Edmond's School, später die Militärakademie in Sandhurst und kehrt erst 1984 nach Jordanien zurück. Bis zu seiner Nominierung zum Befehlshaber der jordanischen Truppen im Jahr 1994 studiert Abdullah an den namhaftesten angelsächsischen Universitäten, darunter der Georgetown University in Washington. Natürlich wird der westlichste unter den arabischen Landesherren von den Islamisten jeglicher Prägung sogleich als Spielball der Amerikaner diskreditiert. Abdullah will sein Land nach außen hin öffnen und die jordanische Wirtschaft liberalisieren.

Trotz aller Anfechtungen bewirkt die Thronbesteigung des jungen Königs zunächst eine größere Stabilität in der Region. Sehr schnell distanziert Abdullah sich von dem rigiden außenpolitischen Kurs seines Vaters Hussein. In erster Linie pflegt er den engen Schulterschluss mit Washington und setzt auf eine dauerhafte diplomatische Annäherung an die Vereinigten Staaten. Nichtsdestoweniger versteht er

79

sein Land nicht als rückwärtige Basis der Amerikaner in deren Bemühen, das irakische Regime zu destabilisieren. Dem Bündnis zwischen dem Königreich und den Vereinigten Staaten kommt nach dem 11. September 2001 dennoch eine besondere Bedeutung zu. In der Tat setzt sich Jordanien an die Spitze der arabischen Länder, die sich aktiv an dem von Washington geführten Antiterrorkampf beteiligen. Abdullah setzt sich dafür ein, dass die jordanischen Anstrengungen im Rahmen des Friedensabkommens von 1994 fortgeführt und der Frieden mit Israel aufrechterhalten wird. Dennoch wird das Friedensabkommen in der jordanischen Bevölkerung und insbesondere innerhalb der islamistischen Bewegung heftig kritisiert.

Von Beginn seiner Regentschaft an muss Abdullah den Ausgleich mit den Islamisten suchen, allen voran mit der Muslimbruderschaft. Sie ist eine regelrechte Institution in Jordanien und eine der mächtigsten politischen Kräfte im Königreich. Seit ihrer Gründung als politische Partei im Jahr 1946 vertritt die Bruderschaft eine fundamentalistische Auffassung des Islam. Im Laufe der siebziger Jahre stellen sich ihre in Saudi-Arabien, Syrien, Ägypten und Algerien verfolgten Anhänger unter den Schutz des haschemitischen Königreichs. Dieselbe Bruderschaft hat allerdings 1970 bei der Zerschlagung der palästinensischen Guerilla in Jordanien tatenlos zugesehen. Folgsam führt sie ihre Politik der Unterwerfung gegenüber dem König fort. Angesichts ihres scheinbar harmlosen Charakters macht ihr König Hussein bei den Wahlen 1989 den Weg für eine demokratische Vertretung frei. Nach einem unerwarteten, erdrutschartigen Sieg dominiert die Muslimbruderschaft das jordanische Parlament und besetzt mehrere Ministerposten.

Ihre bedeutende Stellung in der jordanischen Gesellschaft macht es unmöglich, die Muslimbruderschaft zu ignorieren oder zu vernachlässigen. 1995 beschäftigt sie über tausend

Personen und kontrolliert weite Teile der Gesellschaft: dreißig Schulen, achtzehn Gesundheitszentren, zwei Krankenhäuser.[1] Darüber hinaus befinden sich manche palästinensische Flüchtlingslager, darunter auch das in Sarka, eines der größten im Königreich, in der Hand der Muslimbruderschaft. Sie ist, wie bereits erwähnt, an der Gestaltung der Schulbücher und der Ausarbeitung der Lehrprogramme beteiligt. Mit jedem ihrer Bücher verbreitet sie eine antisemitische und antichristliche Botschaft, womit sie die Bemühungen des Königreichs um Öffnung unterläuft.

Bei seiner Machtübernahme Anfang 1999 bemüht sich auch Abdullah um ein gütliches Miteinander mit der fundamentalistischen politischen Macht. Wie sein Vater lässt er sich auf eine Politik der Kompromisse mit den Islamisten ein und empfängt am 18. März 1999 die Verantwortlichen der Hamas in Gegenwart des Führers der jordanischen Muslimbruderschaft, Abdul-Madschid Suneibat; die Hamas ist der palästinensische Zweig der Muslimbruderschaft. Bei dieser Gelegenheit muss die Terrorgruppe den 1992 geleisteten Treueschwur auf das haschemitische Königreich erneuern. Als Zeichen des guten Willens veranlasst der neue Souverän die vorzeitige Freilassung von zwölf militanten Mitgliedern der Bewegung, die in Jordanien inhaftiert sind. Am 31. August wird er unter dem Druck der USA und Israels allerdings gezwungen sein, den jordanischen Vorposten der Hamas stillzulegen.

In den ersten Wochen seiner Regentschaft erhält der König vom Parlament, der Muslimbruderschaft und diversen islamistischen Komitees eine Vielzahl von Gesuchen bezüglich der Freilassung politischer Häftlinge, fundamentalistischer Muslime also, die in jordanischen Gefängnissen einsitzen. Der Druck ist umso stärker, als eine Mehrheit der Öffentlichkeit die Gesuche unterstützt. Die gewaltige Woge, die durchs Volk geht, und die intensive Lobbyarbeit seitens der islamistischen Bewegungen treiben Abdullah in die Enge. Zudem erfolgt eine königliche Amnestie traditionell vierzig Tage nach dem Tod des Souveräns und steht somit kurz bevor.

Am 23. März 1999 bringen die Nachrichten von Kanal 1 des jordanischen Fernsehens als erste Meldung die Generalamnestie für die jordanischen Gefangenen. Der König hat nachgegeben, und zum großen Leidwesen Washingtons kommen auch islamistische Gefangene in den Genuss der Amnestie. Am 18. März 1999 hat das jordanische Parlament über den königlichen Erlass abgestimmt.[2] Von der Gnade des Königs sind nur Gefangene ausgenommen, die wegen Spionage, Drogenhandels, Sklaverei, Verrat, Vergewaltigung, Mord oder Terrorismus einsitzen. Islamisten werden mit keinem Wort erwähnt.

Schließlich geben die Machthaber die Freilassung von 3000 Gefangenen bekannt, zu denen auch Sarkawi gehört. Die Verantwortlichen der verschiedenen Sicherheitsbehörden des Landes reagieren mit allgemeinem Missfallen auf die Generalamnestie. Unter dem Siegel der Verschwiegenheit erklärt einer von ihnen, dass »viele der freigelassenen Männer Kleinkriminelle und Rückfalltäter sind und nach ihrer Freilassung den Jordaniern weiterhin zur Last fallen werden«.[3] Eine Feststellung, die nur allzu wahr ist.

Es dauert nicht lange, bis die mitregierenden Islamisten ihre Aktivisten frei bekommen. Der königliche Amnestieerlass tritt am 18. März 1999 in Kraft; zwei Tage später sind fünfzehn Mitglieder der Islamischen Aktionsfront frei. Abdul-Madschid Suneibat zeigt sich erfreut über die Entscheidung des Königs. Mit diesem Erfolg im Rücken fordern mehrere islamistische Gruppen im jordanischen Parlament die sofortige Freilassung der eigenen Anhänger, so auch die parlamentarische Gruppierung mit Namen Komitee der öffentlichen Freiheiten und Menschenrechte unter Vorsitz des Abgeordneten Mohammed al-Aseidah. Letzterer verlangt, die »Afghanen« in den jordanischen Gefängnissen unverzüglich aus der Haft zu entlassen. Seine Sache findet Gehör, und so erfolgt am 29. März 1999 die Freilassung Sarkawis wie auch seines Gefährten Khaled al-Aruri.

Für Sarkawi, der zu fünfzehn Jahren Haft verurteilt worden war, kommt diese vorzeitige Entlassung unerwartet. Am 29. März 1999 verlässt er seine Zelle in Jafar fast widerstrebend. Angesichts der Entschlossenheit, mit der er gegen »Ungläubige« vorgehen will, stellen sich seine ehemaligen Kameraden darauf ein, ihn bald wiederzusehen. Einige Wochen nach Sarkawi verlässt auch Abu Mohammed al-Maqdissi das Gefängnis in Suwaqah. Er steht unter der Aufsicht des GID, wird 2002 erneut inhaftiert und sitzt bis heute im Gefängnis.

In Suwaqah ist kein Tag vergangen, an dem Sarkawi nicht die Vernichtung der Ungläubigen verheißen hätte. In der Folge lässt er in seinem Umfeld, namentlich gegenüber seinem Schwager Saleh al-Hami, oft durchblicken, die wiedergewonnene Freiheit habe ihn nicht gerade glücklich gemacht. Im Gefängnis hat sich der Mann mit seiner Autorität im Laufe der Zeit eine immer komfortablere Position verschafft und erfüllt darin das typische Profil des Psychopathen, der sich nach und nach an seine Gefangenschaft gewöhnt, bis sie für sein neu gewonnenes Gleichgewicht zur unverzichtbaren Voraussetzung wird.

Außerhalb des Anstaltsuniversums muss er bei Null anfangen. Seinem Schwager vertraut Sarkawi an, die Haftbedingungen hätten ihm weniger Angst gemacht als die Aussicht auf das eintönige Dasein eines jordanischen Durchschnittsbürgers. Den frisch entlassenen Sarkawi empfindet al-Hami vor allem als geplagt von Überdruss und Tatenlosigkeit, bestrebt, seine Heimat so schnell wie möglich wieder zu verlassen. Später sagt al-Hami: »Ich konnte spüren, wie tief der Geist des Dschihad in ihm wirkt.«[4]

Man entlässt ihn abends um sieben, doch schließt er seine Mutter in Sarka erst am darauf folgenden Morgen um acht Uhr in die Arme. Er ist freiwillig eine weitere Nacht im Gefängnis geblieben, um noch ein paar Stunden mit seinen Zellengenossen zu verbringen.[5] König Abdullah gesteht später – zu spät – ein, dass seine Freilassung »möglicherweise ein Irrtum war«, und fügt hinzu, dass »damals niemand ahnen konnte, wie es mit ihm weiterging«. Dabei deutet im Gegenteil alles darauf hin, dass Sarkawi dabei ist, in die religiöse Militanz abzudriften.

Er bleibt nur einen Monat bei seiner Familie.[6] Die Zeit braucht er, um seinen Weggang vorzubereiten. Er gibt vor, wieder Arbeit zu suchen, doch nach zweimaligem beruflichem Scheitern gibt er sich keinen Illusionen hin. Eine Zeit lang liebäugelt er mit der Vorstellung, einen Transporter anzuschaffen und Obst und Gemüse zu verkaufen, aber dazu kommt es nicht. Er besucht wieder die Moschee von Sarka und versucht erneut, Jugendliche zu mobilisieren, aber in Gedanken ist er woanders. Er hat bereits Rachepläne und klinkt sich in die Vorbereitung der Attentate zur Jahrtausendwende ein. Im Oktober 1999 fliegen diese Pläne allerdings auf, wovon später noch die Rede sein wird.

Sarkawi ist überzeugt, dass Jordanien für seine Gefolgschaft und ihn zu gefährlich wird[7] und das GID ihn früher oder später wieder aufgreifen wird. Er hat beschlossen, alles aufzugeben und mit einem Halbjahresvisum nach Pakistan zu gehen. Zuvor nimmt er seine Kinder aus dem Schulsystem und zwingt sie, den ganzen Koran auswendig zu lernen. Seine Mutter behauptet später, der vorzeitige Aufbruch ihres Sohnes erkläre sich vor allem durch die wiederholten Nachstellungen des GID im Anschluss an seine Entlassung aus dem Gefängnis.[8]

Als er sich im Sommer 1999 nach Pakistan aufmacht, zieht er einen Schlussstrich unter sein Familienleben, seine Vergangenheit als Kleinkrimineller und seine Heimat. Vorübergehend hält er auch Distanz zu Abu Mohammed al-Maqdissi. Nach Jordanien kommt er nur noch anlässlich einzelner Terroraktionen, die gegen sein Heimatland gerichtet sind. Sarkawi geht für den »globalen Dschihad« in den Untergrund.

In einer Botschaft, die ein paar Jahre später im Irak verbreitet wird, äußert sich Sarkawi folgendermaßen über seinen Weggang: »Obwohl ich Heimweh nach der Wiege meiner Kindheit habe und eine glühende Sehnsucht nach meinen Eltern, meinen Brüdern und den Freunden meiner Kindheit verspüre, bin ich global und habe kein Land, das ich meine Heimat nennen könnte. Mein Vaterland ist dort, wohin das Wort Gottes mich führt.« Er habe »das Land meiner Erinnerung hinter mir gelassen und bin in das Land der Hoffnung gezogen, in dem der Religion Gottes auf Erden zu ihrem Recht verholfen wurde, und später nach Afghanistan, in Gehorsam gegenüber Allah«.[9]

Seinem damaligen Anwalt Mohammed Dweik vertraut Sarkawi an: »Ich habe keine andere Wahl als Afghanistan.« Jussuf Rababa, sein ehemaliger Mithäftling im Gefängnis von Suwaqah, teilt diese Ansicht: »Wenn man seine ideologische Orientierung bedenkt, so war in Jordanien kein Platz mehr für ihn.«[10] Zu seinem Schwager Saleh al-Hami sagt Sarkawi kurz vor seinem Weggang: »Erinnerst du dich noch an meinen Traum? Erinnerst du dich an das Schwert mit der Inschrift ›Dschihad‹ auf der Klinge, das vom Himmel fiel?«

Im Sommer 1999 verlässt Sarkawi Jordanien also ein zweites Mal in Richtung Hayatabad.[11] Schon seine erste Reise nach Pakistan von 1989 bis 1993 hatte ihn dorthin geführt.

Mit einem nostalgischen Gefühl für die große Zeit der Mudschahidin zieht er freudig wieder in die Grenzstadt ein, eine
Station, die vielen »arabischen« Kämpfern ein Begriff ist,
weil sie dort medizinisch versorgt wurden.

Hayatabad liegt an der Peripherie von Peschawar nahe
der afghanischen Grenze. Dort lebt auch eine Schwester
Sarkawis, die mit einem Religionsprofessor verheiratet ist.
Sarkawis Mutter sagt später, sie habe ihren Sohn 1999 anlässlich einer vierwöchigen Pilgerfahrt bis Hayatabad begleitet.[12]

Hayatabad ist, mehr noch als Peschawar, ein Rückzugsort für Al-Qaida. Hier ist auch *Al Wafa* angesiedelt, eine
der islamischen Wohlfahrtsorganisationen, die in die Aktivitäten der Gruppe verwickelt ist. Diese ursprünglich in Jordanien beheimatete, radikale Nichtregierungsorganisation
(*non-governmental organization,* NGO) wurde vom UN-
Sanktionskomitee gegen Al-Qaida und die Taliban als »terroristisch« eingestuft. Bei dem deutschen Prozess gegen
Abu Mussab al-Sarkawis Terrornetzwerk *Al-Tawhid* bestätigt darüber hinaus einer von Osama bin Ladens Leutnants,
Schadi Abdullah, Sarkawi habe von *Al Wafa* in Pakistan
entscheidende Unterstützung erhalten: »Die Mitglieder
von *Al-Tawhid* stellen falsche Papiere aus, organisieren illegale Reisen und kümmern sich außerdem darum, dass die
Kämpfer Geld erhalten. Dabei spielt die pakistanische *Al
Wafa Organization* mit ihrem Büro in Kabul eine wichtige
Rolle.«[13]

Hayatabad ist unbestritten eine von Al-Qaidas Schaltstel-
len in Pakistan, wie der abtrünnige Terrorist Dschamal
Ahmed al-Fadl bestätigt, ein ehemaliger hoher Verantwortlicher von Al-Qaida und späterer Informant der US-Regierung. Nach den Ermittlungen über die Anschläge auf die
amerikanischen Botschaften in Afrika fand im Februar 2001
ein Strafprozess gegen Osama bin Laden und die Hauptver-

antwortlichen der Attentate statt. Im Verlauf dieses Prozesses hat Dschamal Ahmed al-Fadl eine der detailliertesten Aussagen über Al-Qaida geliefert.

Auf die Frage des vorsitzenden Richters, welche Unterstützung der Terrorgruppe in Pakistan gewährt wurde, antwortete al-Fadl, Al-Qaida habe in Hayatabad schon seit 1991 über Gästehäuser verfügt.[14] Am 19. August 2004 wurde auch der Tansanier Ahmed Khalfan Gheilani, Mitglied von Al-Qaida und Verantwortlicher der Anschläge auf die amerikanischen Botschaften in Kenia und Tansania, in Hayatabad festgenommen. Auch andere wichtige Mitglieder wurden in dieser Hochburg bin Ladens verhaftet.

In Hayatabad versucht Sarkawi innerhalb kürzester Zeit, sein Privatleben neu zu gestalten und sein altes Netz wieder aufzubauen. Sein Dschihad kann nicht länger warten. Ungeduldig will der fanatische Islamist jetzt die Zeit aufholen, die er in jordanischen Gefängnissen verloren hat. Er stellt etliche Kontakte her und nimmt wieder Verbindung zu seinen früheren Freunden aus der Zeit der Mudschahidin auf. Erneut sucht er die extremistischsten Kultstätten Hayatabads auf, die er schon Anfang der neunziger Jahre besucht hatte. Allerdings hat sich die Lage gewandelt. 1999 ist Peschawar zur rückwärtigen Basis des Taliban-Regimes geworden. Die afghanischen Mullahs rekrutieren massenhaft in den Moscheen und an den Gebetsstätten. Und es ist der Ort, an dem die Taliban-Führer 2001, nach dem Beginn der Bombardierungen auf Afghanistan seitens der Koalition, Zuflucht nehmen.

Der Eintritt in Al-Qaida

Umm Mohammed lässt sich mit ihren Kindern zunächst in einer bescheidenen Dreizimmerwohnung in Al-Kasarat im Norden Sarkas nieder. Doch schon bald folgt sie Sarkawi nach Pakistan.

Hayatabad ist auch die Stadt, die Osama bin Laden zu Beginn des Krieges gegen die Sowjets Unterschlupf gewährte. Mehreren Aussagen zufolge hatte der Saudi sich Mitte der achtziger Jahre mit Frauen und Kindern in einem Haus im IV. Stadtviertel niedergelassen. Ab 1987 diente ihm die Stadt als Rückzugsbasis.

Sarkawis Rückkehr nach Pakistan fällt in die Zeit, da das Terrornetz an Bedeutung gewinnt. Aus den Anschlägen auf die amerikanischen Botschaften in Kenia und Tansania im August 1998, bei denen es 224 Opfer gab, ist Al-Qaida gestärkt hervorgegangen. Osama bin Laden konzentriert die Aktivitäten seiner Gruppe wieder auf das pakistanisch-afghanische Grenzgebiet zwischen Peschawar und Jalalabad.

Dass auch Sarkawi dort landet, ist kein Zufall. Er weiß, dass er dorthin muss, wo die Fäden von Al-Qaida zusammenlaufen, und dass er vor allem auch einen direkten Draht zu Osama bin Laden braucht, wenn er größere Operationen ins Auge fassen will. Wegen seines Visums hat er jedoch nur wenig Zeit. So geht er jeden Abend in die Moschee im Zentrum von Peschawar, um zu beten und auf seine Weise das Schicksal herauszufordern. Doch die pakistanischen Behörden sind wachsam.

1999 weist die internationale Gemeinschaft immer wieder mit Nachdruck darauf hin, dass Pakistan den Islamisten Unterstützung gewährt. Der pakistanische Staat und sein zentrales Geheimdienstorgan ISI *(Inter-Services Intelligence)* werden verdächtigt, den Terroristen oder zumindest dem benachbarten Taliban-Regime in die Hände zu spielen. Die an der Grenze zu Afghanistan liegenden Regionen Pakistans sind nebenbei bemerkt hoffnungslos »talibanisiert«, wie man treffenderweise sagen muss, und die internationale Gemeinschaft beunruhigt dies umso mehr, als Pakistan jetzt eine Atommacht ist. Über die durchlässigen Gebirgsgrenzen hinweg lässt sich die Ideologie der Taliban leicht in ein Afghanistan exportieren, das seit dem Friedensabkommen mit der UdSSR von einem endlosen Bürgerkrieg zerrissen wird.

Das fundamentalistische Paschtunen-Regime, von dem Afghanistan damals regiert wird, steht Islamabad nahe. Kabul steht unter dem Joch fundamentalistischer Führer, deren Gesichter man nicht einmal kennt. Fotos und Reprografien sind bei den Taliban verboten. Die Rechte des Staates leiten sich einzig aus der Scharia her, und so wird Afghanistan mit dem Segen seines Nachbarn zum ersten Kalifat der Zeitgeschichte.

Das obskurantistische Regime der Taliban wird von einem Großteil der religiösen Führer Pakistans unterstützt, so auch von den Mullahs in Peschawar, die eine neuere Interpretation des Deobandismus predigen, jener aus Deoband in Indien stammenden radikalislamischen Schule. Ursprünglich war der Deobandismus ein Zweig des sunnitischen Islam, der zum Kampf gegen die britischen Kolonisten aufrief. Die pakistanischen Mullahs predigen Hass und Gewalt gegen die westlichen Regime, die sie als ungläubig bezeichnen und denen sie vorwerfen, in Zentralasien ein neues koloniales Zeitalter einzuläuten. Das saudische Geld, das auch nach dem Ende des Kriegs gegen die Sowjets noch fließt, erleichtert ihnen die Umsetzung ihrer Grundsätze. Von 1994 bis 1999 durchlaufen fast 100 000 Pakistaner die afghanischen Trainingslager.[15] Bald schon wird das Bündnis zwischen der islamistischen Oppositionspartei Pakistans, *Dschamiat-ul-Ulema-e-Islam* (JUI), und dem Taliban-Regime besiegelt. Im Juli 1999 schließen sich zwischen 6000 und 8000 militante Pakistaner den Taliban an. In den Straßen Kabuls finden wöchentlich Steinigungen statt, alle Frauen sind verschleiert. So werden dem Regime der Taliban durch Pakistan und Saudi-Arabien, zwei traditionelle Verbündete Washingtons, die Wege geebnet.

Allerdings geht Pakistan in seiner Unterstützung des Taliban-Regimes zu weit. Zwischen 1993 und 1999 gelingt es der Regierung von Benazir Bhutto immer weniger, der politischen Gefahr, die von dem unliebsamen Nachbarn ausgeht, Herr zu werden. Kurz vor ihrem Sturz durch General Pervez Muscharraf im Oktober 1999 führt Benazir Bhutto eine Reihe von Säuberungsaktionen gegen militante Araber durch, die sich noch auf pakistanischem Staatsgebiet befinden. Mit diesen Operationen leistet sie dem Ersuchen und dem Druck der westlichen, aber auch arabischer Staaten Folge, die ihre »verlorenen Soldaten« zurückholen wollen. Pakistan betreibt nun das Gegenteil seiner gewohnten Politik und organisiert mehrere Razzien in Peschawar und vor allem in Hayatabad, wo Sarkawi sich seit kurzem aufhält.

Einmal mehr ist Sarkawi zur falschen Zeit am falschen Ort und wird – dieses Mal von der pakistanischen Polizei – festgenommen. Zwischen Mai und Juli 1999 werden mehrere Dutzend Aktivisten wie er in der zentralen Haftanstalt von Peschawar eingesperrt und harren der Abschiebung in ihre Heimatländer, hauptsächlich Ägypten, Tunesien und

Algerien.[16] Etlichen dieser Extremisten gelingt später mit Hilfe des ISI, der das Taliban-Regime heimlich weiterhin unterstützt, allerdings die Flucht.

Als Sarkawi sich im Frühjahr 1999 in Pakistan niederlässt, gestaltet sich die Situation der jordanischen Staatsangehörigen bereits schwieriger. Mit Hilfe des amerikanischen FBI übt die jordanische Regierung nämlich schon seit Monaten verstärkt Druck auf die Regierung von Benazir Bhutto aus, den amerikanisch-palästinensischen Staatsbürger Khalil al-Dik zu verhaften.[17] Der als Vertrauter Sarkawis und Leutnant Osama bin Ladens geltende al-Dik ist Einsatzleiter der Terrorzelle, die die sogenannten Jahrtausend-Anschläge in Jordanien vorbereitet hat. Dabei sollte das Hotel Radisson SAS im Herzen von Amman getroffen werden. Die pakistanischen Geheimdienste haben die Jordanier also im Visier.

Sarkawi wird überwacht und schließlich festgenommen. Rund acht Tage verbringt er im Gefängnis in Peschawar. (Schenkt man seiner Mutter Glauben, die damals in Amman weilte, so war sie überzeugt, ihr Sohn verkaufe auf den Märkten der Stadt Honig.[18]) Dann wird er wieder auf freien Fuß gesetzt; die pakistanischen Behörden erteilen ihm eine Ausreisebewilligung, dabei wird Abu Mussab al-Sarkawi bei den Sicherheitsbehörden seines Heimatlandes als »Terrorist« geführt. Wie dem auch sei, er verlässt Peschawar und geht nach Karatschi.

Dort muss er sich entscheiden: Soll er wieder nach Jordanien oder zurück ins Afghanistan der Taliban? Die Entscheidung ist rasch gefällt. Mit Jordanien verbindet er nur noch ein feindliches Ziel, das es zu zerstören gilt. Vom Gefühl her neigt er zum islamischen Emirat Afghanistan. Alles, wovon er in den vergangenen Jahren geträumt hat — hier hat es endlich Gestalt angenommen: Ein Staat, in dem die Disziplin der Mullahs gilt und man ausschließlich das islamische Recht, die Scharia, anwendet.

Ende des Sommers 1999 kehrt Sarkawi also nach Kabul zurück. Zunächst bezieht er in einem Haus nahe dem Wazir Allbar Khan Square Quartier.[19] Umm Mohammed bleibt vorübergehend mit den Kindern in Pakistan, folgt ihrem Mann aber bald in die afghanische Hauptstadt. Dabei hat Sarkawi kurz vor seinem zweiten Aufbruch nach Afghanistan die junge Palästinenserin Asra kennen gelernt. Sie ist die Tochter von Jassin Abdullah Mohammed Dscharrad, einem Lehrer aus dem Lager von Herat, der später im Irak getötet wird.[20] Sarkawi verliebt sich in die damals 13-Jährige. Er nimmt sie mit nach Kabul und heiratet sie, als er Leiter des Trainingslagers Herat im Osten Afghanistans wird. Aus einem späteren Dokument des deutschen Geheimdienstes geht hervor, Sarkawi sei noch eine dritte Ehe mit einer 16-jährigen Irakerin eingegangen, die er 2003 im Irak kennen gelernt habe.[21]

Laut einem Bericht des amerikanischen Nationalen Sicherheitsrates vom 29. April 1999 nutzt Al-Qaida die Stadt Herat damals als Lagerstätte für atomares Material.[22] Schon das lässt darauf schließen, wie entscheidend die Kontrolle von Herat an der Grenze zu Iran damals für Al-Qaida ist.

Im Herbst 1999 treffen sich junge arabische Aktivisten, die nicht gegen die Sowjets gekämpft haben, in Kabul. Über die fundamentalistischen Gebetszentren in Europa und über das Internet ist die Nachricht in Umlauf: Al-Qaida rekrutiert. Ein neuer heiliger Krieg ist in Vorbereitung, dieses Mal in Afghanistan, und er richtet sich gegen die westlichen Interessen in der Welt. Im Juni 1998 sind die Aufnahmeeinrichtungen für neue Mitglieder, die in Pakistan der Jordanier Abu Subeida geleitet hat, nach Afghanistan verlagert worden. Ende 1999 trifft Subeida, der jetzt in Kabul für die militärischen Operationen von Al-Qaida verantwortlich ist, die Gruppe der Jordanier unter Leitung von Abu Mussab al-Sarkawi.

Mit seinem Charisma, das er schon in Suwaqah unter Beweis gestellt hat, und seiner Kenntnis des Mikrokosmos der radikalislamistischen jordanischen Kreise setzt Sarkawi sich an die Spitze der Gruppe der Jordanier, die sich ihm in Afghanistan angeschlossen haben. Unter ihnen finden sich die ersten Gefährten aus der Zeit von *Beit al-Imam* wie Khaled al-Aruri oder Abdul-Hadi Daghlas, die beide 1999 aus dem Gefängnis entlassen wurden, aber auch sonstige künftige Mitstreiter. Mit erstaunlichem Geschick stellt er innerhalb weniger Wochen eine einsatzfähige Truppe zusammen und wird mit seinen Anhängern bei Al-Qaida aufgenommen.

Er wohnt in einem »Gästehaus«, das auch seinen Anhängern Platz bietet, im Dorf Logo, wenige Kilometer westlich von Kabul. Das Gebiet wird traditionell vom Extremistenführer Gulbuddin Hekmatjar kontrolliert. Mit Sarkawi halten sich dort rund vierzig Jordanier aus seiner Gruppe auf.[23]

Für Al-Qaida sprechen in erster Linie natürlich die Ausrüstung und die logistische Unterstützung. Und in dem Jordanier Abu Subeida hat die Gruppe einen Landsmann, der ihr Zugang zur bin-Laden-Struktur verschafft.

Zwischen Ende 1999 und Anfang 2000 entpuppt sich Abu Mussab al-Sarkawi als wichtiges Glied innerhalb des von Osama bin Laden in Afghanistan bereitgestellten Aufgebots. Im Laufe des Jahres 2001 leistet er Osama bin Laden den Treueschwur.[24] Um jeden Konflikt zwischen den Splittergruppen (namentlich den algerischen Gruppierungen des GIA, *Groupe Islamique Armé,* »Bewaffnete Islamische Gruppe«) zu vermeiden, verlangen die Taliban von Mai 2001 an, dass alle Leiter von Trainingslagern, die ihre Aktivitäten fortsetzen wollen, auch auf ihr Regime einen Treueeid leisten.

Nach seiner Treuebekundung für Al-Qaida hat sich Sarkawi der von Osama bin Laden festgelegten ideologischen Linie zu unterwerfen. Durch den Treueschwur zwingt bin

Laden den vereinzelt aufkommenden Widerspruchsgeist nieder und eint vor allem die verschiedenen »national-islamistischen« Gruppen unter einem Banner. Der von ihm selbst verfasste Schwur lautet: »Ich verpflichte mich vor Gott, meinen Führern, die ihre Aufgabe mit Einsatz und Selbstaufgabe meistern, Gehorsam zu leisten, damit Gott uns seinen Schutz gewährt, auf dass sein Wort geachtet werde und seine Religion siegreich sei.«[25]

Seit ihrer Gründung 1988 beruht die Organisation Al-Qaida auf einem komplexen persönlichen Beziehungsgeflecht. Jede Gruppe – ob Jordanier, Ägypter, Algerier, Tunesier oder Kurden –, die in Afghanistan präsent ist, vertritt eine eigene Auffassung vom Dschihad. Und diese ist oft auch an Aktionspläne gekoppelt, die das politische System im Herkunftsland zu Fall bringen sollen. Der Treueschwur soll helfen, Interessenkonflikte zu vermeiden. Abu Mussab al-Sarkawi hat keine andere Wahl, als sich, wie die anderen Führer der ausländischen Kämpfer – Abu Dhoha bei den Algeriern oder Abu Ijad bei den Tunesiern –, Al-Qaida unterzuordnen.

Damals gibt es drei Ebenen innerhalb der Terrororganisation. An der Spitze stehen natürlich Osama bin Laden und seine rechte Hand, der Ägypter Aiman al-Sawahiri. Deren engeres Umfeld umfasst Angehörige des operativen Führungsstabs, von denen jeder einen eigenen Aufgabenbereich hat (Sicherheit, Geheimdienstliches, Ideologie, Einsatzplanung). Auf einer dritten Ebene der Hierarchie schließlich stehen mehrere hundert Einsatzkräfte. Diese haben häufig afghanische Trainingslager durchlaufen und in den arabischen oder westlichen Ländern autonome Terrorzellen gebildet. Ideologisch sind all diese Gruppen auf die Positionen von Al-Qaida eingeschworen.

Laut einem vertraulichen Papier der spanischen Terrorabwehr-Einheit UCIE *(Unidad Central de Información Exte-*

rior) gehört Sarkawi ab Ende des Sommers 1999 der zweiten Ebene des operativen Führungsstabs an. Damals ist er kein Unbekannter und auch kein Außenseiter mehr. Sarkawi wird mit der Einsatzplanung der Gruppe betraut und ist in dieser Eigenschaft mehreren Dutzend militanten Kämpfern übergeordnet.[26]

Gegenüber dem deutschen Geheimdienst gibt bin Ladens ehemaliger Leibwächter Schadi Abdullah an, der Aufstieg Sarkawis innerhalb der Hierarchie von Al-Qaida verdanke sich zu einem beträchtlichen Maß Abu Subeida. Ihm zufolge ist »Sarkawi [...] ein enger Vertrauter von Abu Subeida, der wiederum Osama bin Laden sehr nahe steht«. Beide sind Jordanier und von einem tief sitzenden Hass auf das haschemitische System beseelt. An Subeidas Seite soll Sarkawi 1999 an der Vorbereitung der berühmten Jahrtausend-Attentate beteiligt gewesen sein, die gegen westliche Interessen in Jordanien gerichtet waren. Im Zuge dieser ersten internationalen Terroraktion soll er das Vertrauen der Kommandozentrale von Al-Qaida und insbesondere Osama bin Ladens gewonnen haben.

Laut mehreren übereinstimmenden Aussagen hat Sarkawi sich zu Beginn des Jahres 2000 in Kabul aufgehalten. Eine besondere Bedeutung kommt dabei den Angaben Said Arifs zu. Der 37-jährige Algerier, seit Juli 2003 wegen seiner mutmaßlichen Zugehörigkeit zu Al-Qaida in Syrien inhaftiert, hat an mehreren Versammlungen der Kommandozentrale der Gruppe teilgenommen, die Anfang 2000 in Kabul stattfanden. Im Rahmen eines Rechtshilfeersuchens, das in der Angelegenheit der sogenannten »tschetschenischen Netze« an Syrien erging, konnten französische Untersuchungsrichter Einsicht in die Geständnisse von Said Arif nehmen. Dieser erinnert sich namentlich an ein Mittagessen mit Aiman al-Sawahiri und Abu Dhoha, das im Jahr 2000 in Kabul stattfand. Abu Dhoha, mit richtigem

Namen Raschid Boukhalfa, wurde am 24. November 1969 in Constantine in Algerien geboren. Er ist ein langjähriger Gefährte des Salafisten-Führers Abu Qitada, der von London aus agierte und heute im Gefängnis sitzt. Sie waren die Hauptverantwortlichen im Haus der Algerier in Jalalabad. Die Einrichtung sollte die Rekrutierung und den Empfang algerischer Kämpfer erleichtern, die sich Al-Qaida anschlossen. Said Arif behauptet nun, anlässlich dieses Essens mit den Mitgliedern von Sarkawis Gruppe gesprochen zu haben, während Letzterer in Begleitung von Abu Dhoha war. Plausibel ist das insofern, als Sarkawis Haus in Kabul genau neben dem von Sawahiri lag.[27]

Noch bewegt sich Sarkawi im Schatten Maqdissis. Trotz ihrer spannungs- und konfliktreichen Zeit im Gefängnis von Suwaqah scheint das Schicksal der beiden Männer unauflöslich miteinander verbunden zu sein. Sarkawis Entwicklung innerhalb von Al-Qaida wird von mehreren Faktoren bestimmt: seiner Charakterstärke, seinem Charisma, nicht zuletzt aber auch seiner genauen Kenntnis der jordanischen Netze und eben seiner Verbindung zu Abu Mohammed al-Maqdissi. Nach den Bombardierungen Afghanistans Ende 2001 werden in den Ruinen der »Gästehäuser« zahlreiche Dokumente der Gruppe sichergestellt. Seit sie 1988 in Aktion trat, hat die Organisation über die Entwicklung ihrer Aktivitäten genau Buch geführt. Der Name Abu Mussab al-Sarkawi taucht hier mehrfach auf. Stets wird er als »Freund Maqdissis« bezeichnet, und die jungen Neuankömmlinge in Afghanistan werden zunächst ihm vorgeführt.[28]

Einige Monate nach seiner Ankunft in Afghanistan hat Abu Mussab al-Sarkawi eine leitende Funktion innerhalb von Al-Qaida. Er hat engen Kontakt zu den algerischen Gruppen des GIA. Seit 2000 sammeln sich die tunesischen Al-Qaida-Mitglieder unter der Leitung von Seifullah Ben Hassine alias Abu Ijad. Bei seiner Festnahme durch die deutsche Polizei im Jahr 1999 ist Abu Ijad im Besitz eines gefälschten niederländischen Passes. Gegenüber den deutschen Behörden gibt er an, der saudischen Wohlfahrtsorganisation *Al-Haramein* anzugehören. Die meisten ihrer ausländischen Niederlassungen werden von der amerikanischen Regierung und von den Vereinten Nationen als terroristisch eingestuft. Zwischen Abu Ijad, der später einer der Leiter des Trainingslagers von Darunta wird – das im Ruf steht, chemische Waffen herzustellen und zu testen –, und Abu Qitada, der als Al-Qaidas religiöser Führer in Europa gilt, kommt es ab 1999 zu einer deutlichen Annäherung. In einem der Briefe, die Abu Ijad an Abu Qitada schreibt und die 2002 beschlagnahmt werden, taucht auch der Name Abu Mussab al-Sarkawis auf. In den Schreiben informiert Abu Ijad Abu Qitada über die Entwicklung der Aktivitäten des Netzwerks in Afghanistan. Wohl übt er unverhohlen Kritik an den Entscheidungen eines gewissen Abu Walid bezüglich der Lagerleitung, doch hebt er Sarkawis Leistungen lobend hervor: »Ein ehrlicher, großzügiger Mensch, der sich glücklich schätzen würde, Seele und Besitz für Sie zu opfern. Er [Sarkawi] ist gemeinsam mit seiner Gruppe entschlossen, Sie gegen jeden Angriff zu verteidigen, falls Sie sich entschließen sollten zu kommen.«[29]

Nachdem es Sarkawi nach mehreren Monaten gelungen ist, bin Laden von seiner Verlässlichkeit zu überzeugen, schafft er sich mit der finanziellen und materiellen Unterstützung durch Al-Qaida sein eigenes Netz und beschließt in der Folge, sich aus Kabul zurückzuziehen. Er entscheidet sich für Herat, die drittgrößte Stadt des Landes und wichtiges Handelszentrum im Grenzgebiet zu Iran und Turkmenistan.

Geografisch entfernt sich Sarkawi damit von der Kommandozentrale Al-Qaidas. Auf der Führungsebene der Organisation kommen diesbezüglich auch Zweifel auf, steht er doch bei einigen Würdenträgern schon seit Monaten in

Verdacht, während seiner fünfjährigen Haftzeit vom jordanischen Geheimdienst »umgekrempelt« worden zu sein.[30]

Sarkawi ist, wie man weiß, ein Einzelgänger, und seine Autonomie sorgt für Unruhe innerhalb der Hierarchie.

Die Anfänge des Sarkawi-Netzwerks

Anfang 2000 lässt Sarkawi sich mit seiner zweiten, aus Palästina stammenden Frau in Herat nieder. Das fernab der Al-Qaida-Kommandozentrale in Kandahar liegende Trainingslager nimmt mit der Zeit immer mehr arabische Mitglieder auf. Man zählt 18 verschiedene Nationalitäten dort, darunter auch Jordanier und Palästinenser. Das Camp liegt an der iranischen Grenze, nahe der Zollstelle und des Sitzes von Herats Gouverneur, Abd Manan Khawadschasai, zu dem Sarkawi gute Beziehungen unterhält.[31] Das Lager ist als Religionsschule getarnt[32] und umfasst ein knappes Dutzend Baracken. Auf einer Fahne am Eingang steht der Schriftzug *Al-Tawhid wa-l-Dschihad* (»Einheit und Dschihad«), der Name von Sarkawis späterer Organisation im Irak. Enge Vertraute bilden den Führungskreis. Seine treuen Offiziere sind Abdel-Hadi Daghlas, Khaled al-Aruri, Issam Jussuf al-Tammuni (alias Abu Hareth), der 2001 in Afghanistan ums Leben kommt, Abu Hamsa und Asmi Abdul-Fatah Jussuf al-Dschajusi alias Abu Ata.[33]

Im Auftrag von Al-Qaida fährt Sarkawi regelmäßig zwischen Herat und Kabul hin und her. Herat ist strategisch wichtig für die Terrorvereinigung: Über den Iran bietet die Stadt Zugang zum irakischen Kurdistan. Im Zuge der diplomatischen Annäherung zwischen dem Iran der Mullahs und dem Afghanistan der Taliban wird der Grenzübergang zwischen beiden Ländern bei Islam Qila (Eslam Qal'eh) an der Straße, die von Herat nach Meschhed führt, im November 1999 wieder geöffnet.[34] Das Freizügigkeitsabkommen wird in Herat unterzeichnet und beschließt eine Periode heftiger politischer Spannungen zwischen den beiden Regimen, die ein Jahr zuvor durch die Erschießung von neun iranischen Diplomaten in Mazar-i-Scharif in Afghanistan ausgelöst wurde.

Doch auch wenn die Grenze für den Handelsaustausch und den Strom afghanischer Flüchtlinge wieder offen ist, kommt es zwischen Kabul und Teheran doch nur zu einer scheinbaren Entspannung. Es gibt gegenseitige Missstimmungen. Der gefürchtete iranische Geheimdienst Savak hat ein wachsames Auge auf die Dschihadisten jenseits der Grenze in Herat; das dortige iranische Konsulat registriert die Bewegungen der Gruppen im Umfeld von Al-Qaida und namentlich derjenigen Sarkawis. Darüber hinaus finanziert die iranische Regierung eine schiitische Anti-Taliban-Miliz im Nordosten Afghanistans.[35]

Das im Herzen Zentralasiens gelegene Herat eignet sich bestens für Sarkawis Absichten. Mit der Kontrolle über diese afghanische Stadt lassen sich auch gleich mehrere Zufahrtsrouten des Dschihad überwachen, darunter auch jene, die über Turkmenistan in den Kaukasus führt. Schon 1996 erging von den russischen Behörden der Hinweis darauf, dass tschetschenische Rebellen im Lager von Ziaraj in der Provinz Herat ausgebildet würden.[36] Herat, die Durchgangsstation sunnitischer Mudschahidin, ist auch von einer starken schiitischen Tradition geprägt.

Einige Monate nach Sarkawis Ankunft funktioniert die Lagerleitung vorbildlich, was rasch auch bis zu Osama bin Laden vordringt. Die Rekruten lernen die Handhabung von Feuerwaffen, Sprengstoff und chemischen Waffen.

2000 begibt sich Sarkawi auf Geheiß seines Führungsstabs

nach Kandahar. Er benötigt Geld für weitere Aktionen, von denen ihm eine besonders am Herzen liegt, nämlich ein Anschlag auf israelischem Boden. Sein erster Versuch 1993 endete bekanntlich in einem Fiasko und für ihn persönlich mit seiner Verhaftung. Dieses Mal will er Erfolg haben.

Zur Vorbereitung des Anschlags erhält er 35 000 Dollar von Al-Qaida. Kurz nach seiner Reise nach Kandahar entsendet er zwei seiner engsten Anhänger für den geplanten Selbstmordanschlag nach Israel.

Im Februar 2002 werden die Jordanier Firas Suleiman Ali Hidschir und Ahmed Mohammed Mustafa unter abenteuerlichen Umständen in Van in der Türkei festgenommen. Die beiden Männer, die von einem Palästinenser namens Ahmed Mahmud begleitet werden, weigern sich, den Beamten bei einer Routinekontrolle Folge zu leisten. Sie fliehen und werden von der türkischen Polizei gestellt. Bei ihrem Verhör im Hauptquartier der Sicherheitsbehörden in Van legen alle drei ein Geständnis über ihr Vorhaben ab. Geplant war ein Attentat in Israel. Die drei Männer hatten den Anschlag 1999 in Kandahar geplant, bevor sie über Iran und die Türkei nach Israel aufbrachen. Sie enthüllen der Polizei, dass sie im Rahmen der Affäre *Beit al-Imam* 1994 von der jordanischen Justiz verurteilt worden sind.[37] Die zwei von Sarkawi entsandten Selbstmordattentäter – übrigens Kindheitsfreunde aus Maqsum in Sarka – scheitern also, die von Sarkawi geplante Terroraktion schlägt erneut fehl.[38]

Dessen ungeachtet setzt Sarkawi seine Betreuungsarbeit im Lager ernsthaft fort. Er rekrutiert etliche Jordanier, darunter einige seiner ehemaligen Gefährten von *Beit al-Imam*. Im Jahr 2000 bilden die von Sarkawi trainierten Jordanier in der regionalen Szene eine Sondereinheit. Mit ihrem Stützpunkt in Herat sind sie mobil, sie sind gut trainiert und können sich über den Iran frei im irakischen Kurdistan bewegen. Im Unterschied zu den Algeriern, die sich in Jalalabad in Machtkämpfen zerreißen, oder den Tunesiern im Lager von Darunta sind die Jordanier an der neuen Front des irakischen Kurdistan einerseits »Aufklärer« und andererseits die »Missionare« von Al-Qaida. Sarkawi strebt deshalb schon bald seine ideologische, aber auch operative Unabhängigkeit an.

Schon in der Vergangenheit hatte er darauf geachtet, Distanz zu Maqdissi zu wahren. Nun versucht er, sich von der politischen Linie zu lösen, die Osama bin Laden höchstpersönlich und insbesondere auch Aiman al-Sawahiri vorgeben. Dieser Wille zur Unabhängigkeit wird durch die geografische Entfernung des Lagers Herat und die wiederholte Kritik seitens vieler Dschihadisten gegenüber bin Laden noch verstärkt. Der Saudi steht im Ruf, zum Nachteil der gemeinsamen Sache im Sinne eines künftigen Kalifats am eigenen Mythos zu bauen. Zwei »ausländische Gruppierungen« in Afghanistan gelten als ihm feindlich gesinnt, darunter auch jene Sarkawis.[39] Im Jahr 2000 ist die finanzielle und politische Unterstützung durch bin Laden für Sarkawi jedoch noch unverzichtbar. Bis zu seiner endgültigen Emanzipierung muss er sich noch mehrere Monate gedulden. Erst als er aus Afghanistan in den Iran und schließlich nach Syrien flieht, wird Sarkawi finanziell von den Anhängern seines Netzwerks in Europa und im Mittleren Osten versorgt.

In Europa stützt er sich bereits auf zwei wichtige Zellen, die in Deutschland und Italien immer mehr Zulauf haben. Im Mittleren Osten bekommt er Hilfe aus Syrien und Jordanien, darunter von dem jordanischen Staatsbürger Bilal Mansur al-Hijari, der vom Sicherheitsgericht des haschemitischen Königreiches beschuldigt wird, an der Finanzierung der Sarkawi-Gruppe im Irak beteiligt gewesen zu sein.[40]

Zu dem Zeitpunkt ist Herat mehr oder weniger ein Trainingslager wie jedes andere auch. Sarkawi allerdings schart dort eigene Anhänger um sich. Manche Jordanier, die dorthin kommen, stammen aus den palästinensischen Flüchtlingslagern im Libanon und gehören zur Terrororganisation *Asbat al-Ansar* (Liga der Partisanen)[41], die sich im Flüchtlingslager Ayn al-Hilweh gebildet hat und Anfang der neunziger Jahre von Ahmed Abdulkarim al-Sa'adi (alias Abu Muhdschin) geleitet wird. Mehrere Anschläge, die im Laufe der neunziger Jahre auf westliche Ziele im Libanon verübt werden, tragen den Stempel von *Asbat al-Ansar*. Die salafistische Ideologie der Gruppe ähnelt den Geboten, die für Al-Qaida-Mitglieder gelten, und entspricht auch der Sarkawis.

Neben den Jordaniern zählen Iraker und Palästinenser zu seinen engsten Anhängern. Die meisten von ihnen sind zu jung, als dass sie die Jahre des Dschihad gegen die Sowjets kennen gelernt haben könnten.

Wie bin Laden verlangt Sarkawi von Neuankömmlingen den Treueeid. Mit seiner starken Persönlichkeit gelingt es ihm, eine homogene und zuverlässige Gruppe zusammenzuschweißen. So erklärt sich auch, dass schon kurz nach der Gründung des Lagers von Herat etliche von Sarkawis Mitstreitern in Anschläge oder Attentatspläne in Jordanien, im Irak und in Israel verwickelt sind.

Im Laufe des Jahres 1999 haben sich Sarkawi namentlich fünf Jordanier angeschlossen, die teils aus den tschetschenischen Kampfgebieten, teils aus Jordanien gekommen sind, um Al-Qaidas Reihen in Afghanistan zu stärken. Einer von ihnen ist Nidhal Arabijat, dessen Vater über die Umstände berichtet hat, unter denen sein Sohn zu Sarkawi stieß.

Dieser hatte sich nach dem Besuch der Mittelschule für zwei Jahre bei der jordanischen Armee verpflichtet. Nach einem Autounfall flüchtet er sich in die Religion und liest viele Bücher über den Dschihad. Er kapselt sich von der Außenwelt ab und bleibt tagelang allein, bis er seinem Vater eines Tages eröffnet, er werde nach Mekka pilgern. Sein Vater denkt damals, er werde nie wieder zurückkehren. Nachdem er an der Seite Sarkawis und bin Ladens in Afghanistan gekämpft hat, gelangt Nidhal Arabijat über Iran und das irakische Kurdistan in den Irak. Schließlich kommt der Leutnant Sarkawis, der sich auf Autobomben spezialisiert hat, im Februar 2004 bei einem amerikanischen Angriff nördlich von Bagdad ums Leben.[42]

Einer der entschlossensten Jordanier stammt aus al-Salt, der alten Hauptstadt westlich von Amman, die von der Muslimbruderschaft kontrolliert wird. Sein Name ist Muammar (alias Muammar Ahmad Jussuf) al-Dschaghbir. Der Waffenbruder Sarkawis wird schließlich im Irak festgenommen und im Mai 2004 den jordanischen Behörden übergeben. Er wird beschuldigt, an der Ermordung des amerikanischen Diplomaten Laurence Foley in Amman im Oktober 2002 beteiligt gewesen zu sein. Wie Sarkawi wird al-Dschaghbir von der jordanischen Justiz zum Tode verurteilt. Wie dieser kommt er unter dem Druck der islamistischen Abgeordneten des Governorats Balqa in den Genuss einer Amnestie.

Damals wird auch Ali Mustafa Jussuf Siam, ein weiterer Verbündeter Sarkawis, in Bagdad verhaftet. Auch er war an der Ermordung Laurence Foleys beteiligt. Unter anderen mit Sarkawi hatte er den Anschlag auf Ali Berdschak, den Leiter der Antiterror-Einheit des GID, geplant.[43] Auch ihm kommt die königliche Amnestie zugute.

Ferner sei Azmi al-Dschajusi erwähnt, der am 26. April 2004 versucht, im Herzen von Amman eine chemische Sprengladung zu zünden, die nach Angaben der Behörden 80 000 Menschen hätte töten können. Im Zuge seines Geständnisses, das ungekürzt im jordanischen Fernsehen übertragen wird, äußert sich al-Dschajusi folgendermaßen: »In Herat habe ich mit meiner Ausbildung für Abu Mussab begonnen. Zur Ausbildung gehörten die Handhabung von hochexplosiven Sprengstoffen und der Umgang mit Giften. Ich habe dann meinen Treueeid auf Abu Mussab al-Sarkawi geleistet und mich bereit erklärt, für ihn zu arbeiten, ohne Fragen zu stellen.«[44]

Ra'id Khureisat (alias Abu Abdulrahman al-Schami), ein weiterer Jordanier aus al-Salt (rund zwanzig von insgesamt etwa fünfzig Männern stammen von dort), wird rasch zu einem von Sarkawis Handlangern. Auf dessen Befehl wird er gemeinsam mit drei weiteren jungen Männern aus al-Salt (Mahmud Mohammed al-Nussur, Mutassim Mussa Abdullah Mohammed al-Darikah und Ibrahim Khureisat) das Lager in Herat nach kurzer Zeit verlassen und den Aktionsradius der Gruppe auf das irakische Kurdistan ausweiten.[45] Dieser von Sarkawi und an höchster Stelle von bin Laden selbst koordinierte Auftrag hat die Umstrukturierung des »islamistischen Widerstands« im irakischen Kurdistan zum Ziel.

Die dort ansässige kleine Dschihadisten-Gemeinde soll dafür sorgen, dass die Erfahrung mit den Taliban auf diese Gegend übertragen wird, und einen möglichen Rückzug der Al-Qaida-Terroristen organisieren. Am 1. September 2001 sind al-Schami und seine drei Gefährten bei der Gründung der Islamistengruppe *Dschund al-Islam* zugegen, bevor sie sich ein paar Wochen später mit Dschalal Talabanis Patriotischer Union Kurdistans ein Gefecht liefern. Diese Gruppe wird bald in *Ansar al-Islam* umbenannt[46] und stellt nach den amerikanischen Bombenangriffen auf Afghanistan den Rückzug Sarkawis und seiner Anhänger sicher.

Sarkawis Interesse am irakischen Kurdistan ist nicht weiter verwunderlich. Genau genommen wird er im Auftrag der Organisation Al-Qaida aktiv, die im Hinblick auf die Zeit nach dem 11. September eine allmähliche Verlegung ihrer Mitglieder nach Kurdistan im Auge hat. Schon im

Jahr 2000 weiß Osama bin Laden, dass die Anschläge im September 2001 verheerend sein und dass die Amerikaner entsprechend reagieren werden. Umsichtig, wie er ist, hat bin Laden Sarkawi und seinen Anhängern also zur Aufgabe gemacht, die Region im irakischen Kurdistan zu unterwandern.

Parastin, die der Demokratischen Partei Kurdistans (*Kurdistan Democratic Party,* KDP) unter Leitung von Massud al-Barsani unterstellte größte kurdische Geheimdienstorganisation, interessiert sich schon seit langem für *Ansar al-Islam.* Dana Ahmed Madschid, einer der *Parastin*-Vertreter, betont, dass die Terrororganisation untrennbar mit Al-Qaida verbunden ist: »Vor dem 11. September wollte Al-Qaida sich einen neuen Stützpunkt für die Zeit nach den Anschlägen sichern, weil sie [Al-Qaida] genau wussten, dass sie in Afghanistan dann angegriffen würden und sich ein neues Gebiet würden suchen müssen. [...] Sie dachten, die kurdische Regierung wäre so schwach, dass man sie leicht unter Kontrolle bringen könnte.«[47]

Im Jahr 2000 reist Sarkawi vermehrt zwischen Kabul und Herat hin und her und sichert gleichzeitig Schritt für Schritt seinen Einfluss auf den islamischen Widerstand in Kurdistan. Er kontrolliert die Straße, die über Meschhed im Nordosten Irans hinüber in die kurdischen Berge führt. Sarkawi übernimmt auch die Leitung des Trainingslagers Sargat im irakischen Kurdistan, das mehrfach als Produktionsstätte chemischer Substanzen und biologischer Kampfstoffe aufgedeckt wird. Anhand von Tests, die die US-Armee nach den Bombenangriffen auf das irakische Kurdistan durchgeführt hat, konnten in Sargat hochwirksame Nervengifte wie Botulintoxin oder Rizin nachgewiesen werden.[48]

Um die islamistischen Gruppierungen im irakischen Kurdistan unter Kontrolle zu bringen, greift Sarkawi auf seine

Gefährten der ersten Stunde von der Terrorgruppe *Beit al-Imam* zurück, die wie er 1999 auf freien Fuß gesetzt wurden. Namentlich seine ehemaligen Nachbarn in Sarka, Khaled al-Aruri (alias Abu Aschraf) und Abdel-Hadi Ahmed Mahmud Daghlas (Abu Ubeidah). Die beiden Männer leben damals in Iran an der Grenze zu den irakischen Kurdengebieten. Wenig später koordinieren sie die Operationen von *Ansar al-Islam* unter dem Befehl ihres Anführers Abu Mussab al-Sarkawi. Die ihnen unterstehende Truppe, bestehend aus rund fünfzehn vorwiegend aus Jordanien stammenden Männern, hat Sarkawi persönlich in Iran aufgebaut. Jetzt gilt es für sie, *Ansar al-Islam* bei Anschlägen in Jordanien zu unterstützen und die Demokratische Partei Kurdistans zu bekämpfen. Gleichzeitig kommt *Ansar al-Islam* zugute, dass ihr Gründer, Mullah Krekar, erhebliche finanzielle Mittel mobilisieren kann.

Für die jordanischen Antiterrordienste fällt die Bilanz düster aus. Die königliche Amnestie von 1999 erweist sich im Nachhinein als folgenschwerer Irrtum. Nur ein Jahr nach der Freilassung von Sarkawi, Maqdissi, Aruri, Daghlas, al-Dschaghbir, Firas Suleiman Ali Hidschir, Ahmed Mohammed Mustafa und anderen bahnt sich für das GID eine erneute Bedrohung durch den islamistischen Terror an, und dies umso mehr, als die Gruppe auch die Ermordung von führenden GDI-Offizieren plant, namentlich die von Ali Berdschak, dem Leiter der Antiterroreinheit.[49]

Von der Amnestie bis zum Wiederaufbau von Sarkawis Organisation ist nur ein Jahr vergangen. In dieser Zeit hat Sarkawi seine Stützpunkte in Iran, Afghanistan und in den Kurdengebieten des Irak ausgebaut. Die jordanischen Behörden müssen jetzt der drohenden Gefahr einer Anschlagserie ins Auge sehen, die unmittelbar auf Jordanien zielt. Die jordanische Muslimbruderschaft hat ihr Ziel erreicht.

Die inzwischen hartgesottenen Terroristen sind frei und befinden sich in einer Position der Stärke.

In Absprache mit Al-Qaida wird die Organisation *Ansar al-Islam* schließlich der Kontrolle eines Triumvirats unterstellt: Abu Mussab al-Sarkawi in Afghanistan, al-Schami im irakischen Kurdistan und Mullah Krekar, der sich 2002 nach Norwegen absetzt. Die Einsatzkräfte der Gruppe sind in den kurdischen Bergen im Nordirak stationiert, ihre logistische Struktur aber befindet sich in Iran und besteht fast vollständig aus Anhängern Sarkawis.[50]

Während Sarkawi dieses Netzwerk in Absprache mit Al-Qaida aufbaut, betreut er das Trainingslager Herat weiterhin in autonomer Führerschaft. Dieser Wille zur Unabhängigkeit tritt im Laufe des Jahres 2001 immer deutlicher zu Tage. Die Nähe zu Iran und seine stabile Verbindung zu *Ansar al-Islam* ermuntern Sarkawi, sein eigenes Netzwerk auf Europa, namentlich Deutschland und Großbritannien, auszuweiten. Diese Terrorzellen, von den europäischen Justizbehörden später *Tawhid* (»Einheit«) genannt, sind im Grunde nichts anderes als die Erweiterung des Netzwerks von *Ansar al-Islam.* Die Organisation *Al-Tawhid,* deren Mitglieder mehrheitlich in Deutschland und Großbritannien lokalisiert werden, kommt unter der Leitung von Sarkawi eine doppelte Funktion zu: die Durchführung von Anschlägen auf europäischem Boden und logistische Unterstützung bei seiner Flucht aus Afghanistan im Anschluss an die Operation »Enduring Freedom«.

Ein Lokalterrorist

Von Sarkawi geht jetzt eine ernsthafte Bedrohung aus, wie mehrere Anschläge und Anschlagsversuche belegen, die zwischen 1999 und 2004 im Nahen Osten erfolgen. Nach seinem Aufbruch nach Pakistan im Sommer 1999 organisiert er eine Reihe von Terrorakten, die in erster Linie gegen das jordanische Königreich gerichtet sind, das dauerhaft seinen Groll auf sich gezogen hat. Bevor er in der internationalen Terrorszene in die vorderste Front vorrückt, erwirbt sich Sarkawi damit den Ruf eines Lokalterroristen.

Einer der ersten Anschläge, die er nach seiner Freilassung organisiert, richtet sich gegen Touristenziele in Jordanien. Zwar steht der Name Ahmad Fadel Nazzal al-Khaleileh nicht auf der Liste der Beschuldigten, die die jordanische Regierung am 29. Januar 2002 dem UN-Komitee für Terrorbekämpfung übermittelt, doch hat die jordanische Justiz Sarkawis Beteiligung an der Operation inzwischen nachgewiesen. Am 11. Februar 2002 wird er wegen seiner Beteiligung an dieser geplanten Anschlagserie, die als *Millennium Plot* bekannt wurde, in Abwesenheit zu fünfzehn Jahren Haft verurteilt.

Diese für den Jahreswechsel 2000/2001 geplanten Anschläge werden im Auftrag von Al-Qaida zur Gänze von Afghanistan aus von Jordaniern geplant. Unmittelbar nach

Sarkawis Freilassung liegt die gesamte Koordination noch in den Händen des Jordaniers Sajn al-Abidin alias Abu Subeida, dem Al-Qaida-Chef für militärische Operationen. Im Laufe des Jahres 1999 erhält dieser in Afghanistan Besuch von zwei Jordaniern, die dazu entschlossen sind, den Dschihad im eigenen Land zu führen: Ahmed al-Rijati und Ra'id Hidschasi. Abu Subeida erklärt sich einverstanden. Auf seine Veranlassung lernen die beiden Männer in Al-Qaida-Trainingslagern den Umgang mit Sprengstoff. Im November 1999, als Sarkawi Pakistan vorzeitig Richtung Afghanistan verlässt, trifft er auf Abu Subeidas Rat hin die beiden jungen Jordanier in Kabul. Sarkawi ist damals der Vertraute von Abu Subeida, der seinerseits einer von bin Ladens wichtigsten Offizieren ist.[51]

Von diesem Zeitpunkt an ist Sarkawi gemeinsam mit seinem getreuen Waffenbruder Khaled al-Aruri in die geplante Anschlagsserie zur Jahrtausendwende involviert. Als Zielscheibe anvisiert sind unter anderen das Hotel Radisson SAS im Herzen von Amman, die Stelle, an der Jesus am Ufer des Jordan getauft wurde oder auch die König-Hussein-Brücke, die Jordanien mit Israel verbindet.[52] Mit diesen ambitionierten, groß angelegten Zielen ist die Gruppe der in Terroraktionen unerfahrenen Jordanier möglicherweise überfordert. Trotz der finanziellen Unterstützung durch Al-Qaida und Sarkawis technischen Beistand wird das Komplott von der jordanischen Polizei rasch aufgedeckt, die Verantwortlichen, darunter auch Sarkawi, werden verurteilt. Am 1. April 2002 schließlich wird Abu Subeida in Faisalabad von pakistanischen Sicherheitskräften und US-Agenten gefangen genommen. Der von der jordanischen Justiz zum Tode Verurteilte bestätigt im Verlauf seiner Verhöre, dass Abu Mussab al-Sarkawi in die versuchten Jahrtausendanschläge verwickelt war.

Im Verlauf des Prozesses weist die jordanische Justiz mehreren Terroristen eine Beteiligung an der Operation nach. So erhebt der mit der Sache betraute Militärstaatsanwalt Oberst Fawas al-Buqur auch Anklage gegen den Militärchef des kurdischen Terrornetzes *Ansar al-Islam,* Nadschmuddin Faradsch Ahmed, besser bekannt unter dem Namen Mullah Krekar. Dieser leistete mehreren Mitgliedern der Zelle Beistand bei der Ausführung der Anschläge. Das gilt vor allem für den Hauptangeklagten, den Jordanier Ahmed Mahmud Saleh al-Rijati. Da es zwischen Norwegen, wohin Mullah Krekar emigriert ist, und Jordanien kein Auslieferungsabkommen gibt, ist der Anführer von *Ansar al-Islam* noch immer auf freiem Fuß.

Von den 27 schuldig gesprochenen Terroristen werden einige in Syrien und Jordanien festgenommen. Als Richter Tajel Raqqad das Todesurteil gegen Ra'id Hidschasi, einen der Hauptbeteiligten der Gruppe, verkündet, ruft dieser »Gott ist groß« in den Saal, bevor er den Richter attackiert: »Wo ist der Wille Gottes? Warum verurteilen Sie mich zum Tode? Sie führen das Land gegen die jordanischen Bürger. [Ariel] Scharon verurteilt die Seinen nicht zum Tod. Für ein paar Dinar ziehen Sie gegen Ihre eigenen Landsleute zu Felde!«[53] Sarkawi wird hier ein zweites Mal zu fünfzehn Jahren Haft verurteilt, dieses Mal in Abwesenheit. Der *Millennium Plot* offenbart die Geisteshaltung der extremistischen Al-Qaida-Aktivisten, die wild entschlossen sind, die Regierung, die sie als korrupt betrachten und der Zusammenarbeit mit dem Feind bezichtigen, zu bekämpfen.

Trotz dieser Niederlage hält Sarkawi an seinen blutigen Vorhaben fest und ist entschlossener denn je, zum Schlag gegen die israelische Regierung auszuholen. Er beschließt, ein erneutes Selbstmordattentat zu versuchen. Die schon erwähnte Operation, die der 1994 gescheiterten ähnelt, soll dieselben Akteure vereinen, die alten Nachbarn aus Sarka: Firas Suleiman Ali Hidschir und Ahmed Mohammed Mustafa. Gleiche Ursache, gleiche Wirkung: Im Februar werden die beiden Männer auf ihrem Weg nach Israel in Van in der Türkei verhaftet.

Auch jetzt lässt Sarkawi sich nicht entmutigen und koordiniert von Syrien aus eine Aktion, die im Laufe des Jahres 2002 in Jordanien beschlossen wurde. Sie ist gegen die amerikanischen Interessen in Jordanien gerichtet und hat die Ermordung des amerikanischen Diplomaten Laurence Foley im Zentrum von Amman zum Ziel. Die Operation erfordert logistische Unterstützung und eine komplexe Organisation.

Während er also in Syrien auf der Flucht ist, plant und koordiniert er die Ermordung des Diplomaten. Er versammelt mehrere seiner Anhänger und Al-Qaida-Mitglieder um sich. Es sind dies Salim Saad Salim bin Suweid (alias Abu Abdullah), Jasser Fatih Ibrahim Freihat (alias Abu Firas, Abu Ma'az), ein in Rasifa lebender Jordanier, Mohammed Amin Ahmed Said Abu Said, ein ebenfalls in Rasifa lebender libyscher Staatsbürger, Nuuman Saleh Hussein al-Harasch, ein kuweitischer Staatsangehöriger, der in Amman lebt, Schaker Jussuf al-Abassi (alias Abu Jussuf), ein in Syrien lebender Palästinenser, der Syrer Mohammed Ahmed Tiura (alias Abu Anas), der in Rasifa lebende Jordanier Mohammed Issa Mohammed Dammas (alias Abu Oman), der im Irak ums Leben kommt, Ahmed Hussein Assun (alias Abu Hassan) und Mahmud Abdul-Rahman Saher (alias Abu Abdul-Rahman), zwei flüchtige syrische Staatsbürger, und natürlich Abu Mussab al-Sarkawi.[54]

Das Attentatsvorhaben geht auf die besondere Beziehung zwischen Salim Sa'ad Salim Ben Suweid und Sarkawi zurück. Der Afghanistan-Veteran Suweid ist Sarkawi 1989 im Trainingslager Sada in Afghanistan begegnet. Später gesteht er, in Afghanistan auch Osama bin Laden, Aiman al-Sawahiri und Abdullah Azzam getroffen zu haben. Für eine

Terroraktion auf jordanischem Boden steht der Waffenbruder Sarkawis bereit.

Innerhalb der radikalen Islamistenkreise gilt Suweid als Profi. Wegen seiner Mitgliedschaft in einer Gruppe islamistischer Aktivisten wird er in Libyen gesucht. Zusammen mit seiner Frau geht er nach Syrien und 1992 dann nach Jordanien. Hier trifft er auch Sarkawi in der Bilal-Moschee in Oujan wieder. Bis zu Sarkawis Inhaftierung in Suwaqah unterhalten die beiden Männer feste freundschaftliche Bande. Im August 1997 verlässt Suweid Jordanien und kehrt nach Syrien zurück. Er lässt sich in der Provinz Rif Damashq (Damaskus-Land) nieder und reist mit gefälschten tunesischen Pässen regelmäßig nach Jordanien.

Suweid konsolidiert nach und nach seine eigene Gruppe von Aktivisten und führt ihr auch Jasser Fatih Ibrahim Freihat zu, seinen künftigen Komplizen bei der Ermordung von Laurence Foley. Suweid und Freihat sind sich Ende 1999 in Jordanien begegnet. Vor allem aber sucht Suweid die Nähe des Syrers Mohammed Ahmed Tiura (alias Abu Anas), der ihm einen gefälschten Pass auf den Namen Ali Lafi besorgt, mit dem er Syrien verlassen kann.

Im April 2002 fordert Suweid Freihat auf, sich mit der Handhabung von Waffen und der Herstellung chemischer Waffen vertraut zu machen. Daraufhin stellt Freihat den Kontakt zu Tiura her. Tags darauf führt dieser Freihat in eine der »Militärkasernen« *(sic)* in Damaskus.[55] Freihat bringt eine Woche in diesem syrischen Militärlager zu. Unter der Anleitung dreier Militärangehöriger lernt er den Umgang mit Pistolen und Maschinenpistolen und die Herstellung von Ammoniumnitratbomben. Im selben Jahr werden noch weitere Mitglieder der Sarkawi-Gruppe in syrischen Militärkasernen ausgebildet, so etwa Mohammed Issa Mohammed Dammas oder der Kuweiter Nuuman Saleh Hussein al-Harasch. Im Rahmen dieser Trainingseinheiten lernen Freihat, Dammas und al-Harasch, Sturmgewehre vom Typ M 16, Angriffsgranaten oder auch eine Kalaschnikow zu bedienen.

Nach seiner Ausbildung in Syrien sucht Freihat Suweid in Jordanien auf. Auf Sarkawis Anraten mieten sich die beiden Männer ein unauffälliges Haus in Rasifa am Stadtrand von Amman. Im Juni 2002 gesellt sich der Syrer Tiura zu den beiden Männern, in deren Haus auch die fünf Kalaschnikows und die übrigen Waffen versteckt sind, die für die Operation gebraucht werden. Vom benachbarten Syrien aus sichert Sarkawi die finanzielle Unterstützung der schlafenden Zelle und überweist erst 1000, dann noch einmal 5000 Dollar.

Kurze Zeit später befiehlt Sarkawi seinen beiden treuen Offizieren, Suweid nach Syrien zurückzuschicken, und übernimmt die Organisation der Operation. Bei ihrer Begegnung im Juni 2002 händigt Sarkawi Suweid eine 7-mm-Pistole, einen Schalldämpfer sowie sieben Magazine aus. Mit dieser Waffe wird Laurence Foley getötet.

In den späteren Aussagen der Angeklagten heißt es, Sarkawi habe im Sommer 2002 »in Syrien gewohnt«, während der amerikanische Außenminister Colin Powell seinen Aufenthaltsort von Mai bis Juli 2002 im Olympic Hospital in Bagdad ansiedelt, wo er sich einer Behandlung unterzogen habe.[56]

Im September 2002 fährt Sarkawi selbst heimlich von Syrien aus nach Jordanien und überprüft, ob alles seine Ordnung hat. Zusammen mit Suweid und Dammas verbringt er mehrere Tage in Tarfa. Die Operation konkretisiert sich. Sarkawi händigt Suweid 13 000 Dollar aus und fordert ihn auf, zusätzliche Leute aufzutreiben, um einen erfolgreichen Verlauf der Operation sicherzustellen. Er sagt Suweid Waffen und Sprengstoff aus dem Irak zu[57] und will ihm für eine weitere Operation Raketen liefern.

Einen Monat später, im Oktober 2002, lässt Sarkawi Suweid in der Tat hohe Geldbeträge zukommen, erst 10 000 und dann noch einmal 33 000 Dollar. Mit diesem Geld soll eine Serie von Terrorakten auf jordanischem Boden finanziert werden, darunter auch die Ermordung Foleys. Das Geld gelangt über die irakische Bank Rafidain an die Terroristen oder wird ihnen durch Sarkawis Mittelsmänner direkt übergeben. Über die Hälfte der Gelder für die Operation läuft letztlich über diese Bank, die damals der irakischen Regierung gehört.[58]

Auf Sarkawis Betreiben bereitet die Gruppe gleichzeitig einen Anschlag auf die Vereinigten Staaten vor. Zu diesem Zweck beobachtet er den Militärflughafen von Marka bei Amman, von wo aus amerikanische Bombenflugzeuge nach Afghanistan starten sollen. Sarkawi will sogar Raketen dorthin transportieren lassen, die ein Flugzeug beim Start abschießen sollen. Die dann für zu schwierig erachtete Operation wird schließlich fallen gelassen.

Am 28. Oktober 2002 wird Laurence Foley, ein 60-jähriger amerikanischer Diplomat, der für die US-Agentur für internationale Entwicklung (USAID) tätig ist, von Suweid mit acht Schüssen aus nächster Nähe in seiner Garage niedergestreckt. Schon in den ersten Stunden der polizeilichen Ermittlungen bringt der jordanische Informationsminister, Mohammed Adwan, die Spur der Terroristen ins Spiel. Es ist der erste Anschlag auf einen ausländischen Diplomaten in Jordanien.

Der Minister erklärt: »Dieses Attentat, gleich welche Motive ihm zugrunde liegen, ist gegen das Land und die nationale Sicherheit gerichtet.« Schon bald greift das GID den Schützen Suweid auf, aber auch Freihat, der im Auto auf ihn gewartet hat, und identifiziert Abu Mussab al-Sarkawi als den Drahtzieher. Bei seinen ersten Verhören durch das GID erklärt Suweid, er habe Laurence Foley erschossen, »weil er ein leichtes Ziel für uns war«.[59] Auf Sarkawis Anordnung hatten Freihat und er ihr Opfer zuvor observiert und waren ihm in Amman überallhin gefolgt. Die Terroristen hatten also eine gewissenhafte Feldstudie betrieben und nach dem Vorbild klassischer Geheimdienste genauestens das Umfeld sondiert. Als das »Ziel neutralisiert« war, hatte Suweid Sarkawis Leutnant im Irak, al-Dschaghbir, telefonisch den »Erfolg der Operation« vermeldet.

Die Mittel, mit denen Sarkawi und seine Leuten vorgehen, muten fast schon unverhältnismäßig an. Die jordanischen Antiterror-Ermittler staunen über die Professionalität. Bis dato war Abu Mussab al-Sarkawi nur an Anschlagsversuchen beteiligt gewesen. Nach der Ermordung des amerikanischen Diplomaten wird die von ihm ausgehende Bedrohung sehr ernst genommen. Am 6. April 2004 wird der an neunter Stelle genannte Angeklagte »Ahmed Fadil Nazzal al-Khaleileh [in Abwesenheit] zum Tod durch den Strang verurteilt«.[60]

Die Ermordung von Laurence Foley stellt in der Tat einen Wendepunkt auf Sarkawis Weg dar. Er hat bewiesen, dass er in der Lage ist, vom Ausland aus gezielt eine Operation zu koordinieren und sein Heimatland gründlich zu destabilisieren. Doch ist dies erst der Beginn der von ihm eingeleiteten Terrorkampagne.

Durch die Operation kommt die noch verkannte Rolle Syriens bei der Unterstützung von Sarkawis Kreisen ans Licht. Gemäß der jordanischen Anklageschrift hielt sich Sarkawi von Mai bis September 2002 in Syrien auf. Dort soll er Zugang zu den berühmten »Militärkasernen« gehabt haben, um seine Rekruten zu trainieren, sei in Besitz eines syrischen Passes gewesen und habe ohne größere Schwierigkeiten von Syrien nach Jordanien und in den Irak reisen können. Darüber hinaus fördern die jordanischen Ermittlungen zutage, dass die Operation Foley von Sarkawi und seinen engsten Mitarbeitern praktisch zur Gänze von Damaskus aus geplant wurde.

Diese Anschuldigungen wiegen bei weitem schwerer als alles, was je gegen das Regime von Saddam Hussein vorgebracht wurde, doch hat hierüber bislang Stillschweigen geherrscht. Sarkawis Aufenthalt in Syrien wird auch von mindestens einem westlichen Nachrichtendienst bestätigt, der anhand abgehörter Telefongespräche nachweisen konnte, dass er sich zur fraglichen Zeit in Damaskus aufhielt.

Doch das ist nicht alles. Als Sarkawi im September 2002 in den Irak zurückkehrt, lässt er Suweid wissen, er sei notfalls in Bagdad zu erreichen. Foleys Mörder gibt später zu Protokoll, er habe sich im Restaurant Al-Ghouta, wenige Minuten Fußweg vom Hotel Palestine in Bagdad entfernt, melden und den Namen al-Khaleileh angeben sollen. Die Restaurantbesitzer hätten daraufhin den Kontakt zu Sarkawi hergestellt.[61] Das vornehme Restaurant in der irakischen Hauptstadt wird von Syrern geführt.

Der Zufall will es, dass der Schauspieler Sean Penn während seines Aufenthaltes in Bagdad im Restaurant Al-Ghouta zu Abend isst. In dem Reisetagebuch, das er nach seiner Rückkehr aus Bagdad verfasst,[62] verwebt er die syrischen Geschäftsleute, denen das Restaurant gehört, und die iranischen Touristen zu einem anschaulichen Bild von der »Ironie der irakischen Situation«, in der die Nachbarstaaten all ihre Hoffnungen auf den Sturz des Regimes setzen.[63]

Zum Zeitpunkt dieses Abendessens am 26. April 2004, mitten im Irak-Krieg, bringt das staatliche jordanische Fernsehen zu Beginn der Abendnachrichten eine Sondersendung. Mit Entsetzen erfahren die Jordanier, dass sie dem Tod nur knapp entronnen sind.

Der Schrecken hat einen Namen: Azmi al-Dschajusi. Der Terrorist, der in die Kamera spricht, ist ein Mann mit rundlichem Gesicht, ein Durchschnittsjordanier mit allerdings sehr gewandtem Ausdruck. Bei diesem erzwungenen »Fernsehgeständnis« beschreibt er detailliert, wie er einen Giftgasanschlag in Amman geplant habe, der 80 000 Menschen hätte töten können. Das Szenario ähnelt dem des Attentats, das zwei Jahre zuvor auf Laurence Foley verübt wurde. Die entsprechenden Befehle, falsche Papiere und Geld habe er von Sarkawi erhalten, gibt al-Dschajusi an. Doch ging es dieses Mal um andere Mittel und Ziele: Es sollten nichts weniger als der Sitz des Premierministers, der Hauptsitz des jordanischen Geheimdienstes GID und die amerikanische Botschaft in Amman getroffen werden.

Zur Durchführung der Anschläge hat die Terrorgruppe 20 Tonnen chemischen Sprengstoff produziert und eine Vorrichtung gebaut, mit der 80 000 Menschen hätten getötet und weitere 160 000 hätten verletzt werden können. Der Sprengstoff wurde in Containern gelagert und auf Lastern verstaut. Sarkawi, der im Vorfeld die nötigen finanziellen Mittel aufgetrieben und Helfershelfer organisiert hatte, hat den gesamten Ablauf vom Irak aus überwacht.

Am 20. April 2004, kurz vor dem geplanten Beginn der Operation, die der größte Terrorschlag aller Zeiten hätte werden können, wird der Anführer der Gruppe, Azmi al-Dschajusi, von der jordanischen Polizei verhaftet. Die übrigen Mitglieder der Organisation, Muwaffaq Adwan, Hassan Simsmijjeh, Salah Marjahm und Ibrahim Abu al-Kheir, wollen sich nicht ergeben und werden beim Sturmangriff durch jordanische Einsatzkräfte getötet.

Wie andere vor ihm war al-Dschajusi in den Al-Qaida-Trainingslagern in Afghanistan zu Sarkawi gestoßen. Er hatte, wie andere auch, im Lager von Herat die Handhabung von Sprengstoffen erlernt. Er hatte auch seinen Treueeid auf Sarkawi geleistet und versprochen, »zu gehorchen, ohne Fragen zu stellen, und immer an seiner Seite zu sein«.[64] Nach dem Sturz der Taliban war al-Dschajusi Sarkawi im Irak wieder begegnet. Sarkawi hatte ihm die Mittel für den Aufbau einer eigenen Zelle in Jordanien beschafft und dazu die Hilfe eines seiner Anhänger in Syrien, Khaled Darwisch (alias Abu al-Ghadijjeh) in Anspruch genommen.

Kurz nach seinem Wiedersehen mit Sarkawi im Irak hat sich al-Dschajusi in Begleitung von Muwaffaq Adwan, einem Vertrauten Sarkawis, nach Jordanien eingeschleust. Mit den Geldern, die die logistische Hilfstruppe in Syrien aufgetrieben hat, kauft er nach und nach das gesamte Material, das für die Herstellung der chemischen Waffen notwendig ist. Über ein komplexes Botensystem lässt Sarkawi der Gruppe 170 000 Dollar zukommen. Neue Rekruten kommen hinzu, so etwa Ahmad Samir, der nahe der Ramtha-Brücke unmittelbar an der Sprengstoffherstellung beteiligt war. Al-Dschajusi schließlich kauft mehrere Fahrzeuge, darunter einen gelben MAN-Lastwagen, der groß genug ist, um das Tor an der Einfahrt zum GID zu durchbrechen, und auf dem Gelände explodieren soll. Insgesamt kostet die Operation über 250 000 Dollar, und laut Informationen des BKA sollen diese Mittel über Syrien herbeigeschafft worden sein.[65]

Die Männer der Gruppe verständigen sich mit Prepaid-Karten über Handy und haben für ihre Gespräche strenge Sicherheitsvorkehrungen getroffen. Ein anderes, zuverlässigeres Kommunikationsmittel sind für die Terroristen Boten ihres Vertrauens, die man in Syrien an der logistischen Basis des Sarkawi-Netzwerks rekrutiert hat.

Im Laufe der Monate fällt manchen Nachbarn im Wohnviertel al-Barha bei Irbid auf, dass al-Dschajusi Gesellschaft meidet und sich immer mehr zurückzuziehen scheint. Kurze Zeit später sammelt sich die Gruppe in der Nähe der geplanten Anschlagsziele. Al-Dschajusi kümmert sich um letzte Einzelheiten wie Panzerfäuste vom Typ RPG, mit denen man die Gitterstäbe sprengen will. Alle sind zum Letzten entschlossen und wollen, sollte das Gitter nicht nachgeben, mitsamt dem Sprengstoff in die Absperrung rasen. Bei den berühmten »Fernsehgeständnissen« sagt Hussein Scharif, einer der verhafteten Terroristen, vor den Augen der sprachlos vor ihren Fernsehgeräten harrenden Zuschauer: »Ich wollte bei dieser Operation mitmachen, weil ich denke, dass es dem Islam dient.«

Sarkawi ist jetzt zu einer wirklichen Herausforderung für die jordanischen Sicherheitsdienste geworden.

Die Flucht

Um 10.28 Uhr am 11. September 2001 stürzen die Türme des World Trade Center in sich zusammen und begraben 2823 Menschen unter sich. Auf amerikanischem Boden verübt Al-Qaida den größten Terroranschlag der Geschichte. Die US-Regierung findet, wie der Rest der Welt, keine Worte. Um die Vereinigten Staaten bildet sich eine Koalition, und im Herbst 2001 beginnt in den afghanischen Bergen die Operation »Enduring Freedom«.

Die internationale Koalition führt eine Serie von Bombardierungen in Afghanistan durch, gefolgt von Antiterror-Einsätzen am Boden. In operativer Hinsicht sind die Vergeltungsmaßnahmen nur zur Hälfte erfolgreich. Zwar wird die Organisation Al-Qaida getroffen und destabilisiert, der innerste Zirkel der Gruppe aber, Osama bin Laden und Aiman al-Sawahiri, entkommt den 30 000 amerikanischen Soldaten und 350 Kampfflugzeugen, die dort aufgeboten werden. Und mit ihnen auch jemand, der genauso unkontrollierbar ist: Abu Mussab al-Sarkawi.

Nach dem 11. September ist für Al-Qaida-Anhänger nichts mehr, wie es war. Weltweit werden sie von der Polizei und vom amerikanischen Militär verfolgt. Als Vergeltung für die Anschläge bombardiert die Koalition die Stützpunkte, Trainingslager und Verstecke der Gruppe. Mehrere Tage lang wird die Bergregion Tora-Bora von amerikanischen Bombenfliegern pausenlos unter Beschuss genommen. Die Taliban und die hohen Würdenträger von Al-Qaida bereiten nun ihre Flucht vor und entkommen zu einem Großteil über Pakistan und das Stammesgebiet Wasiristan. Während der Offensive hat in Kandahar ein Treffen zwischen Sarkawi, Abu Subeida, Saif al-Adel und Ramzi Binalshibh stattgefunden; dieser hat die Hamburger Terrorzelle koordiniert. Laut Aussage von Abu Subeida hat Sarkawi bei dieser Versammlung seinen Willen kundgetan, eine Gruppe von zwölf bis fünfzehn Kämpfern aus Afghanistan herauszuschleusen und in den Irak zu bringen. Er habe auch gesagt, das Haus in Kandahar, in dem sie sich getroffen hatten, sei von einer amerikanischen Rakete getroffen worden. Sarkawi selbst, der unter den Trümmern lag, sei mit ein paar leichten Verletzungen davongekommen.[66]

Sarkawi ist den amerikanischen Streitkräften in die Falle gegangen und angeschlagen. Am 12. November 2001 erwähnt Abu Ali, einer der Anführer seines Netzwerks in Iran, den schlechten Gesundheitszustand von Habib (»Geliebter«) alias Sarkawi (im Verlauf eines Telefonats, das abgehört wurde). Am 12. Dezember 2001 berichtet ein gewisser Aschraf Imad, einer von Sarkawis Anhängern, der Afghanistan bereits über den Iran verlassen hat, Sarkawi habe das Land noch nicht verlassen können, er sei an den Beinen und am Bauch leicht verletzt, könne aber gehen.[67] Sarkawi bestätigt seiner Gruppe in Iran die Verluste der Amerikaner in Afghanistan. Anfang November 2001 gibt er achtzig »Schweine« (Soldaten) und vier »Schmetterlinge« (Hubschrauber) an.[68]

Sarkawi wird über Iran herausgeschleust, während die übrigen Anführer über den Westen Afghanistans fliehen. Seit Ende 1999 wird die berühmte logistische Zelle *Al-Tawhid* häufig in Anspruch genommen, um zwischen Iran und Deutschland aktiv zu werden. Sie bekennt sich zu Sarkawi und setzt alle Hebel in Bewegung, um ihn zumindest übergangsweise auf iranisches Staatsgebiet zu holen.

Abu Ajjub, eines der Mitglieder der deutschen Zelle, erwirbt wenige Tage nach den Anschlägen vom 11. September ein Satellitentelefon, das für Sarkawi gedacht ist. Die Mitglieder der *Al-Tawhid*-Zelle in Deutschland versorgen Sarkawi bald schon mit allem, was er auf feindlichem Boden zum Überleben braucht: falschen Pässen, einem Nachtsichtgerät und einem Radio. Er soll jetzt so schnell wie möglich nach Teheran, um sich behandeln zu lassen und vor allem den Antiterror-Operationen der Koalition zu entgehen.

Sarkawi beschließt, im äußersten Südwesten des Landes, Richtung Zahedan, nach Iran zu gehen. Die Passage über den Grenzort Islam Qila von Herat aus in Richtung Birjand verbietet sich: Die iranischen Behörden lauern den Al-Qaida-Mitgliedern auf, die von dort aus Afghanistan kommen. Seit es das Trainingslager in Herat gibt, ist der iranische Geheimdienst über Sarkawis Treiben auf dem Laufenden. Der Savak weiß, dass seine Gruppe die Route über Meschhed kontrolliert und für den Transfer von Dschihadisten in das irakische Kurdistan nutzt.

Sarkawi trifft letzte Vorbereitungen für seine Flucht. Für den Kauf falscher Papiere, die er und seine Begleiter beim Grenzübertritt benötigen, überweist er 40 000 Dollar von Teheran nach Deutschland.

Die Abhöraktionen der deutschen Behörden offenbaren das neue Gesicht Sarkawis. Er gibt sich deutlich milder gegenüber denen, die sein Überleben sichern, und bemüht sich redlich, seinem Namen »Habib« alle Ehre zu machen.

In Begleitung einiger Gefolgsleute bricht Sarkawi am 12. Dezember 2001 auf. Eine Woche später überquert er die Grenze nach Iran und hält sich für kurze Zeit in Zahedan auf.[69] Telefonisch meldet er nach Deutschland, es sei alles in Ordnung. Dann fährt Sarkawi weiter nach Teheran. Wenige Tage später, am 5. Januar 2002, erreicht er Meschhed – nach einem Umweg von rund 2000 Kilometern!

Schon bald kümmert sich seine Gruppe um ihn und bringt ihn zu einem Arzt. Sarkawi erholt sich schnell. Ab Mitte Januar 2002 bestätigt er in Gesprächen mit Abu Ali, dem Verantwortlichen der *Al-Tawhid*-Zelle in Deutschland, er sei »wiederhergestellt«. Bis zum 4. April 2002 bleibt er in Iran. In Teheran benutzt er den Telefonanschluss eines gewissen Raschid Harun, aber auch Satellitentelefone und Handys, und trifft Vorkehrungen, damit seine Gespräche nicht zurückverfolgt werden können. Er fühlt sich beobachtet. Seinen deutschen »Brüdern« teilt er seine Befürchtungen mit, während das BKA seine Gespräche abhört. Sarkawi erklärt, viele seiner Anhänger stünden auf den Listen der Verdächtigen, er fürchte um sich selbst.

Am 10. Januar 2002 unterrichtet Sarkawi Abu Ali, der sich noch immer in Deutschland aufhält, darüber, dass er ein neues arabisches Handy, leichte Schnürschuhe Größe 42, Stiefel Größe 43 und eine warme, langärmlige Lederjacke brauche. Er wolle über die Berge im irakischen Kurdistan. Finanziell verbessert sich seine Lage. Am 2. April 2002 erklärt er der deutschen Zelle, dass »Gott der Allmächtige mir eine günstige finanzielle Situation beschert hat«.[70] Fortan kann Sarkawi die Kosten für seine Flucht tragen und die rund dreißig gefälschten Pässe in Empfang nehmen, die von Deutschland nach Teheran weitergeleitet wurden und für ihn und seine vorübergehend mit ihm im Iran untergebrachten Anhänger gedacht sind.

Am 23. April 2002 aber fliegt die deutsche Zelle auf. Die gesamte *Al-Tawhid*-Gruppe wird vom BKA zerschlagen.

Die deutsche Zelle, die Sarkawi auf seiner Flucht aus dem Iran unterstützt hat, stützt sich auf den Iraker Jasser Hassan (alias Mohammed Abu Dhess, Abu Ali, geboren am 1. Februar 1966 in Hasmija im Irak). Zu der Zelle gehören ferner der aus Palästina stammende Jordanier Aschraf al-Dagma (geboren am 28. April 1969), der Jordanier Ismail Schalabi (geboren am 27. September 1976), der Iraker Sidan Imad Abdul-Hadi (alias Imad, geboren in Alhamza im Irak), der Kuweiter Osama Ahmed (geboren am 4. Mai 1974 in Hawali in Kuweit), der Iraker Thaer Mansur (alias Osman) und der Ägypter Sajed Agami Mohawal (geboren am 25. Februar 1964 in Kairo).

Die deutsche Polizei deckt *Al-Tawhid* genau zum Zeitpunkt der September-Anschläge auf, kurz bevor sich Sarkawi in den Iran absetzt. Der Anführer Abu Ali trifft Sarkawi auf seinem Weg durch den Iran und bespricht mit ihm detailliert die Vorgehensweise für mehrere Terror-Operationen in Europa, namentlich in Deutschland. Bei dieser Begegnung geht Sarkawi nicht auf Abu Alis Angebot ein, der sich freiwillig für ein Selbstmordattentat in Deutschland zur Verfügung stellt. Er braucht ihn noch, um im Iran weiter überleben zu können.

Die Strategie Sarkawis und seiner Mitstreiter besteht darin, dass sie sich in zwei Gruppen aufteilen, die vom Iran aus in verschiedene Richtungen aufbrechen. Der größere Teil soll für *Ansar al-Islam* in den Bergen Kurdistans kämpfen. Die anderen sollen zu *Al-Tawhid* stoßen und Anschläge auf »jüdische Ziele« in Deutschland vorbereiten. Bei seinen Gesprächen mit Abu Ali, dem er seine Pläne unterbreitet, erklärt Sarkawi, seine »Brüder« würden von den iranischen Behörden beobachtet.

Sarkawi hat gerade erst begonnen, seine Aktivitäten im Iran umzustrukturieren, als er gemeinsam mit seinen »Brüdern« vom iranischen Geheimdienst verhaftet wird. Über die Umstände der Verhaftung und die anschließende Haftzeit ist nur wenig bekannt. Schadi Abdullah, der einstige Leibwächter bin Ladens, bestätigt im Zuge der Ermittlungen über die deutsche Zelle, Sarkawi habe kurze Zeit in einem iranischen Gefängnis verbracht.[71] Gegenüber der deutschen Polizei erklärt Abdullah ferner, Sarkawi sei vom iranischen Regime protegiert worden. Bei einem Besuch jordanischer Behördenvertreter im Iran im Sommer 2003 bewahrheitet sich diese Information: Sarkawi habe im Frühjahr 2002 in einem iranischen Gefängnis eingesessen und sei aufgrund seines gültigen syrischen Passes freigelassen worden. Von Syrien aus hat Sarkawi dann bekanntlich die Ermordung des amerikanischen Diplomaten Laurence Foley in Jordanien organisiert.

Ausgerechnet 2002 ermahnen die amerikanischen Behörden das iranische Regime wegen seiner als zu lax bewerteten Politik im Hinblick auf die flüchtigen Al-Qaida-Mitglieder: dem Beispiel Sarkawis folgend, findet eine beträchtliche Anzahl von Dschihadisten damals vorübergehend Unterschlupf im Iran. Um sich gut zu stellen, weist der Iran einige mutmaßliche Al-Qaida-Mitglieder aus, darunter auch Omar Dschamil al-Khaleileh, den Neffen Abu Mussab al-Sarkawis. Die Ausweisung erfolgt im Anschluss an eine Verhaftungswelle, die die iranische Polizei im Februar und März 2002 durchführt, als Sarkawi selbst ebenfalls in Haft sitzt. Unter den rund 150 Al-Qaida-Häftlingen befindet sich auch der Ägypter Saif al-Adel, ehemaliger Oberst der ägyptischen Sondereinsatzkräfte und hoher Funktionsträger der Terrororganisation. Auch bin Ladens Sohn, Sa'ad bin Laden, soll sich im Iran aufhalten. Mehrmals versucht das saudische Königreich vergeblich, seine Auslieferung zu erwirken.

Ein paar Wochen nach seiner Verhaftung kann Sarkawi das iranische Gefängnis also wieder verlassen; über den Irak will er nach Syrien. Im Mai 2002 ergeht ein Hinweis darauf, dass er sich in Bagdad aufhält, wo er sich im Olympic Hospital einer Behandlung unterzieht. Laut Angaben der amerikanischen Regierung soll Sarkawi fast zwei Monate in Bagdad geblieben sein, bevor er sich auf den Weg nach Syrien macht.

In den Gerichtsunterlagen der jordanischen Behörden zum Fall Foley ist ein Hinweis darauf enthalten, dass Sarkawi zwischen Mai und September 2002 in Syrien war, während er mit seinen Leuten den Mordanschlag auf Laurence Foley am 28. Oktober vorbereitete. Ein europäischer Geheimdienst, der mit Ermittlungen zu einer Reihe von Telefonaten befasst war, die von Europa aus über Sarkawi liefen, weist später nach, dass er sich im Sommer 2002 auf syrischem Boden aufhielt. In dieser Zeit trifft er persönlich die letzten Vorbereitungen für das Attentat und reist zu diesem Zweck trotz seiner Verurteilung zu 15 Jahren Haft wegen der Beteiligung an den Jahrtausend-Anschlägen auch heimlich nach Jordanien. Sarkawis erste Frau, Umm Mohammed, gibt später an, sie habe ihren Mann eines Tages überraschend bei einer Unterredung im Haus von Foleys Mörder angetroffen.

Sarkawis kurzer Aufenthalt im Irak 2002 fällt mit dem Beginn einer neuen Ära zusammen: der des Irakkrieges. Bei seinem Auftritt vor dem UN-Sicherheitsrat am 5. Februar 2003 stellt der amerikanische Außenminister Colin Powell Sarkawi als fehlendes Glied zwischen Al-Qaida und dem Regime Saddam Husseins dar. Doch diese Angaben sind durchsetzt mit Fehlinformationen.[72] So soll sich der als »Palästinenser« bezeichnete Sarkawi auf Einladung von Saddam Hussein im Irak aufhalten. Wahr ist, dass er eine ernsthafte Bedrohung darstellt, wie der Gang der Ereignisse bestätigt.

Seine auf den Irak und den gesamten Mittleren Osten übertragenen Operationen machen ihn neben Osama bin Laden zum fortan meistgesuchten Terroristen der Welt.[73]

SARKAWIS IRAK

»Wetzt eure Schwerter und verbrennt die Erde
unter den Füßen der Invasoren!«

Botschaft von Abu Mussab al-Sarkawi,
6. April 2004

Der Irak im Zeichen des Terrors: vom Mythos zur Realität

»Der Irak gewährt derzeit einem mörderischen Terrornetz Unterschlupf, das von Abu Mussab al-Sarkawi, dem Gefährten und Mitstreiter Osama bin Ladens, angeführt wird.«[1] Mit diesen wenigen Worten wollte Colin Powell in seiner Ansprache vor dem UN-Sicherheitsrat am 5. Februar 2003 enge Kontakte zwischen dem Irak und der Organisation Osama bin Ladens nachweisen und ein militärisches Eingreifen gegen das Regime von Saddam Hussein rechtfertigen. Sarkawis angeblicher Aufenthalt auf irakischem Boden war in diesem Zusammenhang ein wesentlicher Bestandteil der amerikanischen Argumentation.

Damit trat das alte Dogma vom Staatsterrorismus erneut zutage. 2002 hatte der damalige CIA-Direktor George Tenet auf Fragen des amerikanischen Senatsausschusses für die Streitkräfte bereits erklärt, im Zuge der Ermittlungen zu den Anschlägen vom 11. September sei es »ein Irrtum, die Hypothese vom iranischen oder irakischen Staatsterrorismus zu verwerfen«.[2] Diese Äußerungen würden eindeutig von fehlendem Weitblick auf Seiten des Geheimdienstes zeugen, hätten sie nicht in Wirklichkeit dazu gedient, die amerikanische Offensive politisch zu legitimieren.

Bin Laden nämlich, der sich schon Jahre zuvor über nationale Grenzen hinweggesetzt hatte, verkörpert das genaue Gegenteil des Staatsterroristen. Zu diesem Schluss kam auch die CIA wenige Monate nach Tenets Äußerung: Im September 2002 wies die Behörde in einem Bericht mit der Überschrift »Iraqi Support of Terrorism« darauf hin, dass es laut Aussage des führenden Al-Qaida-Mitglieds Abu Subeida »höchst unwahrscheinlich« gewesen sei, dass Osama bin Laden ein Bündnis mit dem Irak geschlossen habe.[3] Diese Einschätzung deckt sich mit derjenigen Khaled Schekh Mohammeds, der die Anschläge des 11. September geplant hat und nach seiner Verhaftung zu diesem Punkt befragt wurde. Bin Laden hat es auch nicht bei einer rein ideologischen Ablehnung belassen. Im Laufe der neunziger Jahre hat er eine »Fatwa« ausgesprochen und zum Aufstand gegen Saddam Hussein und zu dessen Ermordung aufgerufen.[4]

Auch aus den neuesten Ermittlungen und Justizverfahren, die weltweit gegen das Al-Qaida-Netzwerk in die Wege geleitet wurden, geht hervor, dass zwischen bin Laden und Saddam Hussein nie eine Allianz zustande gekommen ist, bei der man sich auf Mittel und Ziele im Hinblick auf einen gemeinsamen terroristischen Kampf geeinigt hätte. Die Annahme, Al-Qaida sei aus dem irakischen Staatsterrorismus hervorgegangen, ist also falsch. Doch belegen diese Untersuchungen, dass der ideologische und religiöse Antagonismus, in dem sich beide Seiten gegenüberstanden, vor der Logik gemeinsamer Interessen häufig in den Hintergrund trat. Mit anderen Worten: Das Netzwerk bin Ladens und das Regime Saddam Husseins sind untereinander nur sporadische, zweckorientierte Bündnisse eingegangen, abhängig von den Umständen und kurzfristigen Zielsetzungen.

Diese Beziehungen fanden zunächst auf der Ebene einzelner Personen statt. Es ist bekannt, dass auf Initiative des Al-Qaida-Oberhauptes mehrfach und stets nach dem gleichen Muster Begegnungen herbeigeführt wurden: Mehrere irakische Botschafter sind nacheinander mit bin Laden und aktiven Mitgliedern seines Netzwerks zusammengekommen.

Die ersten Kontakte wurden 1991 und 1996 im Sudan hergestellt. Nach Aussagen des ehemaligen Leiters des irakischen Atomprogramms, Khedir Hamza, stattete bin Laden der Botschaft des Irak in Khartum in jenen Jahren häufige Besuche ab.[5] Im Dezember 1998 soll er derselben Quelle zufolge eine Begegnung mit Faruq Hidschasi gehabt haben, dem irakischen Botschafter in der Türkei und Ex-Chef für Sondereinsätze des irakischen Geheimdienstes Mukhabarat. Ihre Unterredung habe in Kandahar in Afghanistan stattgefunden. Im September 2001 wurde der Diplomat wegen seiner Nähe zu Terrorgruppen aus der Türkei ausgewiesen.[6] Laut Vincent Cannistraro, ehemals bei der CIA verantwortlich für den Antiterrorkampf, haben »mehrere Geheimdienstberichte« diese Information bestätigt, die auch im Umfeld bin Ladens durchgesickert sein soll.[7]

Darüber hinaus entstanden zahlreiche Kontakte zwischen irakischen Emissären und aktiven Mitgliedern der Terrorgruppe wie Mohammed Atta, der im April 2001 in der Tschechischen Republik erwiesenermaßen eine Begegnung mit einem irakischen Diplomaten hatte. Der Anführer des Selbstmordkommandos hat sich mindestens zweimal in Prag aufgehalten. Nach Auskunft der amerikanischen Immigrations- und Einbürgerungsbehörde INS kam Mohammed Atta, als er am 3. Juni 2000 zum ersten Mal in die Vereinigten Staaten einreiste, mit einem Flug aus Prag am Flughafen von Newark in New Jersey an.[8]

Am 8. April 2001 traf sich Atta in der irakischen Botschaft in Prag mit Ahmed Khalil Ibrahim Samir al-Ani, dem stellvertretenden Konsul, der auch dem irakischen Auslandsgeheimdienst angehörte. Diese Information wurde von dem UN-Botschafter Tschechiens, Hynek Kmonicek, und dem tschechischen Innenminister, Stanislav Gross, bestätigt.[9]

Am 19. April 2001 wurde der Diplomat wegen »Aktivitäten, die mit dem Diplomatenstatus unvereinbar sind«, zur Persona ingrata erklärt und eine Woche später von den tschechischen Behörden des Landes verwiesen.[10]

Ferner hat der überparteiliche Untersuchungsausschuss des US-Kongresses zu den Anschlägen vom 11. September festgestellt, dass die »US-Geheimdienste Informationen erhalten hatten, wonach der Irak einen Piloten für Selbstmordanschläge auf britische und amerikanische Streitkräfte im Persischen Golf ausgebildet hatte«.[11] Die Informationen stammten vom Februar 1999, und die Anschläge sollten während des ersten Irakkriegs erfolgen, eine Vorgehensweise, die an den Modus Operandi der Anschläge vom 11. September 2001 erinnert.

Es gibt noch weitere Elemente, zugegebenermaßen ohne große Beweiskraft, anhand deren sich jedoch ebenfalls sporadische Kontakte zwischen Al-Qaida-Mitgliedern und offiziellen Vertretern des Irak zurückverfolgen lassen. So erhielt Luis José Galán González alias Jussuf Galán, Mitglied des spanischen Al-Qaida-Netzwerks, für den 26. Juni 2001 eine Einladung ins Domizil des irakischen Botschafters in Madrid zur Feier des Jahrestags der irakischen Revolution am 17. Juli 2001.[12] Jussuf Galán ist einer der wenigen spanischstämmigen Terroristen, die nach dem 11. September 2001 im Rahmen der Ermittlungen des Richters Baltasar Garzón zu Al-Qaida vorläufig festgenommen wurden.[13] Nach den Anschlägen vom 11. März 2004 tauchte sein Name erneut überall auf. Bevor Galán zum Islam konvertierte und in Indonesien ein militärisches Ausbildungslager besuchte, hatte er eine Zeitlang der baskischen Untergrundorganisation ETA (Euskadi Ta Askatasuna) angehört.

Welche Interessenüberlagerungen es bei Al-Qaida und dem Irak gibt, wird besonders deutlich, wenn man das Wirtschafts- und Finanzgefüge betrachtet, das bin Laden aufgebaut hat, als er sich mit wohlwollender Duldung des Religionsführers Hassan al-Turabi 1991 im Sudan niederließ. Vor allem die chemische Industrie hat insofern eine Annäherung begünstigt, als der Irak damals mit dem Sudan an der Erweiterung seines Arsenals arbeitete und versucht hat, sich die Präsenz von Terrororganisationen im Land zunutze zu machen. Ehemalige Al-Qaida-Mitglieder, die 2001 beim Prozess gegen die Verantwortlichen der Anschläge von 1998 auf die amerikanischen Botschaften in Daressalam und Nairobi aussagten, gaben an, dass manche Unternehmen, die Osama bin Laden gehörten, damals von Irakern geleitet wurden und auch irakische Mitarbeiter beschäftigten. So hätten etwa mehrere irakische Ingenieure bis 1998 für die Baufirma Al-Hidschrah gearbeitet, die im Besitz von bin Laden war. Im Laufe dieses Prozesses erfuhr man auch, dass der leitende Geschäftsführer, Abu Ibrahim al-Iraqi, ein irakischer Ingenieur war.[14] Nicht weniger als neun weitere Iraker wurden als Angehörige des sudanesischen Al-Qaida-Zweigs identifiziert.

Parallel dazu kam es zu vielfältigen Kontakten zwischen den Firmenchefs des ebenfalls bin Laden gehörenden Chemieunternehmens al-Schifa und dem irakischen Leiter des Chemiewaffenprogramms, oder etwa Imad al-Ani, einem der Geschäftsführer der irakischen Firma Samarra Drug Industries, die nach Aussagen der Amerikaner an der Entwicklung von Giftgasen beteiligt war.[15] Man fand auch Spuren eines Bestandteils von VX-Gas, das in der Art ausschließlich im Irak hergestellt wurde, in einer Stichprobe, welche die CIA in der Fabrik al-Schifa entnommen hatte.

Nach amerikanischen Angaben hieß es damals, dass es, »auch wenn die sudanesische Seite dies abstreitet, eindeutige und stichhaltige Beweise für eine Beteiligung des Unternehmens al-Schifa an der Herstellung von Chemiewaffen«[16] gebe und man über Informationen verfüge, wonach »der Sudan die Hilfe anderer Länder, und zwar in erster Linie des Irak, gesucht hat, um seine Kapazitäten auf dem Gebiet der chemischen Waffen zu erweitern«.[17] Im Rahmen der Vergeltungsmaßnahmen im Anschluss an die Anschläge auf die US-Vertretungen in Nairobi und Daressalam wurde die Fabrik schließlich am 20. August 1998 von den amerikanischen Streitkräften zerstört.[18]

Den Irak und Al-Qaida verbindet auch die gleiche feindselige Haltung gegenüber den Vereinigten Staaten. In seiner Kriegserklärung vom 23. August 1996 an die Vereinigten Staaten und den Westen mit der Überschrift »Botschaft von Osama bin Laden an seine muslimischen Brüder in der Welt und insbesondere auf der arabischen Halbinsel« stellt sich der Anführer von Al-Qaida vorbehaltlos an die Seite des irakischen Volkes: »Die Kinder des Irak sind unsere Kinder […]. Im Irak ist unser Blut geflossen.«[19] In einem Interview von 1996 sagte bin Laden, dass »das Töten irakischer Schüler einem Kreuzzug gegen den Islam gleichkommt«,[20] und im selben Jahr behauptete er, sein Netzwerk umfasse inzwischen dreizehn Länder, darunter auch den Irak.[21]

Am 13. Februar 2001 machte ein ehemaliges Al-Qaida-Mitglied im Laufe des Verfahrens gegen die Urheber der Anschläge auf die amerikanischen Botschaften in Afrika ferner eine erhellende Aussage über die Position der Terrorgruppe in Bezug auf den Irak. Von der Staatsanwaltschaft befragt, ob Al-Qaida der Ansicht sei, die Vereinigten Staaten würden die Bombardierungen im Irak erst dann einstellen, wenn genug Amerikaner getötet worden seien, gab er zur Antwort: »Ja, das ist die Überzeugung Al-Qaidas.«[22]

Auch auf irakischer Seite konnten manche Äußerungen den Schluss nahe legen, das Regime von Saddam Hussein sei in die Anschläge vom 11. September 2001 verwickelt.

Noch am selben Tag kommentierte das staatliche irakische Fernsehen die Anschläge auf das World Trade Center und das Pentagon folgendermaßen:

»Der amerikanische Cowboy erntet die Früchte seiner Verbrechen gegen die Menschheit. Dies ist ein schwarzer Tag in der Geschichte Amerikas, der nach dem bitteren Scheitern seiner Verbrechen und seiner Weigerung schmeckt, den Willen der Völker, ein freies und redliches Leben zu führen, anzuerkennen. Die Massendetonationen, die das amerikanische Machtzentrum und insbesondere das Pentagon getroffen haben, sind ein schmerzlicher Schlag für die amerikanischen Politiker, die aufhören sollten, ihre unrechtmäßige Vorherrschaft auszuüben und den Völkern ihre Regeln aufzuzwingen. Es ist kein Zufall, dass die Selbstmordanschläge das World Trade Center getroffen haben [...]. Diese Operationen zeigen, dass die gedankenlose Politik der Amerikaner auf Ablehnung stößt. Die Ereignisse sind die Früchte einer neuen amerikanischen Ordnung.«[23]

Auch in einem Gedicht, das am 3. Dezember 2001 vor Saddam Hussein aufgesagt und in einer Fernsehsequenz übertragen wurde, rühmte man den »Triumph über die Ungerechtigkeit« durch den Tod von »6000 Ungläubigen« und verkündete, bin Laden sei daran »nicht schuld«, sondern es sei dies vielmehr »dem Glück von Präsident Saddam« zuzuschreiben.

Jenseits dieser Erörterungen ist seit Ende 2001 eine Tatsache unbestritten: Der Irak galt als strategisches Rückzugsgebiet für die aus Afghanistan vertriebenen militanten Mitglieder der Terrororganisation, bevor er sich nach dem Sturz des irakischen Staatsoberhaupts zu einer operativen Basis entwickelt hat.

Am meisten irritieren diese jüngsten Verbindungen zwischen dem Irak und Al-Qaida im Licht der islamistischen Kurdenorganisationen *Dschund al-Islam* und *Ansar al-Islam,* wobei Letztere aus Ersterer hervorgegangen ist. So bezeichnete ihr nach Norwegen entflohener oberster Gebieter Mullah Krekar bin Laden 2002 als »Oberhaupt des Islam«. Und von der Rolle, die das überaus aktive Al-Qaida-Mitglied Abu Mussab al-Sarkawi in dieser Bewegung spielt, war bereits mehrfach die Rede.

Bei genauerer Betrachtung der Beziehungen zwischen dem Irak und Al-Qaida gewinnt man durchaus den Eindruck, dass diese über sporadische Kontakte hinausgegangen sind. Neben ihrem Hass auf die Vereinigten Staaten einte die beiden Akteure im Mittleren Osten ihre Fähigkeit zur punktuellen Interessenkonvergenz. Doch wenn die dem zugrunde liegenden Motive innerhalb der internationalen Staatengemeinschaft auch ernsthaft Anlass zur Besorgnis gaben, lässt doch nichts darauf schließen, dass es ein strukturelles, dauerhaftes Bündnis zwischen den beiden Lagern, eine widernatürliche Koalition zwischen der Diktatur Saddam Husseins und der mörderischen Bewegung bin Ladens gegeben hätte.

Von den Taliban nach Kurdistan

Nach dem Sturz des Taliban-Regimes, des wichtigsten Protektors von Al-Qaida, machen sich Osama bin Laden und sein engstes Umfeld in dem Bewusstsein, einer so groß angelegten Militäroperation nicht lange standhalten zu können, daran, ihr Netzwerk außerhalb Afghanistans wieder aufzubauen. Neben Pakistan, der Hochburg der arabischen Mudschahidin, die in den achtziger Jahren in Afghanistan gekämpft haben, bieten sich die irakischen Kurdengebiete zwingend als Rückzugsbasis an, die für die Al-Qaida-Kämpfer auch eine zweite Front darstellen können.

Die dort ansässigen Islamistenbewegungen sind zerstückelt und durch jahrzehntelange Stammeskriege aufgerieben. Die Geschichte der islamistischen Bewegung Kurdistans geht auf das Jahr 1924 zurück, als das Gebiet von den Truppen Atatürks erobert wurde. Der Wille, die islamischen Wurzeln Kurdistans zu erhalten, förderte ab dem Jahr 1952 die Entstehung mehr oder weniger unstrukturierter Organisationen, die unter dem Einfluss der Muslimbruderschaft standen. Ende der sechziger Jahre dann fasste die salafistische Bewegung mit Unterstützung saudischer Gelder in der Gegend Fuß. Doch erst in den ausgehenden siebziger Jahren bildete sich, begünstigt durch das Verbot der Muslimbruderschaft im Jahr 1971, eine salafistische Dschihadistenströmung im eigentlichen Sinn heraus.[24]

Das politische Leben in Kurdistan spielt sich im Umfeld zweier in den sechziger Jahren entstandener Bewegungen ab, von denen sich die eine nach Iran und die andere zur Türkei hin orientiert: Die Rede ist von der *Demokratischen Partei Kurdistans* (KDP), die 1961 von Mullah Mustafa Barsani, dem Vater des jetzigen Vorsitzenden, des von der Türkei unterstützten Massud Barsani, gegründet wurde, und der *Patriotischen Union Kurdistans* (PUK) von Dschalal Talabani, die 1965 gegründet wurde und von Teheran unterstützt wird.

Ein Teil Kurdistans besitzt seit dem irakischen Gesetz von 1974, mit dem der Gesetzgebende Rat von Irakisch-Kurdistan eingeführt wurde, Autonomiestatus. 1991 wurde im Anschluss an den ersten Golfkrieg eine »Schutzzone« für die Kurden geschaffen und dieser Region, in der es eine autonome Regierung gibt, der Status einer fast uneingeschränkten Unabhängigkeit verliehen.

In den siebziger Jahren sorgten zwei größere Ereignisse für Unruhe: die iranische Revolution und die Besetzung Afghanistans durch die sowjetischen Truppen. In diesem Kontext entstand 1980 die erste bewaffnete Islamistengruppe Kurdistans, die *Islamische Armee Kurdistans,* gefolgt von der *Vereinigung des islamischen Dschihad.* 1987 schlossen sich die beiden Gruppen zur *Islamischen Bewegung von Irakisch-Kurdistan* unter Führung des Irakers Othman Abdul Aziz zusammen. Es kam zu etlichen Abspaltungen, namentlich der Gruppe *Al-Nahda* (Wiedergeburt) im Jahr 1992 oder der an der Muslimbruderschaft orientierten *Islamischen Union* im Jahr 1994.

1999 schließt Othman Abdul Aziz die islamische Kurdenbewegung zu einer neuen Organisation zusammen, der *Bewegung der islamischen Einheit.* Die Versöhnung währt nur zwei Jahre. Anfang 2001 treten mehrere Splittergruppen in Erscheinung, die teils vom Ausland beeinflusst und unterstützt werden. So entsteht im April 2001 die Gruppe *Al-Tawhid al-Islami* (Islamische Vereinigung), und im Sommer desselben Jahres spaltet sich die Gruppe *Quwwat Suran* ab.

Zu diesem Zeitpunkt tritt Abu Mussab al-Sarkawi auf den Plan. Nachdem bin Laden ihm im Jahr 2000 die Verantwortung für das Lager Herat übertragen hat, stellt er, wie erwähnt, ein Einwanderungsnetz auf die Beine, über das er seine jordanischen Rekruten anwirbt. Dieses Netz erstreckt sich über den Irak und Iran und führt namentlich über Meschhed im Osten des Landes. So behauptet sich Sarkawi rasch als obligater Mittelsmann in der Region.

2003 geschieht etwas, das erklärt, warum es zum Bündnis zwischen Sarkawi und den islamistischen Gruppen Kurdistans kommt. In Irakisch-Kurdistan wird der 34-jährige Jordanier Ahmed Mahmud Salih al-Rijati, ein Mitglied des Sarkawi-Netzwerks, von den Amerikanern verhaftet. Er wird den Behörden seines Landes überstellt und liefert dem GID entscheidende Informationen, anhand deren sich nachweisen lässt, dass Sarkawi mehreren Terroristen aus Jordanien, zumeist ehemalige Mitglieder der Gruppen *Dscheisch Mohammed* und *Beit al-Imam,* sowie Irakern, die sich zu Mullah Krekar bekennen, vorgeschlagen hat, sich in den Al-Qaida-Camps in Afghanistan ausbilden zu lassen. So ist innerhalb weniger Monate eine kosmopolitische Gruppe aus Irakern, Jordaniern, afghanischen und tschetschenischen Kämpfern im Alter von 17 bis 43 Jahren entstanden, die im Gebiet zwischen Irakisch-Kurdistan, Iran und Afghanistan leben.[25] Dieses Netzwerk profitiert nicht nur von der logistischen und finanziellen Unterstützung durch Al-Qaida und von der Tatsache, dass die Islamisten bestens in Kurdistan etabliert sind, sondern bald auch von den Netzwerken, die Sarkawi bis hin nach Europa kontrolliert. Im Juli 2001 jedenfalls begeben sich mehrere hundert kurdische Islamisten nach Afghanistan und lassen sich in dem von Sarkawi befehligten Lager Herat unweit der iranischen Grenze ausbilden.

Anfang August 2001 findet in Teheran eine entscheidende Versammlung von Sarkawis wichtigsten Leutnants statt, also al-Rijati, Khaled al-Aruri und Abdul-Hadi Daghlas, die von irakischen Islamisten aus dem Lager von Mullah Krekar begleitet werden. Al-Aruri und Daghlas haben ihre ersten Erfahrungen an Sarkawis Seite in Jordanien gemacht, wo sie 1996 mit ihrem Anführer im Rahmen des Verfahrens zu *Beit Al-Imam* auch verurteilt wurden.

In Teheran kommen sie in Sarkawis Namen überein, ihre Basis dauerhaft nach Kurdistan zu verlegen und in dem Gebiet eigene Trainingslager einzurichten, um den Abzug der arabischen Afghanen und die Rekrutierung von Jordaniern zu erleichtern. Sie planen auch, Mitglieder des Netzwerks im Umgang mit chemischen und bakteriologischen Waffen zu schulen.

Am 1. September 2001 gründet Abu Abdullah al-Schafi'i, mit richtigem Namen Warja Saleh Abdullah, ein irakischer Afghanistan- und Tschetschenien-Veteran, die Gruppe *Dschund al-Islam* (»Soldaten des Islam«). Die Entstehung dieser Miliz verdankt sich nicht dem Zufall. In einer Mitteilung der Gruppe vom September 2001 heißt es, bin Laden selbst habe al-Schafi'i dazu sein Einverständnis erteilt.

Die *Dschund al-Islam* sind aus der Verschmelzung zweier kurdischer Islamistengruppen entstanden, die beide aus der *Islamischen Bewegung von Irakisch-Kurdistan* hervorgegangen sind: der von al-Schafi'i gegründeten *al-Tawhid* und *Quwwat Suran al-Tawhid* (»Einheit aller Gläubigen«), einer ursprünglich jordanischen Sunnitenorganisation in Palästina.

Die *Dschund al-Islam* sollen damals 300 000 Dollar von Osama bin Laden erhalten haben.[26] Das Geld soll über zwei seinerzeit in London ansässige Al-Qaida-Mitglieder übergeben worden sein, Abu Mussab al-Suri und Abu Baschir, mit richtigem Namen Schekh Abdulmunim Mustafa Abu Halimah. Dieser Jordanier hat mehrere Schriften veröffentlicht, die für Fundamentalisten zu einer juristischen Quelle erster Ordnung zählen, etwa *Gesetz über die Rechtmäßigkeit, sich polytheistischer Besitztümer zu bemächtigen, Gesetze der Buße* und *Idol*. Er ist auch der Verfasser von *Geeignete Antworten auf die Fragen der Ausländer in Kurdistan*.[27] Neben den Sunniten Schekh al-Maqdissi und Schekh Abu Qatada ist Abu Baschir einer der Hauptideologen der Dschihad-Kultur. Auf sie als religiöse Referenz berufen sich die wichtigsten fundamentalistischen Bewegungen weltweit.

Der zweite Mittelsmann ist kein Unbekannter. Abu Mussab al-Suri, mit richtigem Namen Mustafa Setmariam Nassar, ist 1958 in Aleppo in Syrien geboren. Er besitzt die spanische Staatsangehörigkeit und hält sich auch mehrere Jahre in Spanien auf, wo er regelmäßig Kontakt zu den Mitgliedern der dortigen Al-Qaida-Zelle hat. Deren Anführer Abu Dahdah, der ehemalige Chefredakteur des GIA-Organs *Al-Ansar* und Mitglied der Muslimbruderschaft, lässt sich 1995 in London nieder und fungiert dort als rechte Hand des bereits erwähnten Abu Qatada, der seinerseits bei Al-Qaida und im Netzwerk Sarkawis aktiv ist. 1997 geht er mit seiner Familie nach Afghanistan, wo er ein von bin Laden kontrolliertes Trainingslager leitet. Dieser beauftragt ihn, sich alle verfügbaren Informationen über angereichertes Uran zu beschaffen und Proben davon zu besorgen.[28] Laut Angaben der spanischen Nachrichtendienste soll al-Suri 1996 ein Mitglied der Hamburger Terrorzelle aufgesucht haben. In Begleitung von Mohammed Bahaiah, dem wichtigsten Kurier der Organisation in Spanien und Schwager eines von Osama bin Ladens Kadern, habe er diesen auch persönlich getroffen. Die italienischen Nachrichtendienste geben an, Abu Mussab al-Suri sei nach dem Sturz des afghanischen Taliban-Regimes in den Irak gegangen und arbeite seither gemeinsam mit Abu Mussab al-Sarkawi am »Widerstand«.[29]

Am 10. September 2001 geht bei der in London erscheinenden arabischen Zeitung *Al-Scharq al-Awsat* die erste Mitteilung von den *Dschund al-Islam* ein. Darin wird verkündet, die Gruppe habe sich »jahrelang mit der militärischen Ausbildung beschäftigt« und die Zeit sei gekommen, »bestehenden Gruppierungen und Parteien in Irakisch-Kurdistan den Dschihad zu erklären und sie zu bekämpfen, um sicherzugehen, dass sie sich nicht der Gebiete bemächtigen, die unter islamischer Kontrolle sind«. Der Mitteilung ist ferner zu entnehmen, dass die Gruppe Kontakt zu »mehreren islamischen Persönlichkeiten im Ausland aufgenommen hat, bevor der Dschihad ausgerufen wurde«.[30]

Die *Dschund al-Islam* haben ihren Stützpunkt in Kurdistan im Umfeld der Dörfer Tawilah und Biyara, nordöstlich Halabja in der Grenzregion zu Iran, die als das »Tora-Bora Kurdistans« bezeichnet wird. Die Organisation zählt vor allem afghanische Araber zu ihren Mitgliedern, die in den neunziger Jahren zu Al-Qaida gestoßen sind. Im Grunde erscheint sie von Anfang an wie eine Wucherung der Taliban-Bewegung. Tatsächlich teilen diese »kurdischen Taliban« die Vorstellungen ihrer afghanischen Gefährten voll und ganz. Ihr Hauptziel ist es, »das islamische Gesetz im Alltag zu praktizieren«, indem »die Gesetze von Demokraten und Konformisten oder jedes andere Gesetz der Ungläubigen ausgelöscht« wird.[31] Die *Dschund al-Islam* rufen dazu auf, sich strikt an die in Saudi-Arabien gültige wahhabitische Doktrin zu halten.

Ende 2001 erstellt das islamische Komitee der *Dschund al-Islam* eine Liste mit Regeln, die es einzuhalten gelte. Dort heißt es in ungeordneter Reihenfolge: »Frauen müssen verschleiert gehen, wenn sie das Haus verlassen, und sie dürfen nicht allein in eine andere Stadt reisen«; »Fotografien von Frauen sind überall verboten, in Geschäften, im Stadtzentrum, in Autos …«; »es ist verboten, Musik und Lieder anzuhören, es ist verboten, Musikinstrumente zu importieren und zu verkaufen«; »nicht-islamische Güter wie das Fernsehen und Satellitensender sind verboten«.[32]

Aus ihrer Allianz mit den arabischen Dschihadisten und der Unterstützung, die der Gruppe zuteil wurde, machen die *Dschund al-Islam* kein Geheimnis. So erklärte ihr Sprecher 2001: »Wir haben uns mit unseren Mudschahidin-Brüdern verbündet. Wir haben Kenntnisse in Religionsfragen und bei der Handhabung von Waffen erworben und sind übereingekommen, dass die Lösung darin liegt, die Fahne des Dschihad wieder hochzuhalten.« Er fährt fort: »Dank unserer Mudschahidin-Brüder haben wir unsere Kinder in der Kunst der Kriegführung unterwiesen.«[33] Die Gruppe bringt sogar ein Mitteilungsblatt mit dem vielsagenden Titel *Aufruf zum Dschihad in Kurdistan* heraus.

Die meisten Anschläge auf die UPK, zu denen die *Dschund al-Islam* sich ab September 2001 bekennen, werden von »arabischen Afghanen« ausgeführt, die in Afghanistan gekämpft haben. Mindestens 50 Al-Qaida-Mitglieder sollen sich den – aus insgesamt rund 500 Männern bestehenden – bewaffneten Milizen der *Dschund al-Islam* gleich im September 2001 angeschlossen haben.[34] Auch ihre Zugehörigkeit zu Al-Qaida verhehlt die Gruppe nicht. In einem weltweiten Appell an die Mudschahidin, in Kurdistan den Dschihad zu führen, heißt es beispielsweise:

»Eure Brüder von den *Dschund al-Islam* haben sämtliche Vorbereitungen [...] zur Handhabung von Waffen und Kommunikationsmitteln beendet. In dieser Phase haben wir von den Ideen und der Erfahrung verschiedener Gelehrter und Führer profitiert [...]. Mit Hilfe Allahs –

Friede sei mit ihm – haben wir unser militärisches, religiöses und organisatorisches Fundament vollendet. Jetzt sind wir bereit, den Islam und die Muslime gegen weltliche Herrscher und ihre jüdischen und christlichen Oberhäupter zu verteidigen. Dieser Kampf ist im Sinne Allahs – Friede sei mit ihm – gegen sie gerichtet. Und dieser Kampf geht weiter, bis der Islam über die Völker herrscht und wir die Feinde der Muslime eigenhändig bestraft haben.«[35]

Die Islamistengruppe weiß sich begleitet »vom Gebieter Osama [bin Laden]« und »all jenen, die dem Islam nahe stehen und Feinde derjenigen sind, die sich Allah – Friede sei mit ihm – entgegenstellen«. Die *Dschund al-Islam* bekennen sich offen dazu, Beziehungen »zu Iran, zum Irak und zu Osama bin Laden« zu unterhalten, den »Feinden der Amerikaner«.[36]

Doch scheint niemand von dieser kleinen Talibanfraktion Kurdistans Notiz zu nehmen, deren militärische Erfolge und politisches Potential heruntergespielt werden. Mullah Abdul Aziz, der die islamistische Fackel seines Vaters Othman Abdul Aziz seit dessen Tod im Jahr 1999 weiterträgt, unterstreicht: »Wir sind der Ansicht, dass diese Bewegung und das von ihr vermittelte Gedankengut in Kurdistan keine Zukunft haben [...]. Ihre Mitglieder sind wenige an der Zahl [...] und setzen sich aus jungen Kleinkriminellen zusammen.« Dieser Ansicht ist auch der PUK-Vorsitzende Dschalal Talabani: »Die Bewegung wird in Kurdistan keinerlei Rückhalt für ihren politischen Kampf finden.«[37]

Die *Dschund al-Islam*, die fernab der politischen Bühne Kurdistans agieren, unterscheiden sich von den sonstigen Kräften dort durch ihr militärisches Vorgehen und überraschen mit ihrer rhetorischen wie militärischen Durchschlagskraft. Einige führende Vertreter der *Islamischen Be-*

wegung in Irakisch-Kurdistan werden sich dessen auch bald bewusst. Auf Initiative des noch unbekannten Militärchefs Faradsch Ahmed Nadschmuddin alias Mullah Krekar, des ehemaligen Schülers Abdullah Azzams in Pakistan und Mentors Osama bin Ladens[38], wird die Spaltung in Gang gesetzt, und so werden die *Dschund al-Islam* im Herbst 2001 zum Hauptanziehungspunkt für die Islamisten Kurdistans.

Kriegsherr in Kurdistan

Der 1956 in Suleimani in Irakisch-Kurdistan geborene Mullah Krekar studierte zwei Jahre lang in Teheran Soziologie und ließ sich 1985 in Karatschi nieder. An der dortigen Universität für Islamstudien lehrte er bis 1988 Jura und Islamische Geschichte. Der Ehemann einer ehemaligen Kommunistin, die zum Islam konvertierte, hat vier Kinder, die nach Büchern von Said Qutb benannt sind, dem spirituellen Vater der ägyptischen Muslimbruderschaft.[39]

Der in seinem Gebaren an Rasputin erinnernde bärtige Hüne wird von denen, die ihn im Irak erlebt haben, als machthungriger Mensch beschrieben, der seinen Männern erbarmungslose Befehle erteilte. Ein Kurdenführer sagt von dem ausgezeichneten Redner, er habe während seiner Predigten zum Freitagsgebet »seine gesamte Zuhörerschaft zum Weinen bringen« können.[40]

Ab 1988 soll Mullah Krekar in Peschawar eine Empfangsstätte für kurdische Kämpfer eingerichtet haben, die an die afghanische Front ziehen wollten.[41] Gleichzeitig soll er in einem Al-Qaida-Trainingslager in Afghanistan militärisch ausgebildet worden sein.[42] Letzteres hat Mullah Krekar nie bestätigt, doch hat er eingeräumt, bin Laden 1988 bei einem Abstecher ins afghanische Grenzgebiet getroffen zu haben.[43]

Im Juni 1988 schließt er sich der *Islamischen Bewegung Kurdistan* (*Hereketa Islamiya Kurdistan,* HIK) an. 1992 wird er zum Chef von deren militärischem Arm ernannt, bevor er 1995 Planungs- und Entwicklungsleiter der Gruppe wird. In der Folge richtet er mehrere militärische Trainingscamps in Kurdistan ein sowie eine »Militärakademie« zur Betreuung der neuen Rekruten. Parallel dazu entwickelt er Netzwerke zur Unterstützung der HIK in Europa und versucht durch vermehrte Kampagnen in den Niederlanden, in Norwegen, Großbritannien und Deutschland, Gelder aufzutreiben.[44] Der Mann, der sich gern als muslimischer Intellektueller (oder gar Dichter) gibt und der in der Tat über zwanzig Schriften herausgebracht hat, wirkt damals wie ein echter Militärchef, der mit umgehängter Kalaschnikow persönlich die Ausbildung kurdischer Islamisten leitet.

Zu dem Friedensabkommen, das die HIK und die *Patriotische Union Kurdistans* (PUK) von Dschalal Talabani 1997 unterzeichnen, kann er sich nicht durchringen, und so beschließt er im gleichen Jahr, abseits der HIK die *Islamische Union Kurdistans* zu gründen. Sie hat ihren Stützpunkt in der Stadt Irbil in dem Gebiet, das die *Demokratische Partei Kurdistans* unter Massud Barsani kontrolliert, einem Verbündeten Irans. Später lässt er sich im Dorf Golpe nahe der Stadt Khurmal nieder.[45] Mullah Krekar hält unterdessen weiterhin engen Kontakt zur HIK und weigert sich auch stets, die Bewegung zu verurteilen.

Im Oktober 2001 kommt es im Hinblick auf einen Zusammenschluss mit den *Dschund al-Islam* zu intensiven Verhandlungen zwischen den verschiedenen islamistischen Gruppierungen Kurdistans. Stein des Anstoßes ist in der Regel die Verteilung der Posten und die heikle Frage der Führungsrolle. Die *Dschund al-Islam* befinden sich in einer Position der Stärke. Ein Bündnis mit der *Dschamaa Islamijah* scheitert zum damaligen Zeitpunkt an den von den *Dschund al-Islam* gestellten Ansprüchen: Die Gruppe verlangt Garantien für die Sicherheit ihrer aus dem Ausland stammenden arabisch-afghanischen Kämpfer und will militärische Verantwortung ausschließlich Afghanen übertragen.[46]

Ab November 2001 zeigt Mullah Krekar offen seine Sympathie für die *Dschund al-Islam,* die er als »wahre Mudschahidin« bezeichnet. In einer Rede vor seinen Anhängern huldigt er auch Osama bin Laden und macht keinen Hehl mehr daraus, dass eine große Allianz der Dschihadisten-Parteien Kurdistans seinem Wunsch entspräche.[47] Die HIK tut daraufhin öffentlich ihre Befürchtung kund, die *Dschund al-Islam* könnten zum eigenen Nutzen die unmögliche Einheit der islamistischen Bewegungen herbeizuführen versuchen.[48] Im Dezember 2001 beschließt Mullah Krekar, ein Bündnis mit den *Dschund al-Islam,* Kurdistans größter Bewegung afghanischer Araber, einzugehen, die sich fortan als die wichtigste islamistische Miliz in der Region behaupten.

So tritt Ende 2001 eine uneinheitliche Gruppe in Erscheinung, die aus der Verschmelzung der *Dschund al-Islam* mit den abgespaltenen Bewegungen der HIK hervorgegangen ist. Diese Organisation wird von Militärchefs beherrscht, die aus Afghanistan kommen, steht ideologisch aber gleichermaßen unter dem Einfluss der salafistischen Strömung wie der Muslimbruderschaft. In der Tat unterscheidet sich die Ideologie der beiden Gruppen *Dschund al-Islam* und *Ansar al-Islam* so wenig voneinander, dass ihre Websites 2001 praktisch identisch sind und Mullah Krekar abwechselnd beide Organisationen nennt, wenn er darauf zu sprechen kommt, welche Überzeugungen *Ansar al-Islam fi Kurdistan* (»Anhänger des Islam in Kurdistan«), die neue Organisation, hinsichtlich der Lehre vertreten.[49] Ein von Mullah Krekar unterzeichnetes Dokument, das auf den 3. September 2002 datiert ist, wird von der niederländischen Polizei im selben Jahr in den Koffern des in Amsterdam verhafteten Anführers der *Ansar al-Islam* sichergestellt. Darin ist von der Entstehung und der Bestimmung seiner Organisation die Rede: »*[Ansar al-Islam]* sind weder regional noch ethnisch […], sie gründen sich auf die Gesetze des Islam und bereiten auf den Dschihad vor. […] Ihr Ziel ist die Wiedereinführung des Kalifats, und daran arbeiten sie in 76 verschiedenen Regionen und insgesamt 56 Nationen.«[50]

Dem Beispiel der *Dschund al-Islam* folgend, berufen sich die *Ansar al-Islam* in ihrer Propaganda auf die Muslimbruderschaft, namentlich auf deren Gründer Hassan al-Banna und einen ihrer religiösen Führer, Jussuf al-Waradawi. Auch Osama bin Laden und dessen 1989 ermordeter Mentor Abdullah Azzam gelten als Referenz. Ferner verbreiten *Ansar al-Islam* die Schriften von »Professor« Omar Abdul-Rahman, der wegen seiner Beteiligung an den Anschlägen auf das World Trade Center von 1993 in den Vereinigten Staaten zu lebenslanger Haft verurteilt wurde, und die des Jordaniers Abu Mohammed al-Maqdissi, des mehrfach erwähnten Mentors von Abu Mussab al-Sarkawi.[51]

Am 10. Dezember 2001 setzt sich Mullah Krekar an die Spitze der *Ansar al-Islam* und ihrer drei Dschihadisten-Untergruppierungen, der *Dschund al-Islam,* der kurdischen *Hamas* und der Bewegung *Al-Tawhid*. Die Organisation besteht aus einem Emir (Mullah Krekar), dem zwei Stellvertreter zur Seite stehen, ferner einem Militärkomitee, einem Religionsrat, einem islamischen Gericht und einem Sicherheitsrat. Die *Ansar al-Islam* richten schon bald mehrere Trainingslager in der Gegend von Biyara, in Sargat und Khurmal ein, darunter auch Lager für Kinder, in denen die religiöse und die militärische Erziehung miteinander kombiniert werden. Die Organisation greift auf Guerillas zurück, um die traditionellen Organisationen Kurdistans zu bekämpfen. Selten bedienen sich ihre Kader moderner Kommunikationsmittel, denen sie menschliche Boten vorziehen.

Ansar al-Islam haben sich zu zahlreichen Aktionen gegen ihren Hauptrivalen, die *Patriotische Union Kurdistans* (PUK) von Dschalal Talabani, bekannt, insbesondere auch zu dem versuchten Anschlag auf den kurdischen Premierminister Barham Salih, ein Mitglied der PUK, im April 2002, oder den heftigen Gefechten rund um Halabja im Dezember 2002, bei denen in den Reihen der PUK über hundert Menschen zu Tode kamen. Die Aktionen kulminierten in der Zerstörung des PUK -Hauptquartiers am 2. Februar 2004 und einer Selbstmordattacke mit mehr als 100 Opfern. Ende 2001 haben *Ansar al-Islam* ihr Hauptaugenmerk jedoch darauf gerichtet, die aus Afghanistan fliehenden Dschihadisten um sich zu scharen.

Schon 1997 hat sich Mullah Krekar offen zu seinen Dschihad-Freunden bekannt. In einem Interview erklärt er, es sei »zwingend, die Dschihadisten-Bewegungen in der Welt zu unterstützen, auch wenn sie uns nicht unterstützen«.[52] Er selbst sollte weit über die irakischen Grenzen hinaus rekrutieren; seine Kämpfer stammen aus Marokko, Palästina und Jordanien. Sie werden von Al-Qaida in Afghanistan ausgebildet, und der Kontakt zu Sarkawi kommt nur über einen seiner Leutnants zustande, Abu Abdul-Rahman al-Schami, jenen Jordanier, der schließlich bei Kämpfen mit der PUK Ende 2002 ums Leben kommt.[53]

Die Finanzierung der Organisation läuft über mehrere Quellen. Neben den anfänglichen Zuwendungen Osama bin Ladens, die für die Gründung *Dschund al-Islam*s bestimmt sind,[54] kann Mullah Krekars Gruppierung auf Gelder zurückgreifen, die in Pakistan und Europa bei Kampagnen für die islamistische Sache in Kurdistan gesammelt werden; diesbezüglich wird man vor allem in britischen und deutschen Moscheen aktiv. Finanzielle Hilfe geht auch über einige karitative Organisationen in der Golfregion ein, wie die in Saudi-Arabien gegründete Weltvereinigung der muslimischen Jugend (*World Assembly of Muslim Youth,* WAMY), die schon nach kürzester Zeit in Verdacht steht, Verbindungen zu Terrororganisationen zu unterhalten. Die bereits erwähnte saudische *International Islamic Relief Organization* (I'IRO), Zweig der von der Muslimbruderschaft, genauer gesagt von Hassan al-Bannas Sohn Said Ramadan, gegründeten Islamischen Weltliga *(Muslim World League)* ist einer der rührigsten Geldgeber der kurdischen Islamisten. Im Laufe der letzten fünf Jahrzehnte hat die I'IRO in Kurdistan über zehn Moscheen errichtet. Nach Angaben von Mullah Sadiq, dem ehemaligen Finanzchef der Islamischen Bewegung Kurdistans, soll sie den kurdischen Islamisten seit 1994 20 Millionen Dollar überwiesen haben.[55]

Ansatzweise haben die *Dschund al-Islam* und ihre Nachfolger, die *Ansar al-Islam,* jedoch auch die lokale Wirtschaftstätigkeit angestoßen. So wurde ein Vertriebsnetz für den Import von Treibstoff und Zement aus Iran und deren Weiterverkauf im Irak aufgebaut. Darüber hinaus nehmen die Dschihadisten Steuern für Waren ein, die durch die von ihnen kontrollierte Grenzregion befördert werden.[56] Diese beachtliche finanzielle Ausstattung macht *Ansar al-Islam* zu einer Bewegung, die, auch ohne von den Nachbarstaaten wirklich anerkannt zu sein, in der militärischen und politischen Szene der Region Gewicht hat.

Mullah Krekars Verbindungen zur Führungsriege von Al-Qaida sind auch schon lange bekannt. So erklärte er im Jahr 2000 gegenüber einer kurdischen Zeitung, bin Laden sei »die Krone auf [dem Haupt] der islamischen Nation«.[57] Nach Aussage eines ehemaligen Mitglieds des Terrornetzes *Ansar al-Islam,* aufgenommen von einem europäischen Nachrichtendienst, hat sich Mullah Krekar im Jahr 2000 in Teheran auch mit Ajman al-Sawahiri getroffen.[58] 2002 hat er ferner zugegeben, Osama bin Laden und Ajman al-Sawahiri in Afghanistan getroffen zu haben, und erklärte ferner, er sei in der Vergangenheit »mehreren muslimischen Denkern wie Osama bin Laden und seinem Stellvertreter Aiman al-Sawahiri begegnet, die wirklich gläubige Muslime sind«.[59] 2003 beteuert er, Osama bin Laden sei »ein guter Mann. [...] Er hat sein ganzes Leben und Geld der Lehre von Allah verschrieben.«[60] Diese Informationen werden anhand von italienischen Gerichtsunterlagen bestätigt, nach denen Mullah Krekar »gegenüber norwegischen Behörden zugegeben [hat], er habe während seines Aufenthaltes in Pakistan Osama bin Laden, Abdullah Azzam und Aiman al-Sawahiri getroffen«.[61] Am 1. November 2001 soll *Ansar al-Islam* Osama bin Laden sogar für die Aufnahme einer vom Sender Al-Dschasira verbreiteten Botschaft empfangen haben.[62]

Bei einem Interview für die saudische Tageszeitung *Al-Scharq al-Awsat* im Jahr 2003 berichtet Mullah Krekar von seiner ersten Begegnung mit dem Anführer von Al-Qaida um die Jahresmitte 1988: »Das Treffen fand in einer Villa in Hayatabad in der Nähe von Peschawar statt. Die Villa gehörte einem saudischen Prinzen, und Osama bin Laden befand sich in Begleitung von sieben saudischen Würdenträgern.« Nach Mullah Krekars eigener Auskunft habe er erst, als die Begegnung schon eine Stunde dauerte, realisiert, dass derjenige, der da mit »sanfter Stimme« zu ihm sprach, kein anderer als bin Laden war. Bei der Begegnung sei es angeblich darum gegangen, »Gelder für die Familien der Opfer der irakischen Giftgasangriffe auf Halabja im März 1988 aufzutreiben«.[63] Er habe dem saudischen Prinzen eine Mappe mit Aufnahmen von den Bombardierungen Halabjas überreicht.

Er habe auch versucht, Schekh Abdullah Azzam davon zu überzeugen, sich für die kurdische Sache stark zu machen und Gelder für die Opfer von Halabja zu sammeln. Nach seiner Aussage soll Abdullah Azzam tatsächlich versucht haben, in den Golfstaaten Gelder aufzutreiben, jedoch vergeblich, und zwar wegen der großen Popularität, die Saddam Hussein damals in den arabischen Ländern genoss.

Ungeachtet all dieser Erklärungen hat Mullah Krekar 2002 behauptet, seine [angeblichen] Verbindungen zu Al-Qaida entbehrten jeder Grundlage.[64]

Nach Auskunft des jordanischen Geheimdienstes hat Abu Mussab al-Sarkawi 2002 in Kurdistan persönlich Mullah Krekar und Abu Abdullah al-Schafi'i getroffen, den Gründer von *Dschund al-Islam,* der fortan Mullah Krekars Stellvertreter war. Bei dieser Gelegenheit besiegelten die beiden Führer der *Ansar al-Islam* ihr Bündnis und beschlossen, ihre Mittel zusammenzulegen, insbesondere Waffen und Sprengstoffe. An dem Treffen nahmen auch mehrere Jordanier teil, Mitglieder des Sarkawi-Netzwerks, darunter Issaf Abdullah al-Nussur, Schihadah Nadschi Schihadah al-Kilani, Mohammed Ratib Ibrahim Quteischat, Mundhir Abdul-Latif Jussuf Schamma und Omar Izzeddin Issam al-Uteibi.

So haben Sarkawis Anhänger ab Herbst 2002 auch Zugang zu dem Arsenal und den wichtigsten Militärstützpunkten der *Ansar al-Islam.* In einem handsignierten Text vom 3. September 2002 listet Mullah Krekar das Waffeninventar der *Ansar al-Islam* auf: »Wir besitzen eine 155-mm-Kanone, rund tausend Bomben aus iranischer Produktion, die wir günstig erworben haben, sowie weitere Bomben, in deren Besitz wir nach dem letzten Krieg zwischen dem Irak und Iran gekommen sind. [...] Wir haben auch Tunnel und Keller gebaut, um uns vor möglichen Luftangriffen zu schützen [...] für den Fall, dass es Angriffe seitens der amerikanisch-britischen Koalition geben sollte.«[65] Sarkawis Männer trainieren vor allem im Lager von Khurmal an der iranischen Grenze im Distrikt Halabja, das noch im selben

Jahr in eine Versuchs- und Produktionsstätte für chemische Waffen umgewandelt wird.[66] Für die militärische Ausbildung ist der Jordanier Ahmed Mahmud Sali al-Rijati zuständig, der im März 2003 vom US-Militär festgenommen und an die jordanischen Behörden ausgeliefert wird.[67] Über den Betrieb des Chemielabors in Khurmal wacht fortan Abdel-Hadi Daghlas.[68]

Ende 2002 bewegen sich Sarkawi und seine Anhänger regelmäßig zwischen Bagdad und dem Grenzgebiet zu Iran. Schließlich verhaften die stutzig gewordenen irakischen Behörden zwischen Ende 2002 und Anfang 2003 drei von Sarkawis Leutnants,[69] von denen vor Beginn der amerikanischen Offensive nur einer wieder freikommt.

Trotz seiner Nähe zu Al-Qaidas langjährigen Anführern sieht Mullah Krekar seine Organisation schon bald von arabischen Afghanen überlaufen. Die Trainingslager werden nach und nach Sarkawis Männern unterstellt, und an die Stelle seiner Militärkommandanten treten afghanische Kämpfer. Die *Ansar al-Islam* werden allmählich ihrer eigentlichen Bestimmung beraubt. Ihr Oberhaupt Mullah Krekar wird am 6. September 2002 in Teheran von den iranischen Behörden verhaftet und nach sechs Tagen in die Niederlande abgeschoben. Bei seiner Ankunft in Amsterdam am 13. September nimmt ihn die niederländische Polizei fest[70] und erhält noch am selben Tag ein Rechtshilfeersuchen aus Jordanien. Dort läuft wegen »Verschwörung mit Tötungsvorsatz« ein Haftbefehl gegen Mullah Krekar.[71] Er wird ferner beschuldigt, gegen das jordanische Betäubungsmittelgesetz verstoßen zu haben.[72] Dem Ersuchen wird nicht stattgegeben. Mullah Krekar bleibt bis zu seiner endgültigen Abschiebung nach Norwegen am 13. Januar 2003 in den Niederlanden in Haft. In Norwegen hatte er 1991 Asyl beantragt, das ihm im Rahmen eines UN-Flüchtlingskontingents auch gewährt worden war. Dort wird er nun erneut verhört und für mehrere Monate inhaftiert, bevor man ihn auf freien Fuß setzt.[73]

Im Zuge von Mullah Krekars Zwangstransit über die Niederlande hat die holländische Polizei einen Terminkalender und ein Adressbuch beschlagnahmt und den Nachweis für seine Verbindung zu Sarkawi erbracht; unter dem Namen »Raschid« ist die Nummer von Sarkawis Satellitentelefon vermerkt.[74]

Ab Ende 2001 stehen die *Ansar al-Islam* de facto unter Sarkawis Kontrolle. Er ist derjenige, der im Wesentlichen für die finanzielle und militärische Ausstattung Sorge trägt und sowohl Rekruten anheuert als auch für Betrieb und Betreuung verantwortlich ist.

Im Februar 2003 schließlich wird Mullah Krekar von den vierzehn Mitgliedern des Religionsrates der *Ansar al-Islam* seines Amtes enthoben. Der Rat unter Leitung von Abu Abdullah al-Schafi'i erklärt, er habe sich von der »Dschihadistentreue«, von der Ideologie und den Methoden der Gruppe abgewandt.[75] Im selben Monat werden die *Ansar al-Islam* von den Vereinigten Staaten offiziell als terroristische Vereinigung eingestuft.[76]

Vom Dschihad hat sich Mullah Krekar, der heute jede Verbindung zum Terrorismus abstreitet, allerdings nicht losgesagt. So erklärt er im November 2003 auf die Frage, ob er möglicherweise in den Irak zurückkehren werde, der Dschihad sei »eine religiöse Pflicht«, und bevor er in seinem norwegischen Refugium »in Vergessenheit gerate, trage ich lieber eine Kalaschnikow«.[77]

Am Vorabend der amerikanischen Offensive im Irak zählen die *Ansar al-Islam* jedenfalls über 600 arabische Kämpfer, die von Abu Mussab al-Sarkawi befehligt werden.

Das Verwirrspiel Teherans

Am 23. März 2003 eröffnet die Koalition ihre Offensive auf die *Ansar al-Islam*. Flugzeuge bombardieren die Hauptbastionen in Biyara und die Dörfer im Tal nahe Halabja. Auf den Einsatz der Luftwaffe folgt der Aufmarsch von rund hundert Mitgliedern amerikanischer Spezialeinheiten und fast 10 000 kurdischer Kämpfer. Nach Angaben der kurdischen Exekutive hat es bei diesem Angriff 180 Tote in den Reihen der *Ansar al-Islam* gegeben; 150 Männer sind gefangen genommen worden.

Die meisten Mitglieder der Organisation fliehen daraufhin nach Iran oder in das »sunnitische Dreieck« nordwestlich von Bagdad. Im Juni 2003 werden die Hauptanführer Abu Abdullah al-Schafi'i, Ajjub Afghani und Abu Wael in der Grenzstadt Sanandaj identifiziert.[78] Keiwan Qader, der von den *Ansar al-Islam* damals für einen Monatssold von 22 Dollar angeheuert wurde, berichtet: »Nach dem Beginn der amerikanischen Offensive im Irak sind wir nach Iran geflohen, wo wir fast einen Monat geblieben sind.«[79] Die Fürsorge Irans für die sunnitischen Islamisten Kurdistans erklärt sich durch den Machtkampf um die Herrschaft in diesem Teil des Irak, der sich schon seit mehreren Jahren dem zentralen Machtbereich der Baath-Partei entzieht.

Iran gewährt der PUK nicht uneingeschränkt Unterstützung; auch Teheran setzt, wenn auch weniger offenkundig, auf die islamistische Karte. Mit dieser Vorgehensweise sichert es sich eindeutige regionale Vorteile. Erstens hat es Iran mit zwei regionalen Konflikten in seinen Grenzgebieten zu tun: einerseits dem kriegführenden Afghanistan (das bis zur Stabilisierung des Taliban-Regimes ab 1996 auch Kriegsgebiet bleibt), und andererseits Kurdistan. Von 1999 an verlagern die Dschihad-Islamisten auf Betreiben von Osama bin Laden ihren Kampf an die kurdische Front. Teheran geht den Weg der wohlwollenden Neutralität. Ferner muss Iran daran gelegen sein, diese sunnitischen Islamisten, die in erster Linie vom saudischen Regime unterstützt werden, im Auge zu behalten. Und schließlich bieten die Islamisten mit ihrem Kampf gegen das Baath-Regime der PUK das, was ihr schmerzlich abgeht: eine gut ausgebildete, durchtrainierte Armee unter der Leitung kampferprobter Kriegsherren, die ihre Erfahrungen in Afghanistan gesammelt haben.

Sehr rasch versucht Iran, einen Modus Vivendi für die verschiedenen islamistischen Gruppierungen einerseits und die PUK andererseits zu finden. Bei zahlreichen Gelegenheiten schaltet er sich als Mittler ein und empfängt bereitwillig offizielle Delegationen der *Ansar al-Islam,* namentlich Mullah Krekar, der selbst in Iran gelebt hat, bevor er sich in den Dienst diverser Dschihadisten-Bewegungen stellte.

Bisweilen wird sogar behauptet, die *Ansar al-Islam* seien eine vom iranischen Regime instrumentalisierte Bewegung. Zwar ist diese Hypothese bislang nicht verifiziert, doch sprechen mehrere irritierende Fakten für eine solche Analyse. So hatte die Bewegung *Dschund al-Islam* Persisch als Amtssprache eingeführt und auch ihre Mitteilungen auf Persisch verfasst.[80] Teheran dagegen leugnet jede Unterstützung der *Ansar al-Islam* und hat den bei den amerikanischen Bombardierungen im März 2003 verletzten Anhängern der Gruppe sogar offiziell den Zutritt zu seinem

Hoheitsgebiet verwehrt. Zu dieser öffentlichen Kehrtwende kam es allerdings erst in jüngster Zeit im Zuge der von Washington eingeschlagenen härteren Gangart gegenüber dem iranischen Regime.

Ab 1991 hat die strategische Linie Irans, sich zu Lasten der diplomatischen Logik den territorialen Zugriff auf Kurdistan zu sichern, dazu geführt, dass das Land den Islamisten nicht mehr nur gelegentlich die Durchreise oder heimliche Hilfestellung gewährte, sondern sich für manche Terroristennetze, wenn nicht zum Refugium, so doch zu einer rückwärtigen Basis entwickelt hat.

Der unabhängige US-Untersuchungsausschuss zu den Anschlägen vom 11. September 2001 hat auf der Grundlage der Verhöre mehrerer Al-Qaida-Anführer, darunter Tawfiq bin Attasch, zutage gefördert, dass das iranische Regime nach dem Anschlag auf das Kriegsschiff »USS Cole« im Oktober 2000 die Nähe zu Osama bin Laden gesucht hat. In dem Zusammenhang weist der Ausschuss darauf hin, dass Iran »Al-Qaida-Mitgliedern regelmäßig Erleichterungen auf ihrem Weg von oder nach Afghanistan verschafft hat«. Die Grenzbeamten »sollen die Direktive erhalten haben, das Visum nicht im Pass selbst anzubringen«, sondern auf einem zusätzlichen Formular, so dass es keinen Hinweis auf die Durchreise durch Iran gäbe. Von dieser Maßnahme profitierten in erster Linie die saudischen Mitglieder des Terrornetzwerks.[81]

Die Kommission kommt zu dem Schluss, es gebe »handfeste Beweise dafür, dass Iran Al-Qaida-Mitgliedern die Durchreise von oder nach Afghanistan erleichterte, darunter auch künftigen Terroristen des 11. September«. Und in der Tat sind zwischen Oktober 2000 und Februar 2001 acht bis zehn der in die Anschläge vom 11. September verwickelten Terroristen über Iran gereist.[82]

Anfang des Jahres 2002, wenige Wochen nach dem Beginn der Militäroperationen gegen Afghanistan, erklärt der amerikanische Verteidigungsminister Donald Rumsfeld, Teheran habe den Aufenthalt von Al-Qaida-Mitgliedern und Taliban auf seinem Staatsgebiet geduldet. Der Sprecher des iranischen Außenministeriums, Hamid Resa Asefi, erwidert mit der Behauptung, Iran habe »sämtliche Ausländer, die Verbindungen zu Al-Qaida unterhielten oder solcher Verbindungen verdächtigt wurden, in ihre Heimatländer abgeschoben«.[83]

Dennoch ließen die jordanischen Behörden am 1. September 2003 offiziell verlauten, Teheran habe dem Auslieferungsantrag für Abu Mussab al-Sarkawi, der 2002 auf seiner Flucht nach Irakisch-Kurdistan von den iranischen Behörden vorübergehend festgesetzt wurde, nicht stattgegeben. Zur Begründung habe man angeführt, Sarkawi sei in Besitz eines syrischen Passes gewesen und habe nicht nach Jordanien ausgeliefert werden können.[84] Um in seiner Bewegungsfreiheit nicht eingeschränkt zu sein, ist Sarkawi im Besitz zahlreicher gefälschter Pässe, darunter je ein britischer, libanesischer, jordanischer, iranischer und jemenitischer.[85]

Nach Auskunft der deutschen Nachrichtendienste findet Sarkawi, wie erwähnt, nachdem er bei der amerikanischen Offensive in Afghanistan verletzt worden ist, am 5. Januar 2003 Unterschlupf im iranischen Meschhed, wo er auch behandelt wird. Er bleibt bis April 2002 in Iran und koordiniert von dort aus den Rückzug der Mitglieder seines Netzes nach Kurdistan. Dann soll er sich nach Teheran und von dort nach Zahedan im Süden des Landes begeben haben. Seine Inhaftierung durch die iranischen Behörden sei nur von kurzer Dauer gewesen. Gegenüber einem seiner Kontaktleute in Deutschland gibt er an, mehrere seiner »Brüder« seien in Teheran verhaftet worden, aber sein eigener Stellvertreter stellt klar, Sarkawi habe während dieser gesamten Zeit »unter dem Schutz des iranischen Regimes und der Gruppe von Hekmatjar« gestanden.[86]

Auf der Basis der Geständnisse des Jordaniers Ahmed Mahmud Salih al-Rijati, der im März 2003 von Einheiten der Koalition verhaftet wurde, hat das jordanische GID bestätigt, dass sich 2003 praktisch sämtliche Anführer des Sarkawi-Netzes in Iran aufhielten.[87]

2003 werden die Anschuldigungen der Vereinigten Staaten gegenüber Iran direkter und präziser. Donald Rumsfeld erklärt, dass Iran »mehreren führenden Köpfen von Al-Qaida Unterschlupf gewährt«. Unter dem Druck der Amerikaner muss Teheran im Juli 2003 einräumen, dass etliche Mitglieder des Terrornetzes verhaftet wurden, von denen einige auch in ihre Heimatländer ausgeliefert worden sind. Der iranische Informationsminister Ali Junesi führt an: »Bei uns sitzen etliche andere, mehr oder weniger wichtige Mitglieder des Terrornetzwerks von Osama bin Laden in Haft.«[88]

Aus mehreren Quellen geht hervor, dass Saif al-Adel, einer von Al-Qaidas Anführern, und Sa'ad bin Laden, einer der Söhne Osama bin Ladens, sich in Iran aufhielten; Letzterer soll unter dem Schutz einer iranischen Militäreinheit gestanden haben. Die iranische Regierung hat diese Anschuldigungen auf das Schärfste zurückgewiesen, dabei jedoch eingeräumt, dass es unmöglich sei, die insgesamt 1900 Kilometer lange Grenze, die Pakistan und Iran von Afghanistan trenne, zu kontrollieren, und »einige Al-Qaida-Elemente in Iran eingedrungen sein [könnten]«.[89]

Im Oktober 2003 legt Teheran dem UN-Sanktionskomitee eine Liste mit den Namen von 225 Verdächtigen vor, die seit dem Beginn der amerikanischen Offensive in Afghanistan verhaftet und ausgeliefert wurden, von denen jedoch keiner auf der Liste der als Terroristen bezeichneten und von der UNO gesuchten Personen auftaucht. Die iranische

Regierung hat hervorgehoben, dass innerhalb von nicht einmal zwei Jahren über 2300 Personen versucht hätten, illegal in Iran einzureisen, und an die pakistanische Grenze zurückgebracht worden seien.[90] Später dann, Anfang 2004, bekundet die iranische Regierung ihre Absicht, mehrere Al-Qaida-Mitglieder vor Gericht zu stellen, obwohl aus mehreren Ländern, darunter auch den Vereinigten Staaten, Auslieferungsanträge vorliegen.[91] Der US-Zivilverwalter im Irak, Paul Bremer, sprach seinerseits im Mai 2004 von »irritierendem« Treiben Irans im Irak.

Im Kreuzpunkt regionaler Konflikte sitzt Iran durch seine Zugeständnisse an die Islamisten Afghanistans und Kurdistans in der eigenen Falle.

So wenden sich die Dschihadisten am Vorabend der amerikanischen Offensive im Irak dem Iran zu, entschlossen, den amerikanischen Feind zu bekämpfen. Fast das gesamte Netzwerk Sarkawis befindet sich zum damaligen Zeitpunkt in Iran, wie einer von seinen Leutnants später bestätigt.[92]

Tawhid wal-Dschihad

Die amerikanische Offensive gegen den Irak im März 2003 markiert einen Wendepunkt für die islamistischen Bewegungen Kurdistans, die bei der Gelegenheit ihre Absichten und ihre wahre Natur offenbaren. Im Juni veröffentlicht der Religionsrat der *Ansar al-Islam* eine Mitteilung und ruft alle »Freiwilligen [auf], sich den *Ansar al-Islam* anzuschließen, um die Amerikaner zu bekämpfen«. In demselben Aufruf droht die Organisation damit, sie werde »Guerillawaffen« einsetzen und trete »den amerikanischen Ungläubigen entgegen, um sie im ganzen Irak auszulöschen«. Dabei weist sie darauf hin, dass sie »Ein- und Ausreisegebiete gesichert haben, um den Nachschub für die Kämpfer zu gewährleisten«.[93] *Ansar al-Islam* ruft auch zu Spenden auf, der, so heißt es, »Kraftquelle des Dschihad«: Die Organisation sei gerade von den Amerikanern bombardiert worden; sie habe ihre »Ausrüstung verloren«, müsse »Waffen kaufen« und Essen für die »Mudschahidin«, die mit ihren Familien aus Kurdistan fliehen müssten.

Im August behauptet Mullah Krekar, dass es zwischen der »amerikanischen Besatzung des Irak und der sowjetischen Besatzung Afghanistans 1979« keinen Unterschied gebe, und hebt hervor, es stehe »außer Zweifel, dass Al-Qaida-Mitglieder an der Ausbildung und der Organisation der Dschihadisten in Kurdistan beteiligt gewesen sind«.[94]

Mit dem Beginn der amerikanischen Offensive im Irak weiten die *Ansar al-Islam* ihre Präsenz auf irakischem Boden aus, im Juni 2003 taucht dazu noch eine neue Organisation auf: *Ansar al-Sunna.* Sie wird von Abu Abdullah Hassan bin Mahmud, dem Bruder Abu Abdullah al-Schamis, geleitet, jenes Sarkawi-Leutnants, der im Dezember 2001 in Kurdistan getötet worden war.[95] Die Gruppe präsentiert sich als »Abspaltungsbewegung« von *Ansar al-Islam,* beruft sich aber stets auf die von Mullah Krekar gegründete Gruppe.

Im September 2003 hebt *Ansar al-Sunna* in einer Mitteilung hervor, dass »der Dschihad im Irak zur Pflicht jedes Muslims« geworden sei.[96] Später ruft die Gruppe zum »Sieg gegen die Vereinigten Staaten« auf und bekennt sich zu mehreren Anschlägen auf die Streitkräfte der Koalition, insbesondere zu dem Selbstmordattentat auf die türkische Botschaft am 14. Oktober 2003 und der Ermordung mehrerer Mitglieder der spanischen Nachrichtendienste am 29. November desselben Jahres.

Die *Ansar al-Islam* beteiligen sich in vollem Umfang an der islamistischen Gegenoffensive, wovon auch die Veröffentlichung des Textes der *Brigaden Abu Hafs al-Masri*[97] auf ihrer Internetseite zeugt, in dem diese sich zu den Madrider Anschlägen vom 11. März 2004 bekennen. Unter der Überschrift »Die Fronten des Kreuzzugs« hat *Ansar al-Islam* diesen Ereignissen übrigens eine Seite ihrer Website gewidmet, auf der auch mehrere Fotos von den Anschlägen zu sehen sind. Eine Videokassette mit Drohungen, die später in den Trümmern der Wohnung gefunden wird, in der mehrere Mitglieder des Madrider Terrornetzes gewohnt hatten, trägt den Stempel *Ansar al-Qaida,* ein Zeichen für die Annäherung zwischen den beiden Organisationen.

Nach ihrer Niederlage infolge der massiven amerikanischen Angriffe in Kurdistan im März 2003 und trotz des

Verlustes von einem Drittel ihrer Leute formieren sich die *Ansar al-Islam* im Irak neu und nehmen ihre Operationen wieder auf. Am 5. September erklärt die Gruppe, es sei ihren Mitgliedern gelungen, »in Nachbarländer zu fliehen« (ein impliziter Hinweis auf Iran), wo sie sich »mit Unterstützung unserer Brüder«, die »die normale Verlängerung unserer Aktion sind«, neu organisiert hätten, um sich von dort aus wieder über das gesamte irakische Staatsgebiet auszubreiten.[98]

Währenddessen verschärfen sich die Spannungen zwischen den verschiedenen bewaffneten Kräften in Kurdistan. Abu Abdullah al-Schafi'i, der Mullah Krekar im Februar an der Spitze der *Ansar al-Islam* ablöst, richtet in einer Mitteilung heftige Angriffe gegen Dschalal Talabani, den PUK-Generalsekretär, dessen Streitkräfte an der Seite der Amerikaner an der Offensive auf die Bastionen der *Ansar al-Islam* im März beteiligt waren. Er prangert auch einige islamische Kurdengruppen an, die sich im Laufe der Offensive wie »Verräter« benommen hätten.

Zu dem Zeitpunkt versucht *Ansar al-Islam* bereits seit Wochen, die Dschihadisten-Gruppen im Irak unter ihrem Banner zu vereinen. Al-Schafi'i hebt hervor, dass die Aktionen der *Ansar al-Islam,* die lange »auf ein schmales, begrenztes Gebiet beschränkt waren, sich jetzt vom Norden bis in den Süden des Irak, vom Osten bis zum Westen seiner Grenzen erstreckt«, und behauptet, es gebe »einen Konsens zwischen den im Land kämpfenden Mudschahidin, dass sie sich uns anschließen«. Al-Schafi'i weist ferner darauf hin, dass die Gruppe sich je nach dem Bündnis, das sie mit anderen Gruppierungen eingehen werde, auch umbenennen könne. Er deutet an, dass dieser Name in naher Zukunft bekannt gegeben werden könne. Darüber hinaus bekennt er sich zu einem Selbstmordanschlag auf die amerikanische Armee, ohne Details zu nennen.

Al-Schafi'i verlangt schließlich, »kein religiöses Oberhaupt der Muslime« solle »Fatwas verhängen, die Operationen gegen die Amerikaner verbieten«. Er bezieht sich auf eine Fatwa, die einige Monate zuvor von einer der religiösen Autoritäten ausgesprochen wurde, auf die *Ansar al-Islam* und vor allem Sarkawi sich berufen, nämlich von dem Jordanier Abu Mohammed al-Maqdissi.

Im April 2003 ist Maqdissi auf Distanz zum Dschihadisten-Widerstand im Irak gegangen und hat die Entsendung »afghanischer Araber« in den Irak verurteilt.[99] In einem überraschenden Bruch mit seinen vorherigen Schriften kritisiert er das Opfer junger Muslime in Kriegen, »mit denen wir nichts zu tun haben«, und erklärt, es sei »einem Muslim verboten, sein Leben dafür hinzugeben, in einem Krieg zwischen zwei Ungläubigen [den Amerikanern und dem Regime Saddam Husseins] den Sieg zu erringen«. Er ruft dazu auf, den »Holocaust« der auf dem Schlachtfeld geopferten Menschenleben zu stoppen. Maqdissi richtet folgende Fragen an die Muslime: »Von welchem Irak redet ihr? Vom Baath-Irak Saddam Husseins [...], der unsere religiösen Führer umgebracht hat [...], der die Muslime in Halabja mit Giftgas ausgerottet hat? [...] Wo wart ihr jedes Mal, wenn die Vereinigten Staaten Israel gegen unsere muslimischen Brüder in Palästina zu Hilfe gekommen sind? [...] Wo wart ihr, als die Flugzeuge der Kreuzzügler Kabul, Gardiz, Herat und Kandahar bombardiert haben?«

Damals sitzt Maqdissi in Jordanien im Gefängnis, und alles deutet darauf hin, dass das GID ihm, der zehn Jahre zuvor bereit war, alle möglichen Waffen, auch chemische, gegen das jordanische Regime und amerikanische Interessen aufzubieten, zu einem Zeitpunkt, da die Amerikaner ihre Offensive gegen das irakische Regime eröffnen, zum Wortlaut seines Textes verholfen hat.

Ein anderer Text, den Maqdissi 2004 im jordanischen

Gefängnis von Qafqafa verfasst, offenbart eine andere und sicherlich authentischere Facette seiner Persönlichkeit. Maqdissi übt offen Kritik an Sarkawis operativer Vorgehensweise: »Manchmal traf er nicht die richtigen Entscheidungen, denn Sarkawi suchte sich Leute aus, die im Dschihad keine Erfahrung hatten.«[100] Doch steht er hinter seinem Kampf im Irak: »Ich füge freimütig hinzu, dass ich an der Seite meines Bruders Sarkawi all dessen Feinden gegenübertrete. [...] Ich weiß von Sarkawi, dass er bereits ist, seine Seele, sein Blut, sein Geld, sein Leben hinzugeben, um seinen Brüdern zu helfen. [...] Gott schütze ihn und bestärke ihn auf dem rechten Weg, er mache es ihm und allen, die mit ihm sind, möglich, *Al-Tawhid* zu helfen.«[101]

Schon Ende März 2003 zeigt *Ansar al-Islam* auf seiner Internetseite Bilder von Leichen amerikanischer Soldaten und verstümmelten Körpern, die von einem Propagandavideo stammen, das ein Al-Qaida nahe stehendes Organ verbreitet.

Am 24. März ruft Thabit bin Qeis, Al-Qaidas neuer Sprecher, die Muslime auf, am »Dschihad gegen die Amerikaner im Irak teilzunehmen«, und weigert sich bei der Gelegenheit, zu den amerikanischen Bombardierungen auf Stützpunkte der *Ansar al-Islam* in Irakisch-Kurdistan Stellung zu nehmen: »Ich habe nicht die Absicht, den Amerikanern aus Gründen der Propaganda einen Gefallen zu tun, was zwangsläufig nur von beschränktem Nutzen für die Aktionen wäre, die die Mudschahidin erfolgreich gegen die Mächte der Arroganz führen.«[102] Die Botschaft ist dennoch unmissverständlich und wird in voller Länge über die Internetseite von *Ansar al-Islam* verbreitet.

Schließlich tritt *Ansar al-Islam* am 15. April 2004 offiziell in den bewaffneten Widerstand gegen die Vereinigten Staaten und ruft die Iraker in einer Mitteilung dazu auf, dem amerikanischen Besatzer mit dem Dschihad zu antworten und die »Bande von Verrätern und Kriminellen« durch das Martyrium und »heroische Taten« zu bekämpfen, die als »vielsagende und tiefe Lektion« für all jene in die Geschichte eingehen werden, die den Islam und die Muslime angreifen wollen. Gleichzeitig bekennt sich die Organisation zu mehreren Attentaten: auf ein Militärflugzeug, auf den Konvoi von Paul Bremer und auf US-General Abizaid. Der Text gipfelt in der Drohung, man werde gegen den amerikanischen Feind auf »sämtliche Waffen [zurückgreifen], die uns zur Verfügung stehen, seien es konventionelle, chemische, nukleare oder bakteriologische«, und kündigt an: »Ihr werdet euch darauf einstellen, noch schwärzere Tage zu erleben als den 11. September 2001.« Als bedürfe es noch deutlicherer Worte, fügt der Sprecher von *Ansar al-Islam* hinzu: »Entschlossen unterstützen wir die Helden, die schwierige Missionen durchführen, wie die Mitglieder der Organisation Al-Qaida, die dem verehrten und mutigen Gefährten und Dschihad-Anführer, dem tapferen Osama bin Laden, unterstehen.«[103] *Ansar al-Islam* wird zum neuen Instrument des Terrors.

Im Herbst 2003 belegen mehrere Fakten, dass Sarkawi eine Annäherung zwischen seinem Netzwerk und dem von *Ansar al-Islam* herbeiführt. So verhaften die amerikanischen Streitkräfte Hussam al-Jemeni, einen von Sarkawis Leutnants, als er in Falludscha als Vertreter der *Ansar al-Islam* auftritt. Am 22. Januar 2004 fassen kurdische Soldaten ein weiteres Mitglied seiner Gruppe in Kurdistan, den Pakistaner und Afghanistan-Veteranen Hassan Guhl, der ein Vertrauter von Osama bin Laden und Khaled Schekh Mohammed ist und die Anschläge vom 11. September 2001 geplant hat. Im Oktober 2003 nehmen die Amerikaner in Mossul auch Aso Hawleri, alias Asad Mohammed Hassan, fest, die Nummer drei von *Ansar al-Islam* und ein Vertrauter Sarkawis. Und am 30. Mai 2004 wird Omar Beisani gefasst, der die Anschläge auf die amerikanische Armee im Irak geplant hat.[104]

Ab Mai 2004 kämpfen die extremistischen Sunnitenbewegungen im Irak um ihr Überleben. *Ansar al-Islam, Ansar al-Sunna, Salafija Dschihahidija,* die *Brigaden Abu Hafs al-Masri* erheben alle Anspruch darauf, als Katalysator innerhalb der Dschihadisten-Gruppen wirksam zu werden. Wie schon in Kurdistan setzt Sarkawi nun auf die Spaltung und Zerstückelung dieser Gruppen, um sich als Einiger an ihre Spitze zu setzen.

Sarkawi beschließt, zum großen Schlag auszuholen, um die verschiedenen aufrührerischen Gruppen dazu zu bewegen, sich zusammenzuschließen. Am 9. April 2004 wird ein 26-jähriger Amerikaner im Westen Bagdads entführt. Am 11. Mai 2004 wird er von Sarkawi hingerichtet. Der Tod Nicholas Bergs steht für den düsteren Gründungsakt dieser von Sarkawi entworfenen »Dschihadisten-Union«. Das Video von dieser Ermordung wird unter der Überschrift »Schekh Abu Mussab Sarkawi tötet einen amerikanischen Ungläubigen« auf einer Internetseite von *Ansar al-Islam* verbreitet. In einer Inszenierung, wie sie seither zigfach wiederholt wurde, stehen Sarkawi und seine Komplizen maskiert hinter einer knienden und gefesselten Geisel, die mit einem orangefarbenen Übergewand bekleidet ist, ähnlich den Gefangenen von Guantánamo. Dann liest Sarkawi oder einer seiner Komplizen einen Text vor, in dem der amerikanische Feind angeprangert wird und die Muslime dazu aufgefordert werden, sich dem Widerstand im Irak anzuschließen. Er, der bis dahin nirgends sonst als in Sarka Krieg geführt hat, erklärt: »Ihr seid der Wortgefechte und der öffentlichen Debatten überdrüssig. [...] Jetzt ist die Zeit gekommen, den Dschihad zu führen und das Schwert, das der Prophet uns geschickt hat, zu erheben.« Er spricht von »Rache«

und schließt folgendermaßen: »Ihr werdet sehen, wie eure kämpfenden Brüder den Kopf dieses Ungläubigen unter einer von Bagdads Brücken aufhängen, damit niemand vergisst, wie wir Ungläubige behandeln. Möge er Zeuge für die Ehre der Muslime sein.«[105] Auf äußerst barbarische Weise wird dann gezeigt, wie die Geisel geköpft wird. Das ist der Beginn einer langen Reihe von Geiselhinrichtungen. Zwei Tage später gibt die von Abu Dadschanah al-Iraqi geleitete Gruppe *Al-Dschamaa al-Salafija* ihren Zusammenschluss mit der soeben von Sarkawi gegründeten Gruppe *Tawhid wal-Dschihad* (Einheit und heiliger Krieg) bekannt.

In einer gemeinsamen, von Sarkawi und al-Iraqi unterzeichneten Mitteilung vom 13. Mai 2004 kommen die beiden Gruppen überein, dass »Teilung Schwächung ist und Einheit, über ihre gesetzliche Notwendigkeit hinaus, eine von den Umständen auferlegte Pflicht. [...] die Krieger des Dschihad und die Ritter des Islam [...] müssen im Schatten der Schwerter und im Staub der Schlachten geeint sein.« Die beiden Organisationen bekräftigen, ihre Basis sei »Tawhid, ihr Weg der sunnitische Salafismus und ihr Mittel der Dschihad«. Von den Mitgliedern von *Al-Dschamaa al-Salafija,* die in ihm »ihren Führer innerhalb der Gruppe *Tawhid wal-Dschihad*« anerkennen«, wird Sarkawi zum Ritter geschlagen.[106] In Anlehnung an den amerikanischen Politikbegriff wird das Bündnis als »ticket« für den Sieg des Dschihad bezeichnet.

Ab November führt *Ansar al-Sunna* mehrere gemeinsame Operationen mit Sarkawis Gruppe durch.[107] *Ansar al-Islam* kann seine Mittel Sarkawi sogar formlos zur Verfügung stellen. Abu Abdullah al-Schafi'i – dessen Name in einem afghanischen Trainingslager in einem Register auftaucht, wo er damals als Leiter der *Islamischen Brigade von Irakisch-Kurdistan* galt – hat den Treueeid auf Osama bin Laden geleistet.[108]

Es ist übrigens kein Zufall, dass Sarkawi den Namen seiner neuen Bewegung der Gruppe *Al-Tawhid* entleiht, die al-Schafi'i leitete, bevor er *Dschund al-Islam* und später zusammen mit Mullah Krekar *Ansar al-Islam* gegründet hat. Aber es sieht so aus, als wolle Sarkawi mit diesem Namen vor allem seinem Mentor huldigen. Tatsächlich existiert die Bezeichnung seit vier Jahren: Maqdissi, der sich ein Jahr zuvor vom Kampf Sarkawis zu distanzieren schien, hat seiner Internetseite den Titel »Tawhid wal-Dschihad« gegeben.[109]

Wie dem auch sei, im Mai 2004 gründet Sarkawi unter der Schirmherrschaft von *Tawhid wal-Dschihad* eine wirkliche »Koalition« aus Dschihadisten-Bewegungen, von denen einige unter ihrem ursprünglichen Namen weitermachen, doch fortan unter Sarkawis Kontrolle. Es sind dies vor allem *Ansar al-Islam, Ansar al-Sunna, Dscheisch Mohammed, Al-Dschamaa Salafija, Takfir wal-Hidschra* und *Dschund al-Scham.*

Terror

Sarkawi ist kein großer Stratege. Gegenüber den amerikanischen »Invasoren« behauptet er sich mit brutaler Gewalt. Seine Koalition hält außer der Barbarei nichts wirklich zusammen, und die Gruppe hat keinerlei politische Perspektive. Sie ist der uneinheitlichen Melange aus »afghanischen Arabern«, die aus Afghanistan geflohen sind, revanchistischen Jordaniern und Kriminellen entsprungen, die frustriert sind, weil sie nicht in Afghanistan, Bosnien oder Tschetschenien gekämpft haben.

Die religiösen Wurzeln von *Tawhid wal-Dschihad* beschränken sich auf die modellhaften Prinzipien der muslimischen Extremisten, angefangen bei Sajjeb Qutb, dem ehemaligen geistigen Führer der Muslimbruderschaft, bis hin zu Abu Qatada und Abdullah Azzam, dem Mentor Osama bin Ladens. Besonderen Anklang findet das Martyrologium. Immer wieder beruft sich die Organisation auf »Märtyrer« wie Mohammed Atif alias Abu Hafs al-Masri, den bei einer amerikanischen Offensive in Afghanistan ums Leben gekommenen Sicherheitschef von Al-Qaida, nach dem auch eine der im Irak aktiven Dschihadisten-Gruppen benannt ist, oder Abdul-Aziz al-Muqrin, einen Al-Qaida-Führer in Saudi-Arabien, der im Juni 2004 von saudischen Spezialeinheiten getötet wurde.

Laut einer Studie der irakischen Nachrichtendienste aus

dem Jahr 2004 setzt sich die Gruppe Tawhid wal-Dschihad aus 1000 bis 1500 Kämpfern zusammen, die aus dem Irak und anderen muslimischen Ländern stammen.[110] Die amerikanische Armee beziffert die Anzahl der aktiven »Widerstandskämpfer« im Irak auf 8000 bis 12 000 Islamisten und auf annähernd 20 000 unter Einbeziehung der Sympathisanten.[111] Zu Sarkawis Organisation zählen auch mehrere Spezialisten für Sprengstoffe, Raketen und chemische Waffen.

Sarkawi hat sich mit einem sehr kleinen Zirkel aus engen Vertrauten und getreuen Anhängern umgeben, die nachstehend kurz porträtiert werden.

Abu Anas al-Schami alias Omar Jussuf Dschumah
Er gehört zu den engsten Vertrauten. Der 1969 in Amman geborene religiöse Führer ist wie Sarkawi ein Schüler Abu Mussab al-Maqdissis. Al-Schami ist in Saudi-Arabien aufgewachsen, wohin seine Familie ausgewandert war. 1990 hat er an der Universität von Mekka seinen Abschluss gemacht und ist nach Kuweit gegangen. 1991, nach dem ersten Golfkrieg, kehrt al-Schami nach Jordanien zurück, wo er Imam einer Moschee wird, bevor er die Leitung des *Zentrums Imam al-Bukhari* in Marka übernimmt. Mitte der neunziger Jahre geht er, offiziell als Missionar, nach Bosnien-Herzegowina. Nach seiner Rückkehr nach Jordanien beteiligt er sich an der Gründung der Islamistenbewegung *Dschamaat al-Sunnah wal-Kitab*. Seine Moschee wird von den jordanischen Behörden geschlossen. 2003 wird er wegen seiner Aktivitäten mehrere Tage inhaftiert und verkündet dann seinen Weggang nach Saudi-Arabien. In Wirklichkeit begibt er sich in den Irak und wird zum religiösen Führer von *Tawhid wal-Dschihad*. Im April 2004 veröffentlicht er im Internet unter der Überschrift »Die Schlacht von Falludscha« seinen Bericht über die im sunnitischen Dreieck tobenden Kämpfe gegen die Amerikaner:

»Auf Verlangen unseres Oberhauptes Abu Mussab al-Sarkawi hat sich der religiöse Rat versammelt […], um sich einen Überblick über die Lage zu verschaffen. Nach einjährigem Kampf war der Dschihad noch immer nicht in Sicht, unsere Verstecke waren entdeckt, mehrere Führer verhaftet. Wir mussten unsere operative Strategie ändern, und so haben wir beschlossen, Falludscha zu einem sicheren Refugium und uneinnehmbaren Ort zu machen.«

Eine am 28. Juli 2004 von *Tawhid wal-Dschihad* gesendete Audiobotschaft wird al-Schami zugeschrieben. Die von Sarkawi gepriesene Strategie des Chaos treibt er auf die Spitze, indem er erklärt, dass, »wenn die Ungläubigen Muslime als Beschützer nehmen und diese Muslime sich weigern, sie zu bekämpfen, es gestattet ist, die[se] Muslime zu töten«. So greift er die Schiiten an, »die Bündnisse mit den Ungläubigen eingegangen sind«. Sein Name ist im Prozess gegen den Jordanier Bilal Mansur Mahmud al-Hijari aufgetaucht, gegen den ermittelt wurde, weil er Al-Qaida Gelder in Form von karitativen Spenden zugespielt hatte. Al-Schami soll ihn überzeugt haben, im März 2003 Mittel für den irakischen Widerstand aufzutreiben. Darauf soll Hijari in den Irak gefahren sein, wo Sarkawi ihm vorgeschlagen habe, Gelder für ihn zu besorgen. Am 20. September 2004 wurde Abu Anas al-Schami im Irak von den Streitkräften der Koalition getötet.[112]

Khaled Mustafa Khalifah al-Aruri alias Abu al-Qassam alias Abu Aschraf
Dieser 37-jährige Jordanier, dessen Schwester Sarkawi geheiratet hat, ist zweifellos Sarkawis ältester Freund. Im Rahmen der Zerschlagung der Terrorgruppe *Beit al-Imam* 1994 standen sie in Jordanien gemeinsam vor Gericht und saßen

auch zusammen in Haft. Er ist Sarkawi nach Afghanistan, Iran und nach Kurdistan gefolgt und ist sein Mann für Sondermissionen im Irak und im Ausland.

Abdel-Hadi Ahmed Mahmud Daghlas alias Abu Ubeidah alias Abu Mohammed al-Scham
Auch Daghlas war 1994 in Jordanien mit Sarkawi an der Gründung von *Beit al-Imam* beteiligt. Er war einer der Selbstmordattentäter, die Sarkawi für Terroranschläge in Israel ausgewählt hatte, wurde aber 1994 von den jordanischen Behörden verhaftet. Er betreute das Lager Herat in Afghanistan, bevor er mit Sarkawi floh. Am 12. September 2004 wurde in einer Mitteilung von *Tawhid wal-Dschihad* sein Tod im Irak bekannt gegeben.

Nidal Mohammed al-Arab alias Abu Hamsa Mohammed
Der Jordanier kam 1999 in die afghanischen Lager, wo er den Umgang mit Sprengstoffen lernte. Die meisten Anschläge mit Autobomben, zu denen die Organisation sich bekannt hat, wurden von ihm vorbereitet. 2003 wurde er von den amerikanischen Streitkräften getötet.

Abu Mohammed al-Lubnani
Al-Lubnani ist ein ehemaliger libanesischer Soldat und Sprengstoffexperte. Er hat lange in Dänemark gelebt, bevor er sich 2003 im Irak niederließ.

Abu Ali al-Iraqi
Der Raketenspezialist hat in der irakischen Armee gedient.

Hassan Ibrahim
Er ist der Propagandakoordinator der Gruppe; ihm stehen zwei Mitarbeiter zur Seite.

Außer diesem Kern gehören noch etwa zehn Jordanier, die im Durchschnitt 30 Jahre alt sind, zu den leitenden Kadern der Organisation *Tawhid wal-Dschihad* und zum innersten Kreis um Sarkawi, namentlich Muwaffaq Ali Ahmed al-Adwan alias Abu Omar und Abu Anas al-Dschafari'i; Dschamal Rifat Ratib al-Uteibi alias Abu Abdullah alias Dschamal Awajis; Salahuddin Mohammed Tahir al-Uteibi alias Abdel-Aziz al-Ansi alias Abu Dschihad; Mohammed Ismail Najif al-Safadi alias Abu al-Harith; Sair Mohammed Hassan Schihab alias Abu Safar alias Suheib; Maadh Issaf Abdullah al-Nussur alias Abu al-Qaqa; Schihadah Nadschi Schihadah al-Kilani alias Izzeddin; Mohammed Ratib Ibrahim Quteischat alias Khaid; Mundhir Abdel Latif Jussuf Schamma alias Abu al-Harith alias Mundhir al-Tammuni; und schließlich Omar Izzeddin Issam al-Uteibi alias al-Battar alias Zakariya Omar al-Barqawi.

Tawhid wal-Dschihad ist in autonomen »konzentrischen Kreisen« organisiert, und die Kommunikation mit Sarkawis innerstem Kreis läuft über zahlreiche Mittelsmänner, was es äußerst schwierig macht, ihn zu lokalisieren, und erst recht, die Organisation zu unterwandern. Es ist übrigens nicht auszuschließen, dass Sarkawi die Aktionen der Gruppe vom Ausland aus lenkt, etwa vom Irak oder von Syrien aus, wo er nach dem Beginn der amerikanischen Offensive im Irak mehrmals aufgetaucht ist.

Das Haupteinsatzgebiet von *Tawhid wal-Dschihad,* das »sunnitische Dreieck«, ist in neun autonome operative Kommandobereiche unterteilt. In der Stadt Falludscha, die als Hauptquartier der Bewegung dient, sind unter dem Kommando von Abu Nawras al-Faludschi 500 Kämpfer stationiert. Der Sektor von Bagdad zählt 50 Kämpfer unter der Leitung von Omar Beisani, der kürzlich von den amerikanischen Streitkräften festgenommen wurde. Die nördliche Zone zählt 60 Kämpfer unter der Leitung von Abu Azzam

Abdullah. Kommandant der Stadt Mossul ist Abu Talha, der 400 Kämpfer befehligt. Darüber hinaus halten sich nach Schätzungen der irakischen Nachrichtendienste 50 Kämpfer von *Tawhid wal-Dschihad* in Samarra, 80 in der Provinz Diyala und 150 in der Stadt Al-Qaim nahe der syrischen Grenze auf. Jedes Orts- oder Provinzkommando ist, wie zum Beispiel in Falludscha, in verschiedene Kommandotrupps unterteilt.

In seinem 2004 im Gefängnis verfassten Brief gibt Maqdissi Sarkawi einige Empfehlungen, damit sein Kampf im Irak erfolgreich sei: »Ich rate auch dazu, eine islamische Gruppe mit einem irakischen Kommando zu nehmen, die ihr Volk kennt und seine Sprache spricht.«[113] Es sieht so aus, als habe Sarkawi diese Ratschläge beherzigt, denn Ende November 2004 in Falludscha war einer seiner letzten Leutnants, die bei der amerikanischen Offensive noch in der Stadt waren, der Iraker Omar Hadid, ein ehemaliges Mitglied der Republikanergarde von Saddam Hussein.[114]

Nach Angaben der amerikanischen Nachrichtendienste sollen die »Widerstandskämpfer« im Irak Zugang zu »unbegrenzten« Geldern haben, die im Wesentlichen aus zwei Quellen stammen: von saudischen Spendern und islamischen karitativen Einrichtungen. Die Gelder werden vor allem über Syrien geleitet.[115] Sarkawis Gruppe verfügt auch über eigene Finanzierungswege. So haben die jordanischen Behörden 2004 den von Sarkawi rekrutierten Jordanier Bilal Mansur al-Hijari verhaftet, als er in den Moscheen Gelder für dessen Organisation sammeln wollte. Das Geld floss über mehrere Mittelsmänner in Syrien an Sarkawi. Al-Hijari hat sogar zugegeben, 3000 Dollar für einen Opel gesammelt zu haben, der an Sarkawi geliefert wurde, als dieser im Irak war.[116]

Von Januar 2004 an versucht Sarkawi aktiv, muslimische Kämpfer für die Sache des »Widerstands« zu gewinnen.

Am 5. Januar 2004 appelliert er in einer 47-minütigen Audiobotschaft, die über mehrere Kanäle verbreitet wird, an die Muslime, sich dem Dschihad im Irak anzuschließen, und zitiert dabei die berühmtesten religiösen Fundamentalisten.[117] Die Operationen der Gruppe setzen am 5. April 2004 ein, als die amerikanische Armee den ersten Angriff auf Falludscha startet. Schon am 9. April wird der erste Amerikaner als Geisel genommen und exekutiert. Ab Juni folgen weitere amerikanische, südkoreanische und türkische Geiseln.

Am 6. April 2004, dem Tag nach den amerikanischen Angriffen auf Falludscha, veröffentlicht Sarkawi einen längeren Text, in dem er erklärt, er kämpfe gegen die Amerikaner und ihre »Kollaborateure«, namentlich die Kurden der PUK und die Schiiten. Er bekennt sich zu mehreren Anschlägen, insbesondere den auf den UNO-Sitz in Bagdad und Angriffe auf die Koalitionsarmeen in Kerbala, Nasiriyah und Bagdad. Er zitiert auch Aktionen, die gegen amerikanische Nachrichtendienste gerichtet waren.[118]

Am 23. Oktober 2004 gipfelt die gegen die »Kollaborateure« der Amerikaner gerichtete Offensive von Sarkawis Gruppe in der Ermordung von 50 irakischen Rekruten der Nationalgarde, die gerade ein Trainingslager nahe Kirkuk verlassen. Schon am Tag darauf bekennt sich Sarkawi zu der Aktion und behauptet, seine Gruppe habe »korrupte Individuen« getötet, und es sei ihm gelungen, »zwei Fahrzeuge und den Sold zu erbeuten, den die Soldaten gerade von ihren Gebietern erhalten hatten«.[119]

Sarkawi weiß, dass er diesen Krieg gewinnt, wenn er vor allem die westliche Öffentlichkeit gegen die Besatzung mobilisiert. Damit werden Angriffe auf zivile Einrichtungen und Personen für die Organisation zur obersten Zielsetzung.

Die Geiselstrategie

Am 17. September 2004 fahren die Libanesen Scharbel, 31 Jahre, und Aram, 47 Jahre, in ihrem Auto auf die 50 Kilometer westlich von Bagdad gelegene Sunnitenbastion Falludscha zu. Sie sehen eine Straßensperre, von der sie annehmen, sie sei von der irakischen Polizei. Schnell aber begreifen sie, dass die maskierten und bewaffneten Männer, die ihnen bedeuten anzuhalten, keine regulären Polizeikräfte sind. An einem behelfsmäßigen Mast flattert eine Flagge, auf der sich vor dem Hintergrund einer Erdkugel eine Kalaschnikow und eine Hand über dem aufgeschlagenen Koran in den Himmel recken, darunter auf schwarzem Grund die unmissverständliche Aufschrift: *Tawhid wal-Dschihad*.

Die beiden werden festgenommen und gezwungen, ihre Papiere zu zeigen. Weil sie Ausländer seien, sagen Sarkawis Männer ihnen, werde man sie verhören. Mit einem Stück Stoff, das von einem Draht zusammengehalten wird, werden ihnen die Augen verbunden, dann fährt man sie zu einem Haus. Dort händigen ihnen die noch immer maskierten Entführer traditionelle Kleidung aus, auch Pluderhosen, wie sie die wahhabitischen Islamisten tragen. Der Chef der beiden Männer, der in Bagdad geblieben ist, versucht seine Mitarbeiter auf dem Handy zu erreichen. Als sich ein Iraker meldet und sofort wieder auflegt, begreift der Mann, dass seine beiden Angestellten soeben entführt worden sind.

Das Verhör dauert fünf Tage. Die Entführer versuchen herauszubekommen, ob die beiden Libanesen auf irgendeine Weise mit den Amerikanern zusammenarbeiten. Bis ins kleinste Detail müssen sie Rechenschaft ablegen über ihre Geschichte, die Firma, für die sie arbeiten, die Staatsangehörigkeit der ausländischen Mitarbeiter, ihre Kunden im Irak, die Gebiete, die sie beliefern … Die Geiseln berichten später von einem regelrechten »Nervenkrieg« mit Entbehrungen und Schlafentzug. »Wie spät es war, haben wir immer erahnt, wenn zum Gebet gerufen wurde«, berichtet Aram in Anspielung auf den Ruf der Muezzine von den Minaretten der Moscheen.[120]

Als man ihnen gestattet, die Augenbinden abzunehmen, sehen sie maskierte Entführer vor sich. Diese versichern ihnen, sie könnten jeden Tag duschen und ausreichend essen. Sie haben sogar Matratzen, Kopfkissen und einen Ventilator.

Nach fünf Tagen werden sie in ein anderes Haus verlegt, in dem sie nicht mehr allein sind. Dort beginnt für sie eine endlose Wartezeit, in der sie immer wieder Schreie von Irakern hören, die in Nebenräumen gefoltert werden, oder die Stimmen ausländischer Geiseln. Die beiden Libanesen erinnern sich insbesondere an einen Ägypter, der nicht so viel Glück hatte wie sie und hingerichtet wurde.

Nachdem sie versichert haben, dass sie für den Irak und nicht für die Amerikaner arbeiten, beschließen ihre Entführer, sie freizulassen, und bieten ihnen sogar ein Abschiedsessen an. Wegen eines Angriffs der Amerikaner auf Falludscha findet ihr Martyrium jedoch noch kein Ende. Am 12. Oktober 2004 zerstört die amerikanische Armee mehrere Standorte des Sarkawi-Netzes, darunter auch das Haus, in dem die Geiseln sich befinden. Zwei Stunden liegen sie unter den Trümmern, der eine mit gebrochenem Bein, der andere mit einem Beckenbruch. Laut Aussage der beiden werden bei dem Angriff fünf Kämpfer getötet. Sie werden noch am selben Tag von ihren Gefährten beerdigt.

Tags darauf kommen die Libanesen nach 27 Tagen und einem kurzen Krankenhausaufenthalt in Falludscha endlich frei.[121] Wahrscheinlich hat der Chef ihrer Firma der Gruppe Lösegeld gezahlt. Nur selten findet die unheilbringende Politik der Gruppe Sarkawis, die im April 2004 begonnen hat, ein so glimpfliches Ende.

Eine andere libanesische Geisel, die zur gleichen Zeit festgehalten wurde, berichtete später, man habe sie in einem dunklen Raum mit Blutflecken am Boden eingesperrt. Vor der Zelle von Mohammed Ra'id, so der Name des Libanesen, habe ein Iraker mit Hilfe eines großen Steines sein Messer gewetzt und ihn eines Tages mit der Ankündigung, ihm etwas »zu zeigen, was allen Libanesen, die versuchen, mit der amerikanischen Armee zusammenzuarbeiten, eine Lehre sein soll«,[122] aus der Zelle geholt. Zwei Autos seien vor dem Haus vorgefahren, aus dem Kofferraum des einen sei eine ägyptische Geisel herausgeholt worden. Der Mann habe nur Unterwäsche getragen und am ganzen Körper Prellungen gehabt. Mohammed Ra'id wurde in einen Nebenraum geführt und mit einem Wächter an seiner Seite hinter einem Kameramann postiert. Dem Ägypter wurde ein Gewand übergezogen, dann sollte er sich hinknien.

Einer der Entführer erzählte ihm kurz die Geschichte dieses Ägypters. Es sei das zweite Mal, dass man ihn entführt hätte. Beim ersten Mal hätte er in Falludscha öffentlich Propaganda-CDs zerstört; dieses Mal werfe man ihm vor, den Amerikanern Frauen beschafft zu haben.

Dann banden ihm die Entführer die Hände auf den Rücken und forderten ihn auf, Namen, Herkunft, Wohnort und Tätigkeit anzugeben. Als er geendet hatte, wollte der Ägypter sich für sein Tun entschuldigen. Daraufhin gab ein Mann dem hinter der Geisel stehenden »Schlächter« ein

Zeichen. Dieser griff nach der Zunge des Mannes und trennte sie ab, bevor er erklärte, die Zeit für Entschuldigungen sei vorbei. Er stopfte ihm Watte in den Mund und las ihm einen Text in Form einer Verurteilung vor, während die Geisel am Boden lag und einer der Entführer ihre Beine festhielt. Dann wurde der Mann enthauptet.[123]

Im Oktober 2004 hat der amerikanische Generalstab erklärt, Sarkawi trage die Verantwortung für den Tod von 675 Irakern und 40 Ausländern sowie für über 2000 Verletzte seit Beginn der Koalitionsoffensive.[124]

Schon im Januar 2004 war in einem Sarkawi zugeschriebenen Brief zu lesen, er bekenne sich zu den meisten der Aktionen gegen die Streitkräfte der Koalition. »Wir waren der Schlüssel zu sämtlichen Selbstmordoperationen, die stattgefunden haben, außer denen im Norden. Durch Gottes Gnade habe ich bis jetzt 25 Operationen durchgeführt, insbesondere gegen [...] die Amerikaner und ihre Soldaten und die Armeen der Koalition.«[125]

Im Laufe des Jahres 2004 haben die im Irak aktiven islamistischen Rebellenorganisationen insgesamt über 150 Ausländer entführt, darunter Amerikaner, Briten, Libanesen, Jordanier, Ägypter, Türken, Nepalesen, Südkoreaner, Pakistaner, Italiener, Bulgaren und Franzosen.

Es beginnt mit der bereits erwähnten Entführung des 26-jährigen amerikanischen Geschäftsmannes Nicholas Berg am 9. April 2004. Diese Entführung, zu der sich Sarkawis Gruppe bekannt hat, ruft sofort weltweit Entrüstung hervor. Dennoch ist sie nur der Beginn einer ganzen Welle von Geiselnahmen, ausgelöst von den wichtigsten Gruppen islamistischer »Widerstandskämpfer« im Irak. Ein paar Tage später etwa bekennt sich das *Grüne Bataillon* zu einer ähnlichen Aktion, dann melden sich nacheinander die *Islamische Armee im Irak, Ansar al-Sunna* und die *Brigaden Abu Bakr al-Sidiq.*

Es folgt die lange Reihe der Exekutionen. Innerhalb eines halben Jahres bekennt sich *Tawhid wal-Dschihad* zu zehn Hinrichtungen: der von Nicholas Berg im Mai, der des Südkoreaners Kim Sun Il im Juni, der Bulgaren Georgi Lazov und Ivaylo Kepov im Juli, der Türken Murat Yuce und Durmus Kumdereli im August, der Amerikaner Eugene »Jack« Armstrong und Jack Hensley im September und des Briten Kenneth Bigley im Oktober. Was die Entführung und Exekution angeht, unterscheidet sich Sarkawis Gruppe in mehrfacher Hinsicht von ihren islamistischen Konkurrenten. Zum einen ist sie, auch wenn sie eine Politik des Chaos im Irak propagiert, äußerst selektiv in Bezug auf ihre Ziele: Sie hat in erster Linie Vertreter westlicher Länder und deren »Kollaborateure« im Visier.

Ferner hat sie es bei ihren Entführungen vor allem auf religiöse Führer oder Politiker abgesehen, um ein größtmögliches Medienecho zu erzielen. So bekennt sich *Tawhid wal-Dschihad* zur Ermordung von Izzeddin Salim, dem amtierenden Vorsitzenden des irakischen Übergangsrates, am 18. Mai 2004, sowie zum versuchten Anschlag auf Abdul-Dschabbar Jussuf, den stellvertretenden irakischen Innenminister, am 22. Mai 2004.

Zwar akzeptiert Sarkawi die Zahlung von Lösegeldern für die Freilassung mancher als »nichtstrategisch« geltender Geiseln, doch geht es Sarkawi vor allem um die Medienwirksamkeit, deren er sich bei der praktisch öffentlichen Hinrichtung westlicher Geiseln sicher sein kann. Was von seinen makabren Inszenierungen vor allem im Gedächtnis bleibt, sind die Barbarei, die darin zum Ausdruck kommt, und das Entsetzen, das sie auslösen. Und darauf setzt Sarkawi, der die Kunst der Kommunikation perfekt beherrscht und innerhalb von *Tawhid wal-Dschihad* unter der Leitung von Abu Meisarah al-Iraqi sogar eine eigene »Medienabteilung« eingerichtet hat, die die Mitteilungen der Bewegung verfasst und herausgibt und im Irak mindestens drei Personen beschäftigt. Seine EDV-gestützte Infrastruktur ist im Ausland stationiert und bedient sich der modernsten Technik, die durch die Verbindung akustischer und grafischer Mittel die Hinrichtungen noch wirkungsvoller inszenieren soll.

Darüber hinaus stehen der Gruppe diverse Kanäle und mediale Träger zur Verfügung. So bringt sie ihre Botschaften über ihre Internetseite an die Öffentlichkeit und beteiligt sich regelmäßig an verschiedenen islamistischen Diskussionsforen, um ihre Propaganda zu verbreiten und Debatten anzustoßen. Und mehrere arabische Medien in der Golfregion bringen die Botschaften der Gruppe systematisch in voller Länge.

Tawhid wal-Dschihad weiß notfalls auch den »Wettbewerbsvorteil« gegenüber den übrigen Islamistenbewegungen zu verteidigen, die an Sarkawis weltweiter Medieninszenierung teilhaben möchten. So hat Sarkawis Medienabteilung, kurz nachdem im Sommer 2004 die neue Gruppe *Tawhid Islamic Movement* in Erscheinung getreten war, deren Name zu Verwirrung Anlass geben konnte, am 4. August eine Mitteilung herausgegeben, in der die Organisation die Kämpfer darüber informiert, dass »*Tawhid Islamic Movement* keineswegs mit *Tawhid wal-Dschihad* zu verwechseln ist, der von Schekh Abu Mussab al-Sarkawi geführten Bewegung. [...] Unsere Brüder wurden von den Medien, die unsere Flagge mit diesem Namen in Verbindung gebracht haben, möglicherweise in die Irre geführt.«[126]

Paradoxerweise führt Sarkawi weniger Terroraktionen durch als andere Gruppen wie etwa die *Islamische Armee im Irak,* doch werden sie weltweit kommentiert. Sarkawi legt Wert darauf, dass seine Gruppe regelmäßig Hinrichtungen vollzieht – seit Mai 2004 mindestens einmal pro Monat –, und er achtet auf ein genaues Timing. Er ist auch, was die Kommunikation seiner Gruppe ganz allgemein betrifft, sehr wachsam. So hat *Tawhid wal-Dschihad* nach der zweiten amerikanischen Offensive auf Falludscha im Oktober 2004 verkündet, man werde sich Al-Qaida anschließen, um die Kräfte des Dschihad im Irak besser zu koordinieren. Die Information war nichts weiter als die Bestätigung eines Faktums, entscheidend aber war der Zeitpunkt ihrer Bekanntgabe.

In seinen Schriften und Ansprachen hat Sarkawi mehrfach versucht, seine barbarischen Akte zu rechtfertigen, namentlich nachdem ein Teil der religiösen Führer im Irak auf Distanz zu der Gruppe gegangen war oder sie verurteilt hatte. Über die verabscheuungswürdigen Morde sagt er, sie seien durch den Koran legitimiert, und die als »Geiseln« bezeichneten Individuen seien in Wirklichkeit keine. In der Tat führt er eine Unterscheidung zwischen Geiseln und Spionen ein, »und das Urteil für Letztere lautet auf Tod«.[127] Zwar räumt er ein, dass es über die Art und Weise der Tötung unterschiedliche Auffassungen darüber geben mag, ob Schwert oder Scheiterhaufen das geeignetere Mittel sei, und sagt, er »berücksichtige die Ansicht der sunnitischen Lehrer bezüglich der Frage, ob diese Morde gestattet sind oder nicht, nur, wenn diese Lehrer ihre innere Überzeugung zum Ausdruck bringen, und nicht, wenn sie im Namen einer Regierung sprechen oder dieser zu Diensten« seien. Sarkawi behauptet, er sei überzeugt, dass die fraglichen Morde legitim seien, auch wenn sie die Verstümmelung der Körper mit sich brächten, denn »Gott gestattet uns, es ihnen [den Ungläubigen] mit gleicher Münze heimzuzahlen, mit eben den Mitteln, die auch sie benutzen. Wenn sie unsere Frauen töten, werden wir ihre Frauen töten.«[128] Diese völlig abwegige Auffassung vom Islam ist das Ergebnis eines grobschlächtigen, indoktrinierten Geistes, dessen Ansichten unmittelbar dem entspringen, was die großen Theoretiker des modernen Dschihad formuliert haben, wie Abu Mohammed, al-Maqdissi, Abu Qatada und Jussuf al-Qardawi, die Sarkawi gelesen und gehört, zum Teil auch kennen gelernt hat und auf die er sich fortwährend beruft.

Al-Qaida beugt sich

Für Al-Qaida ist der Irak nie eine wirkliche Herausforderung gewesen. In seiner ersten Kriegserklärung an die Vereinigten Staaten und den Westen vom 23. August 1996 mit dem Titel »Botschaft von Osama bin Laden an seine muslimischen Brüder in der Welt und insbesondere auf der arabischen Halbinsel« wird der Irak so gut wie nie erwähnt.[129]

Bekanntlich ist der Islam die vorherrschende Religion im Irak; die Christen machen weniger als fünf Prozent der Bevölkerung aus. Zwei Drittel der muslimischen Bevölkerung sind Schiiten, ein Drittel Sunniten. Diese Glaubensgemeinschaften leben in relativer Ruhe miteinander, und die Sunniten sind gezwungen, sich gegenüber den Schiiten im Hintergrund zu halten, um die Kontrolle über ihre Bastionen zu behalten.

Die Anführer von Al-Qaida haben infolgedessen Iran und die schiitische Gemeinschaft, die im Land die Mehrheit bildet, immer geschont. Sowohl Osama bin Laden als auch Aiman al-Sawahiri haben trotz der neuerlich unnachgiebigen Haltung Irans bezüglich der Al-Qaida-Häftlinge das Land nie verurteilt. Zudem hat bin Laden nie dazu aufgerufen, die geistigen Führer der Schiiten auf irakischem Boden anzugreifen, und sogar geleugnet, dass seine Organisation an der Ermordung von Ayatollah Mohammed Bakir al-Hakim, dem Führer des Hohen Rates für eine Islamische Revolution im Irak (SCIRI), beteiligt gewesen sein soll.

Darüber hinaus hatte Al-Qaida, bevor die irakische Front eröffnet wurde, weder die iranischen Schiiten in Afghanistan, obwohl diese der Nordallianz nahe standen, noch die saudischen Schiiten jemals angegriffen. Mit ihrer Strategie des systematischen Widerstands gegen die Vereinigten Staaten, insbesondere gegen die Präsenz westlicher Truppen in der Golfregion, stand Al-Qaida im Gegenteil in der Tradition der iranischen Politik, die gegebenenfalls ein Gegengewicht zu dem vom saudischen Regime und Amerika gebildeten Bündnis bilden könnte. Diese Strategie der friedlichen Koexistenz – wegen der historischen Gegensätzlichkeit zwischen Sunniten und Schiiten keine Selbstverständlichkeit – hatte sich Al-Qaida bis zur amerikanischen Offensive im Irak zur Pflicht gemacht.

Sarkawi dagegen, der im Irak die Strategie des Chaos predigt, geißelt querbeet sämtliche Komplizen der amerikanischen »Aggression«, darunter auch Kurden und Schiiten. In einem ihm zugeschriebenen Brief, der am 23. Januar 2004 von den amerikanischen Streitkräften im Irak beschlagnahmt wurde, bezeichnet Sarkawi die Schiiten als »größten Dämon der Menschheit«, weil sie gemeinsame Sache mit dem amerikanischen Feind machten.[130] Er vergleicht sie mit einem »arglistigen Skorpion«, der sich mit dem Gewand der Freundschaft schmücke, um den Sunniten als den wahren Vertretern des Islam leichter den Dolch in den Rücken zu stoßen. Trotz bestehender Zweifel an der Echtheit dieses Briefes, der an die Anführer von Al-Qaida gerichtet gewesen sein soll, deckt sich die darin enthaltene primitive Auffassung von der muslimischen Religion, namentlich der angeführte jahrhundertealte Gegensatz zwischen Schiiten und Sunniten, und die Behauptung, dass die

Schiiten im Irak einen »neuen Iran« schaffen wollten, mit anderen Äußerungen Sarkawis und entspricht dessen schwach ausgeprägter religiöser Bildung.

In einer Monate später veröffentlichten Tonbandbotschaft hat Sarkawi die Schiiten tatsächlich als »schwaches Glied« der islamischen Nation und als »trojanisches Pferd« der Amerikaner im Irak bezeichnet.[131] Eine solche Position ist freilich schwer mit der von den Anführern Al-Qaidas an den Tag gelegten Neutralität gegenüber der schiitischen Glaubensgemeinschaft zu vereinbaren.

In diesem Zusammenhang darf man auch nicht außer Acht lassen, dass nicht wenige führende Köpfe der Organisation der Ansicht sind, der Schwerpunkt ihrer Aktion liege nicht im Irak. Im Oktober 2003 beispielsweise erklärt einer der Al-Qaida-Verantwortlichen in Saudi-Arabien gegenüber der linientreuen Zeitschrift *Voice of Djihad,* dem Presseorgan Al-Qaidas auf der arabischen Halbinsel, er habe »etliche Angebote für den Irak« erhalten, und obwohl der Irak in seinen Augen »eine Front des Dschihad« neben anderen sei, für die die Organisation im Übrigen auch schon viel geleistet habe, bestehe der entscheidende Kampf darin, die »Ungläubigen« aus dem heiligen Land Saudi-Arabien zu vertreiben.[132]

Vor diesem Hintergrund hat sich Al-Qaidas Engagement auf Seiten des islamistischen Widerstands im Irak erst allmählich entwickelt, und zwar auf zwei Ebenen. Es geht wesentlich auf die Stellungnahmen radikaler Religionsführer zurück, die zum Dschihad im Irak aufrufen und Sarkawis Machenschaften – Selbstmordanschläge, Geiselnahmen und Exekutionen – später auch »autorisieren«. Der Ansturm von Dschihad-Anwärtern, der schon im Sommer 2003 spürbar gewesen ist, hat den Al-Qaida-Führern im Übrigen auch faktisch weniger Spielraum gelassen.

Schon Ende 2002 wurden insbesondere unter den Al-

Qaida nahe stehenden Religionsführern Stimmen laut, wonach der Dschihad gegen die Amerikaner vor dem Hintergrund einer möglichen Invasion im Irak unterstützt werden sollte. So antwortete Abu Qatada auf die Frage eines Journalisten nach der Rolle, welche die Dschihadistengruppen im Falle eines amerikanischen Angriffs spielen könnten, dass »[…] die zunehmende amerikanische Tyrannei […] und ihr Plan, den Irak anzugreifen, um dort einen ›irakischen Karzai‹ an die Macht zu bringen, eine noch unerbittlichere Schlacht nötig machen« würde.[133]

Im Laufe des Jahres 2003 hat Schekh Jussuf al-Qardawi, der nach Qatar geflohene religiöse Führer der ägyptischen Muslimbrüder, das Konzept vom »Widerstand« gegen den ausländischen Überfall auf den Irak geprägt. Schekh Qardawi ist einer der führenden Theoretiker der Selbstmordattentate vor und nach den Anschlägen vom 11. September 2001 in den Vereinigten Staaten. Jenseits des ambivalenten Diskurses der Anhängerschaft der Muslimbrüder sind Qardawis Äußerungen zu diesem Thema relativ eindeutig. So hat er im Februar 2001 gegenüber einer ägyptischen Tageszeitung erklärt, »die Notwendigkeit rechtfertigt das Verbotene« (der Koran untersagt den Selbstmord), die »menschlichen Bomben« seien »eine neue Waffe«, und ihr Opfer komme dem Martyrium in der Religion gleich.[134] Einige Monate später vertritt er die Ansicht, Selbstmordattentate könnten nicht mit Selbstmord gleichgesetzt werden und seien »die nobelste Form der Kriegführung«.[135] Als er hierzu im Dezember 2001 befragt wird, ist Jussuf al-Qardawi noch derselben Ansicht und meint, »die Selbstmordattentate werden fälschlicherweise und zu Unrecht so gewertet, denn in Wirklichkeit sind sie die reinste Heldentat, und Märtyrerangriffe dürften unter keinen Umständen mit Selbstmord gleichgesetzt werden«.[136]

Nach heftigen Protesten aus dem Westen belegen ihn die

Behörden in Qatar eine Zeit lang mit Redeverbot und setzen seine religiöse Sonntagschronik aus, die der Sender Al-Dschasira unter dem Titel »Scharia und Leben« ausstrahlt. Doch schon Anfang 2003 setzt sich der Sunnit an die Spitze der Schar von Religionsführern, die am Vorabend der Offensive im Irak die rücksichtslose Auflehnung gegen die Vereinigten Staaten beschwören.

Ende Januar 2003 erklärt Jussuf al-Qardawi, dass, »wer immer bei einer Militäroperation ums Leben kommt, durch welche die amerikanische Besatzungsmacht im Golf gezwungen wird, das Land zu räumen, ein Märtyrer ist«. Dabei hebt er hervor, man müsse zwischen amerikanischen Zivilisten und deren Regierung und Armee unterscheiden.[137] Zu Beginn der amerikanischen Offensive, genauer gesagt am 7. März 2003, behauptet er bei einer Predigt, der Dschihad sei eine Pflicht im Islam und Muslime seien es sich schuldig, »den Ungläubigen, die ein muslimisches Land überfallen, Widerstand zu leisten und sie aus dem Land zu vertreiben«. Er prangert ferner all jene an, die mit den Vereinigten Staaten im Irak »kooperieren«.[138] Ein paar Monate später, im September 2003, geht es nicht mehr nur um Widerstand, denn nun bittet er Gott inständig, die Vereinigten Staaten zu »eliminieren«.[139]

Das Gespenst einer Konfrontation zwischen Sunniten und Schiiten, die Hauptgefahr, die die radikalen, Al-Qaida nahe stehenden Kräfte zu bannen versuchen – könnte sie doch auf lokaler Ebene eine Schwächung und auf regionaler Ebene eine Marginalisierung bewirken –, ist wieder da, und zwar als ein von den Vereinigten Staaten provoziertes Problem, mit dem sie ihre Präsenz im Irak rechtfertigen wollen. Die Religionsführer im Umfeld der Terrororganisation geißeln nun, was sie als »Komplott« der Vereinigten Staaten betrachten, nämlich einen Religionskrieg zwischen Sunniten und Schiiten mit dem Ziel, das Volk zu spalten.[140]

Dieser zentrale Punkt – vor allem nach der Verhaftung von Saddam Hussein, der das religiöse Gleichgewicht im Irak aufrechtzuerhalten vermochte – trägt zur Radikalisierung der Fundamentalisten bei, die die Vereinigten Staaten fortan als »absoluten Feind« bezeichnen, wozu auch jene zählen, die bei deren Kriegsanstrengungen »kollaborieren«. Sie geben sich nun politischer, und bei vielen Geistlichen ist seither von den »Irrwegen« und »Lügen« der Vereinigten Staaten die Rede, die mit dem »Mut der Männer, die ihnen Trotz bieten« (die »Widerstandskämpfer«), erwidert worden seien. Die Vereinigten Staaten werden angeprangert als diejenigen, die die »Spaltung« des irakischen Volkes betreiben und die arabischen Länder in einem riesigen »kolonialistischen Komplott« »überfallen«.[141]

Im Sommer 2004 erfährt die offizielle Unterstützung der radikalen Islamisten für die irakischen Dschihadisten einen Schub, wovon vor allem eine wichtige, wenn auch fast unbemerkte Initiative von 93 geistlichen Führern zeugt. In einem Appell, der am 23. August in der in London erscheinenden Zeitung *Al-Quds al-Arabi* veröffentlicht wird, rufen die bedeutendsten aus der Muslimbruderschaft hervorgegangenen Geistlichen, darunter der Oberste Religionsführer Ägyptens und Jussuf al-Qardawi, dazu auf, »den mutigen und ehrenwerten islamischen Widerstand [im Irak] gegen die kolonialistische, amerikanisch-zionistische Kampagne mit allen moralischen und materiellen Mitteln zu unterstützen«.[142]

Anfang September lässt Jussuf al-Qardawi den Schleier fallen. In einer Fatwa autorisiert er die Entführung und Ermordung amerikanischer Zivilisten, um »die amerikanische Armee zum Abzug zu zwingen«. Darüber hinaus erklärt al-Qardawi, es sei nunmehr richtig, im Irak »alle Amerikaner, auch Zivilisten« zu bekämpfen, und bekundet, jeder Amerikaner, ob Soldat oder Zivilist, müsse als »Angreifer betrachtet und bekämpft« werden.[143] Er schließt damit, dass »die amerikanischen Zivilisten in den Irak gekommen sind, um die [militärische] Besatzung zu unterstützen. Unter diesen Umständen wird die Entführung und Ermordung der Amerikaner also zur religiösen Pflicht, denn sie müssen dazu gezwungen werden, das Land zu verlassen.« In einer Anwandlung von Menschlichkeit weist er noch darauf hin, dass »das Verstümmeln von Körpern im Islam allerdings verboten ist«.[144] Es gilt also, mit Anstand zu töten.

Zu dem Zeitpunkt hat Al-Qaida zu der »Widerstandsbewegung« zwar noch nicht offiziell Stellung genommen, doch die üblichen Hilfsstrukturen und etliche Mitglieder haben ihre Aktivitäten bereits in das neue Dschihad-Land verlagert.

Im Januar 2004 scheint Sarkawi in dem berühmten Brief, den die amerikanische Regierung ihm zuschreibt, die Hilfe und Unterstützung Al-Qaidas anzufordern. Dort heißt es: »Wir müssen Armeen aus Mudschahidin schaffen [...], um den Feind zu bekämpfen – Amerikaner, Polizei, Soldaten [...]. Wir werden weiter trainieren und unsere Reihen verstärken. Wir werden zum Schlag gegen sie ausholen mit Selbstmordanschlägen und Autobomben. [...] Wenn ihr unserer Ansicht seid, wenn ihr sie euch zum Programm macht [...] und wenn ihr von der Idee überzeugt seid, die Ungläubigen zu bekämpfen, werden wir unter eurem Banner eure Soldaten sein, euren Befehlen Folge leisten und öffentlich den Treueeid auf euch leisten [...].«[145]

Es gibt mehrere Hinweise darauf, dass Al-Qaidas Verantwortliche daraufhin ihre Haltung gegenüber dem Dschihad im Irak geändert haben. Dafür spricht ein Artikel in *Voice of Djihad,* in dem Abdelrahman ibn Salem al-Schammari eine Lobrede auf die Enthauptung eines Ägypters im Irak hält. Der isolierte Sarkawi, den die Organisation bis dahin bewusst nicht unterstützt hat, wird durch die Feder des

Journalisten zum »Schekh der Schlächter«. Ferner heißt es: »O Schekh der Schlächter, Abu Mussab al-Sarkawi, fahrt fort auf dem rechten Weg, gelenkt von Allah! Zieht mit den Monotheisten gegen die Götzenanbeter, mit den Kämpfern des Dschihad gegen Kollaborateure, Scheinheilige und Rebellen zu Felde [...], seid ohne Gnade!«[146]

Der Akt, der den Sieg von Sarkawis Linie besiegelt, ist der Treueschwur, den die Gruppe *Tawhid wal-Dschihad* am 17. Oktober 2004 öffentlich auf Osama bin Laden leistet. Der mit Abu Mussab al-Sarkawi, »Kommandant der Bewegung Tawhid wal-Dschihad« unterzeichnete Schwur, veröffentlicht auf der Internetseite der Gruppe, ist unmissverständlich. Die Überschrift lautet: »Die Bewegung Tawhid wal-Dschihad, ihr Emir [Sarkawi] und seine Kämpfer haben sich unter dem Banner von Al-Qaida versammelt und leisten Schekh Osama bin Laden den Treueschwur«.[147] Aus dem Text geht hervor, dass Sarkawi »seit acht Monaten mit den Brüdern von Al-Qaida« in Verbindung gestanden hat, dass sie sich über »Standpunkte ausgetauscht« haben und dass es sogar einen »Bruch« gegeben hat, bevor der Kontakt wiederhergestellt wurde. Sarkawis Schwur soll das Symbol für einen neuen Zusammenschluss sein: »O Schekh der Mudschahidin, wenn du das Meer überquerst, überqueren wir es mit dir. Wenn du befiehlst, folgen wir, wenn du verbietest, gehorchen wir. Du bist der richtige Führer für die Armeen des Islam gegen alle Ungläubigen, Kreuzfahrer und Abtrünnigen.«

Jenseits aller Lyrik soll diese Ankündigung für die Kämpfer im Irak und für potentielle Rekruten vor allem Al-Qaidas Unterstützung für Sarkawis Strategie sichtbar machen und stärken. Denn bekanntlich geht Sarkawis Beitritt zu Al-Qaida auf das Jahr 1999 zurück, und bereits 2001 hat der Jordanier den Treueeid auf Osama bin Laden geleistet. Mit der Ankündigung vom 17. Oktober soll bekräftigt werden, dass Al-Qaida für den von Sarkawi eingeschlagenen Kurs auch wirklich einsteht. Das zeigt sich in Formulierungen wie »unsere Brüder von Al-Qaida haben die Strategie der Gruppe *Tawhid wal-Dschihad* [im Irak] verstanden und sind mit den Methoden, die wir angewendet haben, zufrieden«. Außerdem enthält der Text den Hinweis darauf, dass Sarkawis Gruppe sich dazu verpflichte, »den Dschihad fortzuführen«. Um dieser Verpflichtung zu noch mehr Resonanz zu verhelfen, unterzeichnet Sarkawi am 19. Oktober einen Text mit dem Namen des neuen Gebildes »Al-Qaida-Komitee für den Dschihad in Mesopotamien [Irak]«.

Die amerikanische Offensive in Falludscha, die vor allem die Niederschlagung des Sarkawi-Netzwerks zum Ziel hatte, ist rasch an ihre Grenzen gestoßen angesichts eines Feindes, der zu dem Zeitpunkt vermutlich schon seit Wochen nicht mehr im Irak ist und fortan in flammenden Botschaften zum Dschihad aufruft. So spricht er etwa am 12. November 2004 den »tapferen Widerstandskämpfern in Falludscha« Mut zu.[148] Im Namen von Al-Qaida hat Sarkawi das Schlachtfeld verlassen und ist ebenso wenig zu fassen wie Aiman al-Sawahiri und Osama bin Laden.

Das Schicksal von Al-Qaida ist mehr denn je mit dem Abu Mussab al-Sarkawis verknüpft.

EIN GLOBALES NETZWERK

»Ich bin global, und kein Land ist meine Heimat.«

Abu Mussab al-Sarkawi
26. Mai 2004

Von Kurdistan bis Deutschland

Das Netzwerk Abu Mussab al-Sarkawis ist in Europa bestens implantiert. Kurz nach den Anschlägen vom 11. September 2001 haben die europäischen Ermittler die Gefahr des islamistischen Terrors auch in anderem Licht gesehen, und Sarkawis Netzwerk wurde zu einem bedeutenden Faktor im Antiterrorkampf. In Deutschland, Großbritannien, Frankreich, Italien und Spanien wurden mehrere Zellen zerschlagen, die mit den Terroroperationen Sarkawis und den Gruppen *Al-Tawhid* und *Ansar al-Islam* – wobei Erstere ein operativer Bestandteil der Letzteren ist – in Zusammenhang standen.

Das Antlitz des Feindes hat sich gewandelt. Mit dem allmählichen Verschwinden Osama bin Ladens im Anschluss an die amerikanischen Bombenangriffe auf Afghanistan ist Zug um Zug die Gestalt Sarkawis in den Blickpunkt des Zeitgeschehens gerückt.

Und Sarkawi lernt schnell dazu. Ob es darum geht, im Ausland eine schlafende Zelle zu reaktivieren oder seine Operationen medienwirksam durchzuführen – er glänzt in der Anwendung der Methoden Osama bin Ladens, die sich seit den ersten Anschlägen von Al-Qaida 1998 auf die amerikanischen Botschaften in Kenia und Tansania bewährt haben.

Für die Hundertschaften von Dschihadisten, die die

Schule Al-Qaidas durchlaufen haben und dann von der Organisation finanziert wurden, um Terroranschläge zu begehen, ist die Schwächung der Kommandospitze von Al-Qaida, deren Mitglieder zum Großteil verhaftet wurden oder auf der Flucht sind, ein schwerer Schlag. Mehrere hundert Personen, geschult im internationalen Terrorismus, sahen sich gezwungen, jegliche Verbindung zum Führungsstab der Organisation abzubrechen. So haben die sukzessiven Verhaftungen von Abu Subeida, Ramzi Binalshibh und Khaled Schekh Mohammed die Kommandostruktur des Netzes erheblich geschwächt. Für viele Operativkräfte und schlafende Zellen ist ein Kontakt zur Organisationsspitze unmöglich geworden.

Diskreter als Osama bin Laden, aber mit fast ebenso viel Charisma meldet sich Sarkawi nach seiner Flucht aus Afghanistan im Nahen Osten zurück. Dank einer zuverlässigen Truppe treuer Gefolgsleute und der Bewegungsfreiheit, die er in der Region genießt, hat er sich der Dschihadisten-Gemeinde nach dem 11. September als der neue Mann an der Spitze aufgezwungen. Für die Dschihadisten, die zu Hunderten aus Afghanistan geflohen sind, ist Sarkawi kein Unbekannter. Er gehörte dem zweiten Kreis von Osama bin Ladens Leutnants an, und welchen Weg er zwischen 2000 und 2001 innerhalb der Organisation zurückgelegt hat, ist den übrigen Kämpfern bestens bekannt.

Mit dieser Vergangenheit im Rücken, gestärkt auch durch die Erfahrung als Leiter des Lagers von Herat, hat Sarkawi es verstanden, seinen Einfluss unter den historischen Figuren des Al-Qaida-Netzwerks geltend zu machen. Nach und nach wurde er zu einem der wenigen Kommandochefs, die auch größere Operationen erfolgreich durchführen konnten, und hat sich so de facto als Chefstratege der Organisation durchgesetzt.

Die Stärke des Sarkawi-Netzwerks beruht auf verschiedenen Komponenten, die in ihrer Kombination auch die ganze Bandbreite der islamistischen Bedrohung in Europa bestens demonstrieren. An erster Stelle ist die zwar chaotische, aber kontinuierliche Beziehung zwischen Sarkawi und Abu Mohammed al-Maqdissi zu nennen. Sie hat sich als wertvolle Zauberformel erwiesen und Sarkawi etliche Türen geöffnet, insbesondere die zum Jordanier Abu Qatada, seinem Stellvertreter in Europa, der mittlerweile im Hochsicherheitsgefängnis Belmarsh in England einsitzt. Abu Qatada und dessen Helfer Abu Dhoha werden mehrfach im Rahmen der Ermittlungen über die deutschen Netze Sarkawis genannt.

An zweiter Stelle sei die Organisation *Ansar al-Islam* und ihr politischer Arm, die *Islamische Bewegung Kurdistan* (IHK) erwähnt, die einst unter der Bezeichnung »Hizbollah Kurdistans« lief. Die Aktivisten dieser Gruppe, die die Schaffung eines islamischen Gottesstaates oder Kalifats preist, haben sich in Europa eine breite Infrastruktur geschaffen. In den europäischen Hauptstädten [eher: »Großstädten«], namentlich in Deutschland und Italien, kontrollieren sie mehrere Gebetszentren. Auf diese Netze greift Sarkawi zurück, um neue Anhänger zu gewinnen und Terroranschläge im Irak oder in Europa zu verüben.

Zu ihnen gehören *Al-Tawhid* in Deutschland, die logistische Zelle *Ansar al-Islam* in Italien und das nebulöse Umfeld der marokkanischen Salafisten in Spanien, lauter Gruppen, die jenseits ihrer ursprünglichen Auseinandersetzungen dasselbe Ziel verfolgen: den Dschihad im Auftrag Sarkawis in den Irak zu exportieren. Dieser Mann steht jetzt im Zentrum der überaus komplexen Ermittlungen in ganz Europa. Abgesehen vom jordanischen GID wissen die deutschen Nachrichtendienste sicherlich am besten über Abu Mussab al-Sarkawi Bescheid. Tatsächlich gelang ihnen 2002 über mehrere Monate hinweg eine Abhöraktion bei mehreren Mitgliedern der in Deutschland ansässigen *Al-Tawhid*-Gruppe.

Damals haben die Beamten des Bundesnachrichtendienstes (BND) Sarkawis Verhalten in verschiedenen Phasen seiner Flucht aus Afghanistan genauestens untersucht. Beim Abhören dieser Aufnahmen tritt eine andere Seite seiner Persönlichkeit in Erscheinung, nämlich ein Sarkawi, der sich den Mitgliedern der Zelle gegenüber mal ängstlich, mal warmherzig zeigt. Aus den rund sechshundert Seiten an Verfahrensunterlagen, Verhören und Abhörprotokollen, die im Rahmen der Ermittlungen zur Gruppe *Al-Tawhid* zusammengekommen sind, geht Sarkawi nicht nur als das kaltblütige Monster hervor, das im Irak Geiseln köpft. Sobald es darum geht, das eigene Leben zu retten, gibt sich die handfeste Führernatur auch einmal versöhnlich oder verführerisch. Er ist ein Terrorist, aber eindeutig kein Kamikaze.

Hans-Josef Beth, Leiter der Abteilung Internationaler Terror, Organisierte Kriminalität und Gegenspionage des BND, hat hervorgehoben, dass Sarkawi im Rahmen der *Al-Tawhid*-Zelle »hochaktiv« sei.[1] Nach der Zerschlagung der Gruppe hat Beth erklärt: »*Al-Tawhid* ist eine äußerst besorgniserregende Islamistenzelle. Sie hat mehrere Zellen in Europa und speziell in Deutschland unterstützt. *Al-Tawhid* ist Bestandteil von Al-Qaida. Ihr geistiges Oberhaupt ist Abu Qatada, der für seine extremistischen Theorien bekannt ist.«

Für die deutsche und die europäische Terrorabwehr ist die Enttarnung von *Al-Tawhid* von außerordentlicher Bedeutung. Nur wenige Wochen nachdem, zugegebenermaßen reichlich spät, die gefürchtete »Hamburger Zelle«, die für die Anschläge vom 11. September verantwortlich war, ausgehoben worden ist, findet man heraus, dass etliche Al-Qaida-Mitglieder, darunter auch Sarkawi, mit Hilfe einer weiteren Terrorgruppe vor den Amerikanern im Irak fliehen und den Dschihad fortführen konnten.

Alles spielte sich im Wesentlichen zwischen Teheran und der Wilhelmstraße im westfälischen Beckum ab, dem Wohnsitz von Gruppenchef Mohammed Abu Dhess (alias Abu Ali). Auch in mehreren Städten Bayerns und in Leipzig beispielsweise hielten sich mehrere sogenannte »Schläfer« auf, insgesamt rund dreißig Personen aus Jordanien, Iran, dem Irak und Jemen, die von den deutschen Fahndern im Zuge der Ermittlungen festgenommen wurden. Die Sache wurde an Generalbundesanwalt Kay Nehm weitergeleitet, der zuvor schon mit den Ermittlungen zur Hamburger Zelle befasst war. Das *Al-Tawhid*-Netzwerk hat sich über die Grenzen hinweg ausgebreitet. Verzweigungen finden sich unter anderem in Dänemark, Iran und vor allem in Großbritannien.

Wie so oft bei terroristischen Strafbeständen sind die festgenommenen Personen bereits polizeilich registriert, manche sogar schon verurteilt worden. Das gilt auch für Thaer Mansur, der von der italienischen Polizei wegen seiner Beteiligung an einer früheren Al-Qaida-Zelle in Mailand gesucht wurde.[2] Ein weiteres Mitglied der Gruppe, der am 25. Februar 1964 in Kairo geborene Sajed Agami Mohawal, war früher in Ägypten wegen seiner Zugehörigkeit zu einer islamistisch-fundamentalistischen Gruppe und unerlaubten Waffenbesitzes zu zehn Jahren Gefängnis verurteilt worden.[3] Auch der 34-jährige Palästinenser Aschraf al-Dagma war für die deutschen Sicherheitsbehörden kein Unbekannter. Als er 1994 nach Deutschland kam, war religiöse Exegese nicht eben das, was ihn interessierte. Der angeblich vom palästinensischen Geheimdienst verfolgte Mann fand in Berlin Asyl. Mit der Zeit registrierte die Polizei erste Straftaten; er dealte am Bahnhof Zoo in Berlin mit Kokain und wurde zu zwei Jahren Haft auf Bewährung verurteilt. Al-Dagma lernte die strengen Islamprediger kennen und begann, religiöse Radikalenzirkel zu frequentieren. In Besitz eines portugiesischen Passes auf den Namen »Conti Sanchez« ist er schließlich im April 2003 wegen terroristischer Machenschaften verhaftet worden.[4] Aschraf al-Dagma war eines der aktivsten Mitglieder der *Al-Tawhid*-Zelle.[5]

Die Terroristen wissen das Asylrecht geschickt für sich zu nutzen; sie sichern sich den Status des politischen Flüchtlings und landen am Ende ihrer Reise in den Extremistengruppen, die ihren Stützpunkt vor Ort in Deutschland haben.

Die Ermittlungen setzen erst wirklich ein, als die 17 Mobiltelefone abgehört werden, die auf Mohammed Abu Dhess (alias Abu Ali) angemeldet sind. Der höchst umtriebige Jordanier, ein 1,92 Meter großer, kräftiger Mann in den Vierzigern, ehemaliger Basketballspieler und Schnulzensänger in Ammans Luxushotels, zeigt sich, kaum dass er nach Deutschland eingewandert ist, von seiner dunkleren Seite: der des erfahrenen Dealers. Der wichtigste Partner Sarkawis in Deutschland ist für seine Betriebsamkeit in den Palästinenserkreisen schon bekannt. Abu Ali ist auch an mehreren Waffenschiebereien größeren Umfangs für die islamistische Sache beteiligt. 2001 räumt der Verfassungsschutz ein, dass Abu Ali seit 1997 unter Beobachtung stand. Der Name des Mannes taucht regelmäßig in Zusammenhang mit größeren Schiebereien auf.

Mit dieser Erfahrung ist er der Richtige für Sarkawi, der damals den Angriffen der Koalition um jeden Preis entkommen will. So nimmt er in Deutschland Kontakt zu Abu Ali auf, dem es eine Ehre ist, einem der führenden Köpfe von Al-Qaida Beistand zu leisten. Mehrfach lehnt Sarkawi das dringende Ansinnen seines wichtigsten Kontaktmannes in Deutschland, einen Selbstmordanschlag durchzuführen, kategorisch ab. Abu Ali hat sogar seine Mutter verständigt und sie gebeten, sie möge dafür beten, dass ihr Sohn als Märtyrer stirbt.[6]

Sarkawi aber bleibt bei seinem Nein, wie die Mitschnitte belegen: »Wenn wir dich jetzt verlieren, verlieren wir einen Verbündeten.« Abu Ali hat Hochachtung vor Sarkawi und spricht ihn am Telefon ohne weiteres auch mit *habib* [»Geliebter«] an. Anlässlich eines geheimen Treffens im Iran feilen die beiden Männer weiter an der strategischen Funktion der *Al-Tawhid*-Zelle, ein weiterer Hinweis auf die zentrale Rolle von Mohammed Abu Dhess innerhalb dieser Organisation.[7]

Zu dem Zeitpunkt leitet Abu Ali, der durch seine privilegierte Beziehung zu Sarkawi Rückhalt bei diesem hat, die Zelle von Essen aus. Er erteilt Befehle, übt Kritik, gibt Ratschläge, verhängt auch Strafen. Bei der Durchführung der Operationen ist er überaus präsent. Die deutschen Nachrichtendienste beschließen irgendwann, Abu Ali nicht sofort zu verhaften, um an noch mehr Informationen heranzukommen. Sie wollen mehr über Sarkawi, die neue Galionsfigur des Dschihad, erfahren. Aber natürlich stellen sie die Gruppe unter stärkere Bewachung.

Innerhalb kurzer Zeit organisiert sich die *Al-Tawhid*-Zelle auf Betreiben von Sarkawi. Die verschiedenen Mitglieder der Gruppe in Deutschland erhalten in Afghanistan bei Sarkawi und seinen nächsten Anhängern Passfotos, die sie dann nach Essen oder nach Hørsholm nördlich von Kopenhagen bringen. Dort betreibt Schaker Jussuf al-Abassi (alias Abu Jussuf) eine Passfälscherwerkstatt. Anhand von gestohlenen Dokumenten stellt er Pässe her, die dann wieder nach Afghanistan gehen. Innerhalb von nur drei Monaten werden dort fast 300 Ausweise produziert, von denen Sarkawi in Afghanistan einen Teil für sich behält.

Es finden jetzt immer mehr Gespräche zwischen Sarkawi und Abu Ali statt. Dieser berichtet dem Schekh (dem »Chef«) zu dessen Zufriedenheit immer detaillierter von seinen Aktionen. Natürlich reden sie kodiert, aber aufgrund ihrer Erfahrung durch die Ermittlungen zur Hamburger Zelle gelingt es den deutschen Fahndern rasch, sämtliche Begriffe zu entschlüsseln. Abu Ali redet etwa von »schwarzen Pillen«, wenn Sprengstoff gemeint ist, von »russischen Äpfeln« für Handgranaten oder von »kleinen Mädchen« für gefälschte Führerscheine.[8]

In der Sprache der Terroristen steht die »Universität« für das Gefängnis, ein Hinweis darauf, dass die Fanatiker ihre Haftzeit auch dazu nutzen, auf dem Gebiet des angewandten Terrorismus auf dem Laufenden zu bleiben. Eine »Tänzerin« ist ein Reisepass, während mit »Eicheln« Munition gemeint ist. Alle halten sich so gut wie immer an die Regeln, und wenn ein Mitglied der Gruppe einmal aus der Rolle fällt, wird er von Sarkawi sofort mit Nachdruck verbessert, etwa mit dem Satz: »Die Hunde hören mit!« Tatsächlich wird von der deutschen Terrorabwehr jedes Gespräch sorgfältig mitgeschnitten.

Sarkawi jedenfalls ist zufrieden mit der Arbeitsweise von *Al-Tawhid*. Er ist vor allem froh über seinen neuen Pass, den Abu Ali ihm besorgt hat. Mit dem Satz: »Die Tänzerin ist aus Marokko gekommen« bestätigt er den Empfang.

Woche um Woche bietet *Al-Tawhid* sich an, die Aktivitäten zu diversifizieren und in Sarkawis Auftrag zur Tat zu schreiten. War nicht die Durchführung von Terrorakten auch das ursprüngliche Ziel der *Al-Tawhid*-Zelle, wie sie von Abu Ali und Schadi Abdullah Ende der neunziger Jahre und zu Beginn des neuen Jahrtausends auf die Beine gestellt wurde?

Der Mitbegründer der Gruppe, der Jordanier Schadi Abdullah, enthüllt den Ermittlern später, das strategische Ziel von *Al-Tawhid* sei es gewesen, dem jordanischen Königreich nach einem von Sarkawi ausgeheckten Plan einen Schlag zu versetzen. Als realistischeres Ziel werden zunächst Anschläge in Deutschland anvisiert, etwa mit einer schallgedämpften Pistole in einem gut besuchten Park oder mit Streugranaten in der Nähe des Jüdischen Museums in Berlin. Dabei geht es den Terroristen darum, »möglichst viele Menschen zu töten«. Ausführen soll die Anschläge der 26-jährige Schadi Abdullah, der zusammen mit Aschraf al-Dagma und Ismael Schalabi der persönlichen Garde Osama bin Ladens angehörte. Aufgabe Abdullahs in Deutschland ist es auch, mögliche Ziele auszumachen und sich die nötigen Waffen für eine Fortsetzung der Operationen zu beschaffen.

Im März 2002, als Sarkawi den Iran verlassen will und auf Nachrichten von seinen Verbündeten wartet, will Schadi Abdullah die Sache beschleunigen. Bei einem gewissen Dschamil Mustafa, der in Düsseldorf wohnt, versucht er sich eine Pistole mit Schalldämpfer zu besorgen (eine sogenannte »Stumme Wumme«)[9] und eine Reihe Handgranaten. Die Waffen gelangen jedoch nicht ans Ziel, denn am 23. April 2002 werden Schadi Abdullah[10], Mohammed Abu Dhess, Ismael Schalabi und Dschamil Mustafa[11] verhaftet. Die von der *Al-Tawhid*-Zelle vorbereitete Anschlagsserie scheitert.

Die zehn Mitglieder der deutschen Zelle werden einer nach dem anderen verhaftet. Schadi Mohammed Mustafa Abdullah kooperiert eng mit den deutschen Justizbehörden, um eine Haftminderung zu erreichen. Im November 2003 wird er zu vier Jahren Gefängnis verurteilt. Als hochrangiger Terrorist ist er für die deutschen und amerikanischen Ermittler von großem Interesse.

1999 war er, wie Sarkawi, nach Pakistan gegangen. Im Mai 2000 sind sich die beiden Männer begegnet. Sie eint ihr Groll auf die jordanische Monarchie. Schadi Abdullah wird dem Schutz von Osama bin Ladens Schwiegersohn Abdullah al-Halabi unterstellt, den er bei einer Pilgerfahrt nach Mekka kennen gelernt hat. 1995 wurde sein Asylantrag in Deutschland bewilligt. Auf Sarkawis Befehl geht er im Mai 2001 nach Deutschland, wo er Mohammed Abu Dhess beim Aufbau der Gruppe *Al-Tawhid* unterstützt. Diese Zelle wird damals dazu beordert, Anschläge auf jüdische Ziele in Deutschland durchzuführen, und soll das weitertragen, was im Ausbildungslager von Herat vermittelt wurde: »Al-Tawhid wal-Dschihad« stand auf einem Schild am Eingang des Camps zu lesen. Dieses Motto hat sich die deutsche Gruppe zu Eigen gemacht und bekennt sich damit de facto zu der salafistischen Ideologie Sarkawis. Ganz offensichtlich trachtet die Bewegung *Al-Tawhid* danach, in der Geschichte des Dschihad nach Art von Al-Qaida ihren Platz einzunehmen.

Jeder islamistische Terrorist hofft darauf, seinen eigenen 11. September zu vollbringen. Die Unterstützung einer Terrorgruppe ist oft abhängig von der Anerkennung, die ihr Anführer genießt. Und in der Tat hat Sarkawi den Ehrgeiz, zu Osama bin Laden aufzuschließen, ja ihn zu übertreffen, auch wenn er den Treueeid auf ihn geleistet hat. Das ist in wenigen Worten die Analyse, die Schadi Abdullah seinen deutschen Richtern vorträgt: »Ein Anschlag in Deutschland hätte *Al-Tawhid* berühmt gemacht […], das hätte dieselbe Wirkung gehabt wie der 11. September.«[12] Diese Äußerungen sprechen dafür, dass die Religion, auf die man sich beruft, nur als Vorwand für den Terror dient, mit dem sich die Gruppen gegenseitig überbieten. Keiner der Terroristen geht in seiner Gottesgläubigkeit auf, schon gar nicht Sarkawi, für den der Koran nur ein Machtinstrument ist.

Von Schadi Abdullah bekommen die Behörden etliche Auskünfte, die sie detailliert festhalten. Nachdem er Deutschland 1999 verlassen hatte, kehrte er also 2001 mit dem Auftrag, Geld aufzutreiben, wieder zurück. Abdullah macht präzise Angaben über das von ihm und Abu Ali entwickelte System, nach dem in verschiedenen deutschen und europäischen Moscheen Gelder für Sarkawis Netzwerk gesammelt wurden.[13] Von Deutschland aus hält Schadi Abdullah engen Kontakt zu Sarkawi. Als die amerikanischen Bombardierungen in Afghanistan die Flucht nötig machen, dient die *Al-Tawhid*-Zelle schließlich als logistischer Stützpunkt. Die Aussagen im Rahmen der Ermittlungen legen den Schluss nahe, dass diese ursprünglich für die logistische Unterstützung konzipierte Zelle sich nach und nach in eine operative Terrorgruppe verwandelt hat. Schadi Abdullahs Angaben gegenüber der deutschen Polizei helfen dabei, das weit gespannte Netzwerk Sarkawis besser zu umreißen.

Die Verzweigungen der Gruppe reichen bis nach Hamburg, Berlin und Wiesbaden. Hilfe steht auch in Großbritannien oder Tschechien in Form von einsatzfähigen Terroristen bereit. Unter der strengen Aufsicht von Abu Ali, dem erprobten Schieber und Dealer, ist die gesamte Gruppe mit illegalen Finanzkreisläufen gut vertraut. Die deutsche Gruppe schleust über Handelsgesellschaften oder Nichtregierungsorganisationen (NGO) wie die Organisation *Wafa*, die von den Vereinigten Staaten auf die Liste der Terrororganisationen gesetzt wurde, Gelder nach Afghanistan. Laut Schadi Abdullah ist die Hälfte der Gelder, die von Deutschland nach Afghanistan flossen, an Al-Qaida gegangen, während sich Sarkawi und die Taliban die andere Hälfte geteilt haben. Schadi Abdullah behauptet, Sarkawi habe diese Finanzhilfen immer nur widerwillig geteilt.[14] Gegenüber den BND-Fahndern hat er bestätigt, dass Abu Ali deutschlandweit für das Auftreiben von Geldern zuständig war.

Für seine Gespräche mit der deutschen Zelle benutzt Sarkawi eine Vielzahl von Mobiltelefonen der Marke Inmarsat. Oft kommuniziert er mit seinen Partnern im Ruhrgebiet auch per SMS, um sicherzugehen, dass er nicht abgehört wird.

Kurz nach der Enttarnung von *Al-Tawhid* haben die

deutschen Antiterrorfahnder die wachsende Bedeutung islamistischer Zellen in Deutschland eingestanden. Derzeit laufen rund 180 Ermittlungen zu Gruppen oder Personen, die mittel- oder unmittelbar mit der islamistischen Bedrohung in Zusammenhang gebracht werden. Im Anschluss an die Verhaftungen im Rahmen der *Al-Tawhid*-Ermittlungen haben die Beamten vom BKA erklärt, Deutschland sei zum »Ruhe-, Rückzugs- oder Vorbereitungsraum« für islamistische Terroristen geworden.[15] Das trifft vor allem auf die Gruppe von Sarkawi zu.

In seinen Verhören bezeichnet Schadi Abdullah die *Al-Tawhid*-Zelle stets als autonomes Untergrundgebilde, das, ursprünglich von Al-Qaida gegründet, von Sarkawi für eigene Zwecke vereinnahmt wurde. »Ziel dieser Gruppe ist es, die jordanische Regierung zu treffen und die Juden zu bekämpfen«, gibt Abdullah gegenüber den deutschen Ermittlern an. Er macht auch genaueste Angaben zu der engen Beziehung zwischen Sarkawi und dem damals in London lebenden Abu Qatada. Gegenüber den Richtern erklärt er, Sarkawi »konnte nichts tun, ohne zuvor die Erlaubnis des geistigen Oberhauptes Abu Qatada eingeholt zu haben«.[16]

Abu Qatada al-Filistini (mit richtigem Namen Umar Mahmud Uthman oder Omar Mahmud Othman) hat damals in der Tat erheblichen Einfluss auf die Entscheidungen und Orientierungen Sarkawis innerhalb von *Al-Tawhid*. Abu Qatada, der dem Mentor Sarkawis, Abu Mohammed al-Maqdissi, sehr nahe steht, erhielt 1993 in Großbritannien politisches Asyl. Bei verschiedenen, noch laufenden Gerichtsverfahren in Spanien, Deutschland und Frankreich wurde nachgewiesen, welch herausragende Rolle Abu Qatada für Al-Qaida in Europa spielt. Nicht zuletzt fanden sich Videos mit seinen Predigten unter den persönlichen Gegenständen der Terroristen vom 11. September. Abu Qatada, der als Statthalter Osama bin Ladens in Europa gilt, unterhält, wie schon erwähnt, über mehrere ideologische und operative Verbindungen auch eine enge Beziehung zu Abu Mussab al-Sarkawi.

Zum einen ist Abu Qatada von der jordanischen Justiz gemeinsam mit Sarkawi wegen seiner Beteiligung an den Vorbereitungen zu den für die Jahreswende 1999/2000 geplanten Anschlägen verurteilt worden. Darüber hinaus war er über lange Jahre eng mit Abu Mohammed al-Maqdissi befreundet. Schenkt man schließlich den Geständnissen von Schadi Abdullah vor der deutschen Justiz Glauben, so liefen die Operationen von Sarkawis Netzwerk in Europa ebenfalls über ihn.

Wegen all dieser belastenden Fakten wurde Abu Qatada im Oktober 2002 von den britischen Behörden verhaftet. Im März 2004 weisen die englischen Richter seinen Antrag auf Freilassung ab und bezeichnen ihn als »wahrhaft gefährliches Individuum«, das »in England tief in die Terroroperationen von Al-Qaida verwickelt« sei.[17]

Die Gruppe der »Italiener«

Die Entdeckung und Zerschlagung der *Al-Tawhid*-Zelle in Deutschland haben bereits erahnen lassen, wie weit das Sarkawi-Netzwerk in Europa Fuß gefasst hat. Kurze Zeit später erfolgt diesbezüglich die Bestätigung durch den Mailänder Antiterrorermittler und Staatsanwalt Stefano Dambruoso. Mit Hilfe der italienischen Spezialeinheit DIGOS *(Dipartimento Investigativo dei Gruppi Operazioni Speciali)* werden im Zuge der Operation »Bazar« mehrere Anhänger der Terroristengruppe *Ansar al-Islam* in Italien festgenommen, anschließend werden weitere Mitglieder der italienischen Zelle in Deutschland verhaftet.

Nach dem Vorbild von *Al-Tawhid* sollte die Gruppe der »Italiener« Terrorkämpfer nach Irakisch-Kurdistan einschleusen und Sarkawi und seinen Gefolgsleuten logistische Unterstützung gewähren. 2002 und 2003 verschaffen die Ermittlungen der italienischen Nachrichtendienste einen Einblick in das Räderwerk der komplexen Terrororganisation. In der Verfügung des Mailänder Gerichts vom 21. November 2003 heißt es: »Die Beschuldigten bildeten auf italienischem Staatsgebiet eine Terrorzelle von *Ansar Al-Islam,* deren anerkannter Anführer Mullah Krekar ist. Diese Gruppe stand auch mit der von Abu Mussab al-Sarkawi geleiteten Terroristenorganisation *Al-Tawhid* in Verbindung; al-Sarkawi ist auch heute noch ein wichtiges Mitglied von

Al-Qaida. Diese Organisation sollte gefälschte Papiere besorgen, Helfer für die logistische Unterstützung werben und diese gegebenenfalls in Trainingslager schicken, die sich größtenteils im Irak befinden. Außerdem sollte sie die nötigen finanziellen Mittel zur Verwirklichung der Ziele der Organisation beschaffen.«[18]

Kurz vor der geplanten Flucht der Verdächtigen nach Syrien werden in Parma Mohammed Tahir Hamid und Mohammed Amin Mostafa, zwei 27-jährige irakische Kurden, festgenommen. Die Mailänder Polizei verhaftet auch den 30-jährigen Ägypter Radi al-Ajaschi (alias Mera'i), die Nummer zwei des Netzwerks, und den Somalier Abdullah Mohammed Ise (in somalischer Schreibweise: Cabdulla Moxamed Ciise), ein aktives Al-Qaida-Mitglied.[19] Zwei Tage später nimmt die DIGOS in Cremona den Tunesier Murad Trabulsi, Imam der Moschee von Cremona, und den 26-jährigen Hamrawi bin Muldi in Gewahrsam.[20]

Die Männer sollten zur Verstärkung von *Ansar Al-Islam* Kämpfer aus Italien über die Türkei und Syrien nach Irakisch-Kurdistan einschleusen. Im Auftrag von Sarkawi und einem hochrangigen Mitglied von *Ansar Al-Islam* namens Mohammed Madschid alias Mullah Fu'ad, einem 32-jährigen Kurden, sollte die Gruppe an den Operationen teilnehmen. Bis März 2003 hat Letzterer die Aktionen der Gruppe zwischen Kurdistan und Syrien koordiniert.[21]

In seiner Anlaufstelle vor Ort nimmt Mullah Fu'ad die Neuankömmlinge in Empfang. Wiederholt gibt er bei Telefongesprächen, die von der italienischen Polizei mitgeschnitten werden, seinen Bedarf an »Kamikaze« bekannt. Die Gespräche sind verschlüsselt: »Ich suche Leute aus Japan«, bedeutet Mullah Fu'ad dem Somalier Abdullah Mohammed Ise, der von Italien aus tätig ist. Bei einem Telefonat zwischen Mullah Fu'ad und dem deutschen Anführer des Netzwerks von *Ansar al-Islam,* Abderrazak Mahdschub, ist die Todesmaschinerie in Fahrt: Fu'ad fordert Mahdschub auf, kranke und schwache Mitglieder für Selbstmordanschläge in den Irak zu schicken.

Die in Italien durchgeführte Operation »Bazar« ist für die europäischen Nachrichtendienste von größtem Interesse. Sie fördert zutage, dass sich die Zellen, die sich üblicherweise auf Al-Qaida berufen, inzwischen zu einem Unterstützerkreis für die bewaffneten Islamisten in Irakisch-Kurdistan entwickelt haben. Die italienischen Ermittler bringen die neue Funktionsweise von Al-Qaida ans Licht. Die einzelnen Zellen sind autonom und agieren auch gruppenübergreifend praktisch ohne hierarchische Ordnung. Zwar untersteht jede Gruppe der Leitung eines ihrer Mitglieder, doch nimmt sie keinen festen Platz innerhalb einer Kommandostruktur ein. Mit dem Beginn der Antiterroroffensive in Afghanistan ist die hierarchische Befehlspyramide von Al-Qaida hinfällig geworden. Von nun an handelt jede Zelle selbstständig – wie in einem Franchise-System. Die Zelle der »Italiener« nimmt sich *Ansar al-Islam,* die von Sarkawi kontrollierte Gruppe, zum Vorbild.

Kurz vor der Militäroffensive der USA in Irakisch-Kurdistan kommt die DIGOS einem aus Italien ausgeschleusten Aktivisten wieder auf die Spur. Es handelt sich um Nureddin Drissi (alias Abu Ali), einen ehemaligen Bibliothekar der Moschee in Cremona. Die friedliche italienische Stadt hat er gegen die Bergregion des irakischen Kurdistan eingetauscht und ist in Khurmal, dem Epizentrum der Terroristengruppe *Ansar al-Islam,* gelandet. Mit seiner Frau und seinen beiden Kindern hat er sich einige Monate zuvor über Damaskus in dieses Kriegsgebiet aufgemacht und ist dort bis zu seiner Flucht in den Iran geblieben.

Im März 2003 wird diese abgelegene Enklave an der Grenze zwischen dem Irak und Iran zum bevorzugten Einsatzgebiet Sarkawis. Der Jordanier hat dort unbemerkt seine Vertrauensleute platziert und unterwandert von seinem eigenen Basislager im afghanischen Herat aus nach und nach die islamistischen Gruppierungen Kurdistans.

Nureddin Drissi befindet sich zu diesem Zeitpunkt noch in Khurmal, unweit der Stadt Sargat, wo Sarkawi seine Trainingslager eingerichtet hat, in denen Terroristen insbesondere für den Einsatz chemischer und bakteriologischer Waffen ausgebildet werden. Die Stellungen der Gruppe werden von den Amerikanern bombardiert. Nureddin Drissi ruft seinen italienischen Verbindungsmann, den Tunesier Murad Trabulsi, Imam der Moschee von Cremona, regelmäßig über Satellitentelefon an. Die Gespräche der beiden Männer werden von der italienischen Polizei mitgeschnitten. Drissi äußert Bedenken hinsichtlich der neuen Rekruten und fordert erfahrene Kämpfer zur Unterstützung an. Gelegentlich lehnt er den einen oder anderen Glaubensbruder sogar mit der Begründung ab, auf ihn sei im Kampf nicht wirklich Verlass. Drissi hält sich über die Ausbildung der neuen Rekruten, die in den Irak geschickt werden sollen, um die Amerikaner in die Enge zu treiben, auf dem Laufenden.

Einige dieser »Kämpfer« stammen aus Nordafrika, viele aus Tunesien. Sie sind nach Italien ausgewandert, von wo aus sie sich zu den neuen Dschihad-Gebieten hin orientieren. Noch Ende der neunziger Jahre war Tschetschenien das beliebteste Ziel junger Radikalislamisten; Anfang 2000 steht der Irak ganz oben auf der Liste der Krisengebiete, in die sie ziehen. Die italienischen Auslandsnachrichtendienste haben festgestellt, dass mehrere aus Tunesien stammende Italiener an der Seite von *Ansar al-Islam* vor, während und nach dem Irakkrieg an Kampfhandlungen dort teilgenommen haben.

Monatelang haben die DIGOS-Ermittler die Organisationen, die im Verdacht stehen, Kämpfer in den Irak einzuschleusen, im Visier. Die Fahnder diverser westlicher Nachrichtendienste, die an den Ermittlungen beteiligt sind, weisen auch darauf hin, dass versucht werde, Al-Qaida-Mitglieder im irakischen Kurdistan wieder aufmarschieren zu lassen. Die Islamisten wünschten in dieser armen Gebirgsgegend eine Wiederauflage des »afghanischen« Beispiels: Errichtung eines Kalifats, Trainingslager für Terroristen, die Burka für Frauen, Steinigungen, öffentliche Hinrichtungen und die Scharia als Verfassung. Die Aktivisten seien zu allem bereit, um aus *Ansar al-Islam* eine zweite Al-Qaida-Gruppe zu machen. Und diese Gruppe würde ihre Netze mitten in Europa ausbreiten – vor allem in Deutschland und Italien.

Bei dieser massiven Umverlegung der Al-Qaida-Mitglieder leistet die italienische Zelle von *Ansar al-Islam* aktive Unterstützung. Sie ist direkt an der Entsendung von rund vierzig radikalen Islamisten nach Kurdistan beteiligt. Einige von ihnen werden in dieser Gegend trainiert und kehren nach Italien zurück, sobald sie die Terrormethoden beherrschen. Andere greifen wiederholt die italienischen Truppenkontingente im Irak an. Doch die jungen Rekruten sind vor allem für »die logistische Unterstützung, die Finanzierung und Beschaffung falscher Pässe«[22] vorgesehen – wie die *Al-Tawhid*-Zelle.

Die logistische Organisationsstruktur verdeutlicht die Schlüsselstellung Syriens als Durchgangsstation für die Dschihadisten. Nach der Militäroffensive der USA scheinen viele von ihnen auf dem Rückzug Zuflucht in Damaskus und Aleppo gefunden zu haben. Die italienischen Antiterrorfahnder haben »die Rolle Syriens als Drehscheibe für Rekruten zwischen Europa und Ansar« hervorgehoben.[23] Den italienischen Behörden zufolge haben Sarkawi und *Ansar Al-Islam* sehr wohl von »einer logistischen Infrastruktur in Syrien profitiert«.[24]

Diese Schlussfolgerungen der italienischen Justiz in Sachen *Ansar al-Islam* stützen die bereits zitierten jordanischen Gerichtsunterlagen, aus denen hervorgeht, dass Abu Mussab al-Sarkawi sich nach seiner Flucht aus Afghanistan mehrmals in Syrien aufgehalten hat. Es ist durchaus anzunehmen, dass Sarkawi in Syrien dauerhaft auf Rückendeckung zählen konnte: Die Verbindungen zwischen Sarkawi und Irakisch-Kurdistan laufen über Syrien, genauer gesagt Damaskus und Aleppo.

In Italien werden die Operationen von den Mitgliedern der Gruppe *Ansar al-Islam* koordiniert. Wie bei der *Al-Tawhid*-Zelle in Deutschland können die Islamisten in den Kampfgebieten sich auf die treue Unterstützung der Aktivisten von *Ansar al-Islam* verlassen. Mohammed Tahir Hamid und Mohammed Amin Mostafa, zwei junge Kurden, die am Stadtrand von Parma leben, bemühen sich verstärkt darum, islamistische Kämpfer in der Umgebung von Kultstätten auf der Straße zu werben. Mohammed Tahir Hamid, der von der italienischen Polizei festgenommen und im Oktober 2003 verhört wird, erklärt, er sei zunächst in der *Islamischen Bewegung von Irakisch-Kurdistan* aktiv gewesen, einer der Organisationen, die später mit *Ansar al-Islam* fusionierte. 1999 sei er im Trainingslager von Khurmal ausgebildet worden und dann bei *Ansar al-Islam* zur Abteilung »Information und Propaganda« gestoßen. Er versichert auch, dass Mullah Krekar, den er seit 1993 kenne, das Oberhaupt von *Ansar al-Islam* sei.[25] Die Telefonnummern der beiden Mitgliederwerber sind übrigens, wie sich im September 2003 herausstellt, in Mullah Krekars privatem Telefon eingespeichert. Dieser wird damals in Amsterdam festgenommen und dann an Norwegen ausgeliefert. In einem Telefonat, das am 18. Januar 2003 von der italienischen Polizei abgehört wird, äußert sich der Ägypter Radi al-Ajaschi (alias Mera'i), zweitwichtigstes Mitglied des Rekrutierungsnetzes von *Ansar al-Islam,* besorgt wegen der Inhaftierung von Mullah Krekar.

Am 9. März 2003 trifft Mera'i einen Kontaktmann mit Namen Ibrahim (alias Abu Abdu), der ihn auffordert, mit Mullah Fu'ad in Syrien Verbindung aufzunehmen. Das Schweizer Prepaid-Telefon, das von besagtem Ibrahim benutzt wird, ist in Wirklichkeit eines der von Sarkawi persönlich verwendeten Mobiltelefone. Der jordanische Terrorist hat damit, wie sich im Zuge der Ermittlungen herausstellen sollte, unter anderem von Syrien aus mit dem Mörder von Laurence Foley, Salim Saad bin Suweid, telefoniert. Die italienischen Ermittlungen haben ergeben, dass Sarkawi dasselbe Telefon auch für Gespräche mit seinen »italienischen« Nachwuchswerbern verwendet hat. Bis Oktober 2004 verwenden etliche hochrangige Terroristen die in der Schweiz gekauften anonymen Prepaid-Karten, um unentdeckt zu bleiben. Sarkawi, aber auch Khaled Schekh Mohammed, der die Anschläge vom 11. September 2001 geplant hat, machten sich diese Schweizer SIM-Karten zunutze.

Die DIGOS-Leute ermitteln weiter vor Ort. Bei dieser Jagd auf »illegale Kämpfer« werden sie von den US-Behörden unterstützt. Am 18. Januar 2003 stellt die Polizei in Mailand den Ägypter Radi al-Ajaschi alias Mera'i, einen der wichtigsten Werber im europäischen Netzwerk von *Ansar al-Islam.* In dem Speicher seines Thuraya-Satellitentelefons entschlüsseln die Ermittler die Telefonnummern von Sarkawis Leutnants in Irakisch-Kurdistan. Unter den Nummern, die im Kontaktverzeichnis eines Mitstreiters von Ajaschi, genannt Sali Abdullah Ali, entdeckt werden, findet sich die von Abu Aschraf, der zu den engen Gefolgsleuten Sarkawis zählt.

Abu Aschraf, der in Wirklichkeit Khaled Mustafa Khalifa al-Aruri heißt, war für Sarkawi in der Terroristenorganisation *Bayt al-Imam* einer der Mitstreiter der ersten Stunde[26] und war an seiner Seite bis 2003 mit der Verwaltung der Trainingslager betraut, insbesondere in Irakisch-Kurdistan.

Im Zuge der europäischen Ermittlungen werden auch enge Verbindungen zwischen *Al-Tawhid* und der italienischen Zelle von *Ansar al-Islam* aufgedeckt. Der Leiter des deutschen Terrornetzwerks, Mohammed Abu Dhess (Abu Ali), ruft Sarkawi übrigens persönlich auf einem Satellitentelefon an, dessen Nummer auch von Abdelhalim Remadna, einem Mitglied der italienischen Gruppe, verwendet wird. Zwischen der deutschen und der italienischen Zelle findet ein reger Austausch statt. Derselbe Abu Ali, der Sarkawi während seiner Flucht in den Iran regelmäßig anruft, steht auch mit anderen Mitgliedern der italienischen Zelle von *Ansar al-Islam,* unter anderen Mawwad Sajed und Thaer Mansur, in Kontakt.

Ein weiterer Mitgliederwerber der Gruppe *Ansar al-Islam* wird bald darauf, am 23. November 2003, aufgrund eines italienischen Rechtshilfeersuchens in Hamburg verhaftet. Es handelt sich um einen 30-jährigen Algerier namens Abderrazak Mahdschub (alias der Schekh), der im Rahmen der Ermittlungen zu geplanten Attentaten an der Costa del Sol auch von der spanischen Justiz gesucht wird.[27] Mahdschub ist bereits im Juli 2003 von der spanischen Polizei verhaftet und einige Wochen später wieder auf freien Fuß gesetzt worden. Der Anklageschrift des spanischen Ermittlungsrichters Baltasar Garzón zufolge hat sich Mahdschub »im März 2003 mit der Absicht nach Damaskus begeben, in den Irak weiterzureisen, um dort weitere Mudschahidin in Empfang zu nehmen«.[28]

In Hamburg wird Abderrazak Mahdschub auf Ersuchen der italienischen Behörden festgenommen. Die DIGOS-Ermittler vermuten in ihm einen der europäischen Drahtzieher von Sarkawis irakischem Netzwerk. Mahdschub wirbt junge Radikalislamisten für Selbstmordattentate im Irak an.

Er ist für Sarkawi tätig und steht mit zwei Tunesiern in Verbindung, die in Mailand gestellt werden: Boujahia Maher Abdulaziz und Husni Dschama. Die deutschen Ermittler werden später feststellen, dass Mahdschub auch Beziehungen zu der in Hamburg stationierten Terrorgruppe vom 11. September unterhielt. Am 19. März 2004 wird Abderrazak Mahdschub schließlich an Italien ausgeliefert. Den deutschen Ermittlern zufolge hat er in Deutschland rund hundert Dschihadisten angeworben. Einige dieser Fanatiker sollen in Falludscha und der Umgebung von Bagdad zu Sarkawis Truppen gestoßen sein. Andere sollen an brutalen Angriffen auf die italienischen Kontingente beteiligt gewesen sein. Manche der »italienischen« Rekruten sollen an der Vorbereitung der Lkw-Bombe mitgewirkt haben, die im November 2003 in Nasariyah explodierte und 19 italienische Soldaten tötete. Der aus Marokko stammende Italiener Kamal Morschidi war im Oktober 2003 in Bagdad bei dem Raketenangriff auf das Hotel Raschid beteiligt, in dem sich der stellvertretende US-Verteidigungsminister Paul Wolfowitz aufhielt. Die »Italiener«, die im Irak in den Kampf gezogen sind, greifen bevorzugt die Soldaten des aus ihrem Heimatland stammenden Kontingents an.

Das im Laufe des Jahres 2003 zerschlagene italienische Netzwerk hatte sich auf eine neue Organisationsform gestützt. Die Einsatztruppen von Al-Qaida arbeiteten mit den Mitgliedern von *Ansar al-Islam* zusammen, um mehr Kämpfer und finanzielle Mittel zur Verfügung zu haben und ihre Logistik auszubauen. Jede der beiden Gruppen konnte auf die Ressourcen der anderen zurückgreifen. Diesbezüglich ist die Zugehörigkeit des Somaliers Abdullah Mohammed Ise zur italienischen Zelle von *Ansar al-Islam* bezeichnend. Vor seiner Verhaftung im April 2003 in Mailand war Ise den Antiterroreinheiten als wichtiger Emissär des Al-Qaida-Netzes bekannt. Die italienischen und israelischen Ermittler verdächtigten ihn damals, das Attentat vom 28. November 2002 in Kenia via Dubai finanziert zu haben; der Anschlag auf das Hotel Paradise in Mombasa forderte acht Todesopfer. Während seiner Gespräche bezog sich Ise oft auf Mullah Fu'ad, einen »hohen Würdenträger von *Ansar al-Islam,* der in Syrien als Portier zum Irak stationiert war«.[29]

Der italienischen *Ansar-al-Islam*-Zelle standen ausreichende Mittel zur Verfügung, ihr Kontingent wie die Logistik betreffend. Alles in allem haben 48 Dschihadisten Italien verlassen, um sich *Ansar al-Islam* anzuschließen. Auch logistisch war sie reichlich versorgt. Die Mitglieder von *Ansar al-Islam* in Italien verfügten über mehrere Satellitentelefone, die sehr viel teurer sind als herkömmliche Mobiltelefone. Sie waren oft unterwegs, in Italien wie im Ausland. Diese Mobilität hat ihren Preis. Darüber hinaus verfügte die Gruppe über mehrere »Gästehäuser« in Syrien, in denen neue Mitglieder aufgenommen wurden. Es ist kaum vorstellbar, dass die Logistik, die zwischen Italien und dem Irak zum Einsatz gebracht wurde, ohne die Unterstützung einer gut strukturierten Organisation ausgekommen sein soll.

Chemische Bedrohung für Europa

Am 10. Juli 2002, sieben Monate bevor Colin Powell die Welt auf Sarkawi und seine Komplizen aufmerksam macht, werden die türkischen Sicherheitsdienste gewarnt, dass eine Sendung mit biologischem Gift in ihr Land unterwegs sei. Die hochgiftige Substanz ist an einen gewissen »Mussab« adressiert. Eine Terroristengruppe soll das Gift innerhalb von 20 Tagen, solange es voll wirksam ist, gegen die russische und die US-Botschaft in der Türkei zum Einsatz bringen. Die amerikanische Botschaft in Ankara unterrichtet die Leiter der türkischen Sicherheitsbehörden von dem drohenden Anschlag. Zwei Namen werden von der örtlichen Dienststelle der CIA genannt – Abu Atijja und Abu Teissir, zwei enge Gefolgsleute Sarkawis, die im nördlichen Kaukasus aktiv sind. Die Mitteilung der CIA wird unverzüglich den Polizeibehörden übermittelt, die vor Ort die Sicherheitsmaßnahmen verstärken. Die Terroristen könnten große Teile der Bevölkerung vergiften, wenn sie die Substanz über Türklinken in Sportstadien oder Zügen verbreiteten. Doch die Drohungen werden letztlich nicht wahrgemacht.

Zu diesem Zeitpunkt, im Sommer 2002, stellt die georgische Regierung unter Eduard Schewardnadse die Ansiedlung von Al-Qaida-Zellen im Kaukasus nicht in Abrede. Unter dem Druck der US-Behörden hat sich die georgische

Regierung dazu verpflichtet, die Terroristengruppen, die insbesondere im Pankisi-Tal Zuflucht gesucht haben, hinter Schloss und Riegel zu bringen. Internen Quellen zufolge sieht der russische Inlandsnachrichtendienst FSB die amerikanischen Antiterroroperationen, die mitten in Georgien durchgeführt werden, mit einem gewissen Wohlwollen.[30] Im August 2003 wird Adnan Mohammed Sadiq alias Abu Atijja schließlich von den aserbaidschanischen Sicherheitskräften festgenommen und an sein Heimatland Jordanien ausgeliefert.[31]

Seit den Attentaten vom 11. September 2001 und der Operation »Enduring Freedom« in Afghanistan sind mehrere Hundert Taliban und Al-Qaida-Mitglieder vor den Bombenangriffen geflohen. Manche sind über den Khaiber-Pass in die Stammesgebiete in Wasiristan gelangt, andere sind – wie Sarkawi – nach Iran gegangen, um von dort aus in den Irak zu gelangen; wieder andere haben über Turkmenistan oder Usbekistan die verschiedenen Provinzen des Kaukasus erreicht.

Bereits vor dem 11. September 2001 hat das Al-Qaida-Netz im Kaukasus die gleichen Vorkehrungen wie im irakischen Kurdistan getroffen. Manche der den islamistischen Guerillakämpfern ausgelieferten Enklaven könnten den Al-Qaida-Kämpfern als Stützpunkte für einen eventuellen Rückzug dienen – wie Tschetschenien, Dagestan und Georgien. Und Abu Atijja zählt ab 1999 zu den wichtigsten Al-Qaida-Führern in Georgien.

Abu Atijja musste nach der heftigen Antiterroroffensive 1999 aus Tschetschenien fliehen. Wie Abu Subeida, Operationschef von Al-Qaida, und Sarkawi ist Abu Atijjah Jordanier. Er ist mit einer Tschetschenin verheiratet und lässt sich im Kaukasus nieder, um in dieser Krisenregion die Interessen Sarkawis zu vertreten. Als Veteran des Tschetschenienkriegs, in dem er ein Bein verloren haben soll, scheint er für Giftgas besonders kompetent zu sein.[32] Er nimmt bald neue Freiwillige aus Europa in Empfang, die er für den Einsatz von Sprengstoffen und chemischen Substanzen ausbildet. In zahlreichen Fällen bauen diese nach der Rückkehr in ihre Heimatländer eigene Terrorzellen auf, die Abu Atijja direkt unterstehen. Abu Atijja pflegt enge Beziehungen zu einem gewissen Jussuf Omeirat, alias Abu Hafs, Militärchef des Rebellenführers Emir Khattab.

Während Sarkawi seine Helfershelfer in Kurdistan in Position bringt, nähert er sich auch den bewaffneten islamistischen Bewegungen im Nordkaukasus an. In dieser Region, genauer gesagt in der Nähe der Ortschaft Omalo im Pankisi-Tal, erlernen die Franzosen Merouane Benahmed, Menad Benchellali und Noureddine Merabet den Umgang mit chemischen Waffen. Wochenlang feilen sie in Begleitung tschetschenischer Rebellen und hochrangiger Al-Qaida-Mitglieder, darunter Abu Atijja, ihre Kampftechniken aus. Menad Benchellali entpuppt sich als begabter Chemiker und spezialisiert sich auf diese »Fachrichtung«. Der Ort ist für die Herstellung komplexer Substanzen nicht geeignet, doch man übt sich immerhin darin, Cyanid-Derivate in Wasserleitungsnetzen zu verbreiten. Die französischen Ermittler haben in der persönlichen Habe der Dschihadisten Methylenblau gefunden, das als Gegenmittel gegen Cyanide angesehen wird.

Im Dezember 2002 nimmt der französische Inlandsnachrichtendienst DST mehrere aus Algerien stammende Verdächtige in den Pariser Vororten La Courneuve und Romainville fest. Bei einer Durchsuchung finden die Ermittler Chemikalien, zwei Gasflaschen und einen Chemikalien-Schutzanzug sowie betriebsfähige Zündvorrichtungen. Das französische Innenministerium erklärt kurz darauf, dass »die elektronischen Systeme betriebsfertig waren und die Fernzündung von Sprengkörpern mit Hilfe von Mobiltelefonen ermöglichten«.[33] Am 11. März 2004 wurden die Bomben von Madrid mit dem gleichen System gezündet.

Kurz nach der Verhaftung des Hauptverdächtigen Merouane Benahmed in La Courneuve stellt die DST Menad Benchellali in einem Gebäude in der Rue David Rosenfeld in Romainville, Departement Seine-Saint-Denis.[34] Wichtige Beweisstücke, die darauf schließen lassen, dass die Gruppe chemische Waffen herstellte, werden sichergestellt. Der Mitteilung des französischen Innenministeriums zufolge wurden bei der Durchsuchung Substanzen gefunden, die »die Herstellung von Sprengstoffen und Giftgasen wie Cyanidgas« ermöglichen.[35] Die Mitglieder dieser Zelle planten offenbar einen Anschlag auf die russische Botschaft in Paris, um Vergeltung für den Tod von Emir Khattab und das harte Durchgreifen der russischen Behörden gegen die tschetschenischen Terroristen bei der Geiselnahme am 24. Oktober 2002 im Moskauer Dubrowka-Theater zu üben.

Die Verhafteten verfügten zur Herstellung der Chemikalien über ein Eigenbaulabor. Menad Benchellali, Bruder des Guantánamo-Häftlings Murad Benchellali und Sohn des radikalislamistischen Imams von Vénissieux, Chellali Benchellali, bereitete die Anschläge von seiner Wohnung aus vor. Die meisten dieser Terroristen standen mit einem Nachwuchswerber von Al-Qaida in Verbindung: Raschid Boukhalfa alias Abu Dhoha, geboren am 24. November 1969 in Constantine in Algerien. Dieser steht wiederum Abu Mussab al-Sarkawi nahe. Abu Dhoha sieht seiner Auslieferung an die Vereinigten Staaten entgegen, wo er verdächtigt wird, an dem versuchten Attentat auf den Flughafen von Los Angeles im Dezember 1999 beteiligt gewesen zu sein.[36]

Von diesen jungen Islamisten weiß man, dass sie sich in Afghanistan und in Tschetschenien aufgehalten haben. Die Ermittlungen zur sogenannten Tschetschenen-Connection werden eingeleitet, die Familie Benchellali wird unter die Lupe genommen. Der Vater, Chellali Benchellali, ist bereits bei seiner Rückkehr vom bosnischen Dschihad in Besitz einer Schusswaffe festgenommen worden. Der damalige französische Innenminister Nicolas Sarkozy erklärt bald darauf, dass einer der Verhafteten, der älteste Sohn Menad Benchellali, für den Einsatz von Chemikalien ausgebildet worden sei.[37] Zwei seiner Helfer geben zu, Attentate mit chemischen Kampfmitteln auf die russische Botschaft in Paris geplant zu haben. Die Terroristen wollten dafür Rizin und Botulinum-Toxin, zwei hochgiftige Substanzen, einsetzen. Die französischen Ermittler der DST sind der Ansicht, dass die Gruppe aus Vénissieux offensichtlich mit den Tschetschenen, aber auch mit Sarkawi in Verbindung stand.

Nach der Rückkehr Menad Benchellalis aus Georgien konnten die französischen Ermittler vor seiner Verhaftung in Romainville nachweisen, dass er ein Eigenbaulabor zur Herstellung von Rizin in der Wohnung der Familie in Vénissieux eingerichtet hatte. Mit Unterstützung seiner Angehörigen hantierte Menad Benchellali mitten im Stadtviertel Les Minguettes mehrere Wochen lang mit hochgiftigen Chemikalien und lagerte die Toxine in Nivea-Cremedosen. Sein Vater gibt schließlich zu, gewusst zu haben, was sein Sohn in seinem Zimmer fabrizierte. Wiederholt geben die Verantwortlichen der französischen Antiterrorfahndung bekannt, dass Sarkawi zumindest indirekt an der Vorbereitung dieser Anschläge beteiligt gewesen sei.

Der französische Antiterrorismusrichter Jean-Louis Bruguière versichert 2004, dass das Eingreifen der DST dazu beigetragen habe, »einen größeren Anschlagsversuch, der wahrscheinlich die Pariser Metro und andere Ziele mit einer neuen chemischen Waffe [getroffen hätte]« zu vereiteln, ein Attentat, das seiner Ansicht nach in Frankreich »mehr Tote als [am 11. März 2004] in Madrid« gefordert hätte.[38]

Doch der Name Sarkawi taucht auch im Zusammenhang mit einer anderen Attentatsdrohung auf, die gegen Großbritannien gerichtet ist und deren Handlungsschema dem weiter oben geschilderten äußerst ähnlich ist. Ein paar Tage nach den Verhaftungen in Frankreich stellt die britische Polizei infolge der Ermittlungen der französischen Behörden am 5. Januar 2003 sechs aus Nordafrika stammende Männer in einer Wohnung in Wood Green im Norden Londons. Vier von ihnen werden von Scotland Yard wegen der Herstellung von Chemikalien in Verbindung mit terroristischen Aktivitäten verhaftet. Es handelt sich um Mustafa Taleb (33 Jahre alt), Mulud Feddag (18), Sidali Feddag (17) und Samir Feddag (26).[39] Die britischen Ermittlungsspezialisten finden in der Wohnung Spuren von Rizin. Dieses Gift ist durch den Mord an dem bulgarischen Dissidenten Georgi Markov, der 1978 auf der Waterloo Bridge durch eine tödliche Rizin-Injektion ermordet wurde, in die Geschichte eingegangen. Das Gift wurde mit Hilfe einer Nadel injiziert, die in einem Regenschirm verborgen war. Der Mythos des »bulgarischen Regenschirms« war geboren. Diese Substanz kann aber auch als massive chemische Waffe eingesetzt werden.

Die in Wood Green verhafteten Männer bereiteten Attentate gegen zivile Ziele in Großbritannien vor. Den britischen Ermittlungsbehörden nahe stehenden Quellen zufolge soll Abu Atijja diese Terroristen nach Großbritannien geschickt haben, um chemische Anschläge zu verüben. Diese Annahme entspricht den Bekanntmachungen und Schlussfolgerungen der deutschen Ermittlungen zur *Al-Tawhid*-Zelle. Mehrmals haben die deutschen Ermittler mit Nachdruck darauf hingewiesen, dass die Organisation Sarkawis sich nach Großbritannien verlagere. Eines der wichtigsten Zentren des Sarkawi-Netzwerks in Großbritannien ist das Asylzentrum in dem Londoner Vorort Luton. Zwischen Luton und London haben die britischen Ermittler bei einer

Razzia im April 2004 500 Kilogramm Ammoniumnitrat sichergestellt. Britischen Quellen zufolge standen diejenigen, die diese große Menge Sprengstoff einsetzen wollten, mit Partnern Sarkawis in Pakistan in Verbindung.

Schatten über Madrid

Es ist genau 7.39 Uhr am Donnerstag, dem 11. März 2004, als zur morgendlichen Hauptverkehrszeit im Bahnhof Atocha die ersten drei von insgesamt zehn Bomben in vier Nahverkehrszügen explodieren. Die anderen Bomben gehen in Zügen in den Bahnhöfen El Pozo und Santa Eugenia sowie in einem weiteren Zug hoch, der sich dem Bahnhof Atocha nähert. Tausende von Madrilenen, die in den Vororten der Hauptstadt leben, fahren jeden Morgen um diese Zeit zur Arbeit.

Die Explosionen sind so heftig, dass sie ganze Waggons in Stücke reißen und Hunderte Opfer fordern. Madrid erwacht in der blutbefleckten Trümmerlandschaft des brutalsten Terroranschlags, den das Land je erlebt hat. Bis zum Abend registrieren die spanischen Behörden 192 Tote und 1400 Verletzte. Insgesamt sind von den Terroristen dreizehn Sprengkörper mit einem Gesamtgewicht von 150 Kilogramm in vier verschiedenen Zügen platziert worden. Drei Bomben konnten noch entschärft werden.

Sobald sich der erste Schrecken gelegt hat, beschuldigt die Regierung José María Aznars hartnäckig die ETA der Anschläge. Darauf reagiert der Präsident der baskischen Regionalregierung Juan José Ibarrextxe und erklärt, dass »diejenigen, die diese Anschläge verübt haben, Bestien und keine Basken« seien.[40] Am 12. März um 14.10 Uhr versichert Arnaldo Otegi, Chef von Herri Batasuna, der wegen ihrer ETA-Nähe im Jahr zuvor verbotenen baskischen Separatistenorganisation, dass die ETA »nichts mit den Anschlägen zu tun« habe.[41] Am selben Abend räumt der spanische Innenminister ein, eine andere Spur zu verfolgen: In einem Lieferwagen vor dem Bahnhof Alcalá de Henares sind sieben Zünder und eine mit Koransuren besprochene Kassette gefunden worden. Die Ermittlungen der Antiterrorfahnder beginnen vor dem Hintergrund einer tiefen politischen Krise der spanischen Regierung. José María Aznar verliert am 14. März die Parlamentswahlen, die nur drei Tage nach den Attentaten stattfinden. Ein Teil der spanischen Bevölkerung wirft der Regierung ihre Beteiligung am Krieg im Irak vor, die unter anderem die Terroranschläge vom 11. März erklären könnte. Andere verdächtigen sie, sie habe die Wahlen durch Beschuldigung der ETA manipulieren wollen.

Vor dem parlamentarischen Untersuchungsausschuss, der nach den Anschlägen vom 11. März 2004 in Spanien gebildet wird, versichert der Antiterrorrichter Baltasar Garzón am 15. Juli 2004, dass die spanische Beteiligung am Irakkrieg »eine objektiv wichtige Mitursache«[42] für die Erklärung der Attentate vom 11. März sei.

In einer 42-seitigen, auf Dezember 2003 datierten Broschüre von Al-Qaida mit dem Titel »Der Irak im Dschihad, Hoffnungen und Risiken«[43] hebt die Organisation die Entsendung spanischer Truppen in den Irak und ihren Wunsch hervor, dieses Land dafür mit Vergeltungsmaßnahmen zu bestrafen: »Wir sind der Ansicht, dass die spanische Regierung nicht mehr als zwei oder höchstens drei Anschlägen widerstehen wird, um sich unter dem Druck der Bevölkerung aus dem Irak zurückzuziehen.« In dem Text heißt es weiter: »Für den Fall, dass die Streitkräfte nach diesen Anschlägen bleiben sollten, [...] würde ein Sieg der Sozialistischen Partei [...] den Rückzug der spanischen Truppen gewährleisten.«[44] Nachträglich klingen diese Auszüge wie eine seltsame Vorahnung.

Die Autoren dieses Textes beschreiben Spanien als den »ersten Dominostein«, Polen und Italien, die beiden wichtigsten Verbündeten der Amerikaner im Irak, als die weiteren Spielfiguren. Abgesehen von erstaunlich genauen Zukunftsprognosen lässt diese Schrift den wachsenden Professionalismus von Al-Qaida bei der Durchführung ihrer Operationen erkennen. Von jedem »Mudschahid« wird verlangt, nicht unkontrolliert und überstürzt zu handeln, sondern mit »Vorbereitung und Planung«. Diese letzten beiden Faktoren seien die »Grundlage für den Erfolg jedes Projekts«. Die Attentate in Madrid wurden jedenfalls äußerst gründlich vorbereitet.

Zu den Anschlägen bekennt sich die *Brigade Abu Hafs al-Masri* in einem von *Ansar al-Islam* veröffentlichten Brief. *Ansar al-Islam,* die bekanntlich von Sarkawi kontrolliert werden, widmen diesen Ereignissen auf ihrer Website sogar eine Sonderseite mit dem Titel »An den Fronten des Kreuzzugs«. Dort sind mehrere Fotos von den Attentaten zu sehen. Eine Videokassette mit Drohungen, die später in den Trümmern der von mehreren Mitgliedern des Terroristennetzwerks in Madrid benutzten Wohnung gefunden wird, trägt das Zeichen der Organisation *Ansar Al-Qaida,* das von der Annäherung zwischen den beiden Gruppierungen zeugt.

Der Rückzug der spanischen Truppen aus dem Irak hat der Entschlossenheit der Terroristen in Spanien jedoch keinen Abbruch getan – das beweist am 18. Oktober 2004 die Aushebung einer Zelle, die ein Attentat auf den Sitz der spanischen Justiz plante. Am 11. März wollte Al-Qaida über seine Helfershelfer Spanien als einen der Hauptmotoren der weltweiten Terrorismusbekämpfung treffen.

Die Bomben von Atocha sind am 11. März um 7.39 Uhr explodiert. Am selben Tag um 10.50 Uhr ruft ein anonymer Madrilene das Polizeirevier in Alcalá de Henares an, um einen verdächtigen Lieferwagen zu melden. Zwei Stunden später, um 14.15 Uhr, entdecken die Ermittler in diesem Fahrzeug sieben Zünder und eine Kassette mit Koransuren. Um 15.30 Uhr wird das Fahrzeug in die Dienststelle der Antiterrorpolizei gebracht und eingehend untersucht. Am Abend des 11. März herrscht nach wie vor Ungewissheit, die Ermittlungen werden unter dem Druck der Bevölkerung und der Politiker fortgeführt.

In der folgenden Nacht gehen die Untersuchungsbeamten unermüdlich verschiedenen Indizien nach. Die Polizeidienststelle von Vallecas, einem Vorort von Madrid, meldet, eine Sprengladung in einer Sporttasche gefunden zu haben. Erst am 13. März nehmen die Ermittler drei Marokkaner fest – Dschamal Sugam (Jamal Zougam), seinen Halbbruder Mohammed Schawi (Chaoui) und einen gewissen Mohammed Bekkali, die alle drei in einem Mobiltelefonladen arbeiten.[45] Mohammed Bekkali wird bald wieder auf freien Fuß gesetzt, das Verfahren gegen ihn wird eingestellt. Zwei aus Indien stammende Spanier, Suresh Kumar und Vinay Kohly, werden verhaftet, weil sie Telefonkarten an Sugam und Schawi verkauft haben.[46] Diese Verdächtigen werden anhand der Überprüfung des in dem nicht explodierten Sprengkörper gefundenen Mikrochips identifiziert. Der Hauptverdächtige wohnt 200 Meter von dem Ort der Anschläge.

Die Terminkalender der beiden Hauptverdächtigen Sugam, 1973 in Tanger geboren, und Schawi, 1969 in Tanger geboren, werden von den Ermittlern genau überprüft. Zeugenberichten zufolge sollen sie Rucksäcke aus dem in Alcalá de Henares abgestellten Fahrzeug geholt haben. Einem der Zeugen »ist aufgefallen, dass sie Skimützen trugen, die viel zu warm für das Wetter waren«.[47] Sugam soll einer der Attentäter sein, die die Bomben in verschiedenen Zugabteilen abstellten. Den spanischen Terrorbekämpfungseinheiten ist er kein Unbekannter. Im Zusammenhang mit den umfassendsten Ermittlungen, die je zum Al-Qaida-Netz in Spanien durchgeführt wurden, der sogenannten Operation »Datil«, trat Sugam bereits als einer der Helfer des Al-Qaida-Chefs Abu Dahdah in Spanien in Erscheinung. Der aus Syrien stammende Spanier Abu Dahdah (Imad Eddin Barakat Yarkas) ist seit den Attentaten vom 11. September 2001 wegen seiner führenden Rolle bei der Durchführung von Terroraktionen in Spanien inhaftiert.[48]

Im Zuge der seit 1997 von Baltasar Garzón geleiteten Ermittlungsverfahren zum Al-Qaida-Netz in Spanien ist der Name Dschamal Sugam bereits aufgetaucht. Wiederholt haben die spanischen Polizisten seine Gespräche mit dem Al-Qaida-Chef in Spanien mitgeschnitten. Am 14. August 2001 rief Sugam Abu Dahdah an und sagte: »Freitag habe ich Fizazi besucht und ihm gesagt, dass wir und unsere Brüder ihm helfen könnten, wenn er Geld bräuchte.«[49] Als Treffpunkt wurde die Moschee Beni Makada in Tanger vereinbart.

Mohammed Fizazi, der wichtigste Drahtzieher der blutigen Attentate, die am 16. Mai 2003 in Casablanca verübt wurden, predigte gelegentlich in der Al-Quds-Moschee in Hamburg, die Mohammed Atta, einer der Terroristen des 11. September 2001, häufig aufsuchte.[50] Fizazi wird von der marokkanischen Polizei als Anführer der marokkanischen Terroristenorganisationen *Salafija Dschihadija* und *Assirat al-Moustaqim* angesehen, die für die Anschläge in Casablanca verantwortlich waren. Heute sitzt er in Marokko eine nicht reduzierbare 30-jährige Freiheitsstrafe ab.

Nach dem abgehörten Telefongespräch decken die Ermittler das Netzwerk des islamistischen Terrorismus salafistischer Färbung in Tanger auf, das sich die Durchlässigkeit der Grenze zwischen Marokko und Spanien zunutze macht. Dabei spielt die Verhaftung von Abdul Aziz Benjaisch eine entscheidende Rolle. Dieser wird am 14. Juni 2003 wegen seiner Beteiligung an den Attentaten von Casablanca festgenommen und ist auch in die Anschläge von Madrid verwickelt, die einige Monate später verübt werden: Abdul Aziz Benjaisch, Mitglied einer bekannten Bruderschaft von Dschihadisten, hat zur Ausbildung von Dschamal Sugam beigetragen. Den deutschen Nachrichtendiensten zufolge soll er mit Khaled al-Aruri, der rechten Hand Sarkawis, in Verbindung gestanden haben.[51]

Der Halbbruder von Dschamal Sugam, Mohammed Schawi, wird in den von der spanischen Polizei 2001 mitgeschnittenen Telefongesprächen innerhalb der Al-Qaida-Gruppe ebenfalls erwähnt. Während eines Gesprächs zwischen Abu Dahdah, dem Al-Qaida-Verantwortlichen in Spanien, und Abdul-Haq al-Maghrebi, einem für Einsätze bereitstehenden Terroristen, sagt Letzterer: »Wir müssen uns mit Dschamal [Sugam] und seinem Bruder Mohammed Schawi in Tanger in Verbindung setzen.« Al-Maghrebi führt weiter aus: »Ich gehe nach Tanger, denn sie [die beiden Brüder] stehen Saïd Schedadi nahe.« Gegen Schedadi, einen ehemaligen Mudschahid, der an dem Krieg in Bosnien-Herzegowina teilgenommen hat, wird daraufhin in Spanien wegen Mitgliedschaft in der Al-Qaida-Gruppe ein Strafverfahren eingeleitet.[52]

Bereits lange vor den Attentaten vom 11. März waren Dschamal Sugam und sein Bruder Mohammed Schawi den spanischen Nachrichtendiensten bekannt. Sugam hatten mindestens drei Geheimdienste im Visier. Die französische DST wusste, dass er in den Fall der sogenannten Afghanistan-Connection[53] verwickelt war, der spanische Nachrichtendienst CNI hatte ihn dem Umfeld der Al-Qaida-Zelle in Spanien zugeordnet, und die marokkanische DST hatte Sugam nach den Attentaten von Casablanca als Risikofaktor erfasst.

Dschamal Sugam, der Hauptverdächtige der Anschläge von Madrid, stand auch mit Amer Azizi, gegen den 2003 der spanische Richter Garzón wegen Zugehörigkeit zur spanischen Al-Qaida-Zelle ermittelte, in enger Verbindung. Bei einer Durchsuchung, die 2001 auf Ersuchen der französischen Justiz in der Wohnung Dschamal Sugams durchgeführt wurde, hatte die spanische Polizei die Telefonnummern von Amer Azizi,[54] einem der Hauptverantwortlichen von Al-Qaida in Europa, entdeckt. Dieser war der spanischen Polizei entkommen und nach Iran geflohen, wo er zur Gruppe von Sarkawi stieß.

Bevor Amer Azizi und Abu Mussab Al-Sarkawi sich im Iran wiederfanden – der eine auf der Flucht vor der spanischen Justiz, der andere vor den amerikanischen Bombenangriffen –, hatten die beiden Männer bereits einen gemeinsamen Bekannten, einen Marokkaner namens Abdul-Latif Murafik (alias Malek al-Maghrebi).[55] Der spanischen Justiz zufolge war Letzterer ein enger Mitkämpfer Sarkawis in Afghanistan; seine Telefonnummern waren vor der Flucht Azizis in dessen Wohnung in Madrid gefunden worden.[56] Amer Azizi wird von den spanischen Sicherheitsbehörden als einer der Planer der Attentate vom 11. März 2004 angesehen.

Im Gegensatz zu Deutschland und Italien, wo Sarkawi eine ausgesprochen aktive Rolle spielt, hat der jordanische Terrorist mit der Attentätergruppe von Madrid nur indirekte Verbindungen. Es ist bekannt, dass der Jordanier Beziehungen zu Amer Azizi unterhielt, der seinerseits Dschamal Sugam kannte. Diese Verbindungen wurden im Zuge der Ermittlungen des spanischen Richters Garzón zum Netzwerk von Al-Qaida aufgedeckt.

Unter dem starken Druck der Politiker und der spanischen Bevölkerung verfolgen die Ermittler in Spanien die verschiedenen Spuren, die zu den Attentätern führen. Amer Azizi ist bereits auf der Flucht, so dass die Polizeibeamten von nun an nur noch gegen die am 13. März 2004 festgenommenen Dschamal Sugam und Mohammed Schawi ermitteln.

Während Dschamal Sugam einem Verhör nach dem anderen unterzogen wird, können die Ermittlungsbeamten verschiedene Informationen, von denen manche auf die ersten Ermittlungen zu Al-Qaida im Jahr 2001 in Spanien zurückgehen, in einen Zusammenhang bringen.

2001 hatten die spanischen Beamten auf ein französisches Rechtshilfeersuchen hin die Wohnung von Dschamal Sugam in der Calle Sequillo no 14 in Madrid durchsucht. Außer den bereits erwähnten Telefonnummern von Amer Azizi und Abu Dahdah entdeckten die Polizisten damals die Adressen zahlreicher einsatzbereiter Al-Qaida-Mitglieder, insbesondere die Visitenkarte des dem Terroristennetz *Ansar al-Islam* zugehörigen Abu Mu'men al-Kurdi, der in Schweden lebte und Mullah Krekar, dem gestürzten Gründer der kurdischen Islamistenbewegung, nahe stand. Es wurde auch eine Videokassette über die Kämpfe und Operationen von *Ansar al-Islam* beschlagnahmt. Der spanischen Polizei zufolge sollte dieser Propaganda-Videofilm der Beschaffung finanzieller Mittel für künftige Aktionen der Bewegung, die später von Sarkawi kontrolliert wurde, dienen. Auf der Videokassette waren auch die Adressen der mutmaßlichen Militärchefs der Gruppe, Mullah Krekars und seines Bruders Abu Faruk, enthalten. Mehrfach registrierte die spanische Polizei auch Kontakte zwischen einem der spanischen Al-Qaida-Mitglieder, Abdullah Kheiata Qattan, und den norwegischen Anführern von *Ansar al-Islam*.[57] Qattan, ehemaliger Bosnien-Mudschahid und hochrangiges Al-Qaida-Mitglied in Spanien, soll sogar nach Norwegen gereist sein, um Mullah Krekar zu treffen und ihm vorzuschlagen, Kämpfer mit *Ansar al-Islam* nach Irakisch-Kurdistan zu schicken.[58]

Ein weiterer wichtiger Sachverhalt bestärkte die Ermittler in ihrer Überzeugung von einer Beteiligung Sarkawis. Sie entdeckten, dass Abu Dahdah, der Chef der spanischen Al-Qaida-Zelle, 1997 knapp 11 000 Dollar an Abu Mohammed al-Maqdissi nach Jordanien geschickt hatte, als dieser zusammen mit Sarkawi im Gefängnis von Suwaqah in Haft war. Abu Dahdah hatte ihm das Geld mit Unterstützung des in Großbritannien ansässigen integristisch-islamischen Predigers Abu Qatada zukommen lassen, der bei dieser Gelegenheit als Mittelsmann fungierte.[59] In der Folge sollte Abu Dahdah wiederholt versuchen, direkt mit Maqdissi in Kontakt zu treten, und hatte sogar vor, ihn im Gefängnis zu besuchen.[60]

Letzten Endes schließen die spanischen Polizeibeamten am 11. September 2004, also vier Monate nach den Attentaten, ihren Ermittlungsmarathon ab. Von den 67 überprüften Personen bleiben nur 19 in Haft. Die Ermittler identifizieren schließlich den Koordinator der Aktion. Es handelt sich um Serhan bin Abdelmadschid Fakhet (alias der Tunesier), geboren am 10. Juli 1968 in Tunis, der sich am 3. April zusammen mit sechs Komplizen in Leganés (im Süden Madrids) das Leben nahm, kurz bevor die spanischen Spezialeinheiten das Gebäude stürmten. Dieser Selbstmord des Koordinators der Anschläge von Madrid bedeutete das Ende der Ermittlungen. Es steht jedoch immer noch nicht mit Gewissheit fest, wer der »Kopf« der Attentate vom 11. März war. Verschiedene Namen werden von den spanischen Behörden und Antiterrorspezialisten genannt. Zwei davon tauchen immer wieder auf: Rabei Othman Ahmed al-Sajed[61], 32 Jahre, Mohammed der Ägypter genannt, und vor allem Mustafa Setmariam Nassar (alias Abu Mussab al-Suri).

Die Rolle, die der Syrer Mustafa Setmariam Nassar bei den Anschlägen in Madrid spielte, ist umso dringender zu klären, als die Spur direkt zu Abu Mussab Al-Sarkawi führt.

Mustafa Setmariam Nassar ist bei seinen Waffenbrüdern unter dem Namen Abu Mussab al-Suri (alias Abu al-Abed) bekannt. Er wurde am 26. November 1958 in Aleppo geboren und zählt zweifellos zu den islamistischen Terroristen salafistischer Ausrichtung, die dem Nahen Osten besonders gefährlich werden können.[62] Er erhielt die spanische Staatsangehörigkeit 1993 durch seine Heirat mit einer Spanierin, mit der er zwei Kinder hat. Am 26. Juni 1995 floh er aus Spanien, als er von einem Informanten erfuhr, dass die spanischen Nachrichtendienste gegen ihn ermittelten. Daraufhin fand er in London Zuflucht, wo er als Herausgeber von *Al-Ansar,* dem Presseorgan der algerischen GIA, fungierte, deren Chefredakteur niemand anders als Abu Qatada war. Den französischen Behörden zufolge war al-Suri auch einer der Hauptkoordinatoren der Extremistenzeitschrift *El Fajr* und Gründer des *Islamic Observation Centre* (IOC) in London.[63] Nach den Pariser Anschlägen der GIA 1995 wurde er von den britischen Behörden kurz inhaftiert. Sobald er sich wieder auf freiem Fuß befand, nahm er seine engen Beziehungen zur Extremisten-Diaspora wieder auf, insbesondere mit Riad Oqlah (alias Abu Nabil), der in Jordanien eine hohe Führungsposition innerhalb der syrischen Terroristengruppe *Taliah al-Muqatila* bekleidete. Er stand damals auch dem Anführer des Al-Qaida-Netzes in Spanien sehr nahe, dem aus Syrien stammenden Spanier Imad Eddin Barakat Yarkas (alias Abu Dahdah).

Doch die Stärke von Abu Mussab al-Suri beruhte in erster Linie auf der dominierenden Stellung, die er innerhalb der Dschihadisten-Netze in seinem Heimatland einnahm. Da er bei den verschiedenen europäischen Sicherheitsdiensten inzwischen bekannt war, beschloss al-Suri bald darauf, sich mit seiner Familie in das von den Taliban beherrschte Afghanistan zu begeben. Den von der spanischen Polizei eingeholten Informationen zufolge leitete al-Suri ab 1998 unter der Aufsicht von Osama bin Laden ein Trainingslager.[64] Durch seinen direkten Kontakt mit dem Al-Qaida-Chef stieg sein Ansehen, und Abu Mussab al-Suri wurde zur Ikone der Syrer, die sich der Terroristenorganisation angeschlossen hatten – dies umso mehr, als er kurz nach seiner Ankunft in Afghanistan in den Schura-Rat[65] von Al-Qaida berufen wurde.

Für die syrischen Kämpfer der Al-Qaida-Gruppe nimmt al-Suri die gleiche Stellung ein wie Sarkawi in den Augen der jordanischen Dschihadisten. Aufgrund ihres Charismas und der Leistungsfähigkeit ihrer Netzwerke in ihrem jeweiligen eigenen Land stellen Sarkawi und al-Suri für die islamistischen Kämpfer im Mittleren Osten Schlüsselfiguren dar. So unterhält Abu Mussab al-Suri von Afghanistan aus enge Beziehungen zur spanischen Al-Qaida-Zelle, die regelmäßig junge Syrer zum Erlernen des Umgangs mit Waffen in das Trainingslager von al-Suri schickt. Der Finanzverwalter von Al-Qaida in Spanien, der Syrer Mohammed Ghalib Kaladsche Suweidi[66] lässt ihm die erforderlichen finanziellen Mittel zukommen. Seit den Attentaten vom 11. September 2001 und dem Beginn der Operation »Enduring Freedom« in Afghanistan ist Abu Mussab al-Suri auf der Flucht.

Auch wenn er nicht so bekannt ist wie Sarkawi, sind sich zahlreiche Antiterrorspezialisten seines hohen Aktionspotenzials bewusst. Und die spanischen Behörden sind heute der Ansicht, dass er bei der Planung der Anschläge vom 11. März eine aktive Rolle spielte – er hatte einen seiner Männer kurz zuvor nach Madrid beordert.

Nachschubbasis Syrien

In jenem April 2002 wird Yasser Fatih Ibrahim Freihat in seinem Hotelzimmer in der syrischen Hauptstadt Damaskus von Sarkawis Leutnant Mohammed Ahmed Tiura geweckt. Das Hotel Al-Mardschah am Platz der Märtyrer wurde nicht zufällig gewählt. Da es dem Innenministerium direkt gegenüberliegt, ist es besonders sicher.

Tiura bringt den 28-jährigen Jordanier mit dem Auto in »eine der Militärkasernen«[67] von Damaskus. Freihat, der Komplize des Mörders von Laurence Foley, bleibt eine Woche lang dort. Von drei Soldaten wird er in der Handhabung von Pistolen, M16 und Kalaschnikows ausgebildet. Er lernt auch den Umgang mit Handgranaten – und vor allem, wie man Bomben mit »Ammoniumnitrat« herstellt. Der Leiter des »Kommandos Foley« hat darauf bestanden, dass Freihat diese Ausbildung mitmacht. Ein paar Wochen später folgen zwei weitere Mitglieder des Kommandos, Mohammed Dammas und Nuuman al-Harasch, seinem Beispiel und werden unter den gleichen Bedingungen trainiert.

Den jordanischen Anklageschriften zufolge hielt sich Sarkawi von Mai bis September 2002 in Syrien auf, wo er freien Zugang zu den sogenannten Militärkasernen hatte, die mit der Ausbildung seiner Rekruten betraut waren. Er hatte einen syrischen Pass und konnte ohne größere Probleme von Syrien nach Jordanien und in den Irak ausreisen.

Außerdem ging aus den jordanischen Ermittlungen hervor, dass praktisch die gesamte Operation Foley von Damaskus aus von Sarkawi und seinen engsten Mitarbeitern geplant wurde. Darüber hinaus stammten die Waffen, mit denen Laurence Foley ermordet wurde, aus Syrien. Sie wurden von Tiura, dem syrischen Helfershelfer von Sarkawi, geschickt, insbesondere die Tatwaffe, eine 7-mm-Pistole mit Schalldämpfer. In dem eigens dafür von Sarkawi zusammengestellten Waffenarsenal fanden die jordanischen Polizeibeamten später mehrere Kalaschnikows, Tränengasbomben und sogar kugelsichere Westen. Aus Syrien stammte auch ein Teil des Geldes, das Sarkawi den Mördern zur Verfügung gestellt hatte. 2003 wurde Sarkawi erneut in einem Vorort von Damaskus lokalisiert.

Diese Enthüllungen sind sehr viel schwerwiegender als alle Beschuldigungen, die je gegen das Regime Saddam Husseins vorgebracht wurden, doch bis heute wurden sie verschwiegen. Nur der jordanische Staat pflichtete der US-Regierung bei und äußerte seine Vorbehalte hinsichtlich der Bereitwilligkeit Syriens, die Verbreitung des Terrorismus in der Region zu bekämpfen.

Kurz vor seiner Reise nach Syrien im August 2004 erklärt der jordanische Premierminister Feisal al-Fayez: »Die mangelnde Kontrolle der Grenze von syrischer Seite hat in den letzten Monaten eine besorgniserregende Entwicklung genommen und ist an einem gewissen Punkt angelangt, wo die Situation unannehmbar wird.«[68] Er versichert darüber hinaus, dass die jordanischen Staatsbehörden »seit letztem März mehrere Versuche von Extremisten vereitelt haben, die Sprengstoffe und Waffen einzuschleusen versuchten«. Tatsächlich wurden die meisten Attentatsversuche gegen das haschemitische Königreich von Syrien aus organisiert.

Mit einem Wort, Amman beschuldigt Damaskus implizit, Abu Mussab al-Sarkawis Anhängern, insbesondere dem

Syrer Suleiman Khaled Darwisch (alias Abu al-Ghadijjeh), Zuflucht zu gewähren. Dieser wird seinerseits verdächtigt, für Sarkawi fünf Syrer angeworben zu haben, die im April 2004 einen chemischen Anschlag auf das Hauptquartier des jordanischen Nachrichtendienstes GID vorbereiteten. Ende 2001, Anfang 2002 stellte Syrien für Sarkawi nach seiner Flucht aus Afghanistan die logistische und operative Nachschubbasis dar. Als Drehscheibe der Region bot dieses Land eine Öffnung hin zum Irak und einen Weg nach Jordanien, damals die bevorzugte Zielscheibe Sarkawis.

Nachdem die Koalitionstruppen im Irak zur Offensive angesetzt haben, wird Syrien zur wichtigsten Durchreisestation der Dschihadisten, um in den Irak zu gelangen. Am 29. Juli 2003 weist General Richard B. Myers, Vorsitzender der Joint Chiefs of Staff (JCS) und damit (nach dem Präsidenten) oberster Befehlshaber der US-Streitkräfte, darauf hin, dass die meisten ausländischen Kämpfer über Syrien in den Irak eingeschleust würden und mindestens 80 von ihnen eine mehrmonatige Ausbildung in einem syrischen Trainingslager absolviert hätten.[69] Seinen Worten nach soll die syrische Regierung sogar den islamistischen Widerstand im Irak unterstützen.

Dieser Aspekt der syrischen Regionalpolitik kommt bei einem Treffen zwischen General Ricardo Sanchez, Oberbefehlshaber der US-Streitkräfte im Irak, und General Maher al-Assad, Kommandeur der Republikanischen Garde in Syrien und jüngerer Bruder des Präsidenten, am Militärposten von Al-Kaim an der irakisch-syrischen Grenze zur Sprache. Während des Gesprächs soll der amerikanische General seinem Amtskollegen mehrere syrische Pässe vorgelegt haben, die bei getöteten oder festgenommenen islamistischen Kämpfern gefunden wurden. Außerdem sollen verschiedene syrische Gefangene während ihrer Verhöre bestätigt haben, logistische Unterstützung von dem militärischen Nachrichtendienst Syriens erhalten zu haben, der von General Assaf Schawkat geleitet wurde.[70]

General John Abizaid, Oberbefehlshaber der amerikanischen Truppen am Persischen Golf, ist seinerseits im August 2003 der Ansicht, dass die größte Gefahr im Irak von der »Einreise ausländischer Kämpfer über Syrien« ausgehe.[71] Der israelische UNO-Botschafter bestätigt überdies am 21. August 2003, dass die Lkw-Bombe, die beim Attentat gegen das UNO-Hauptquartier in Bagdad verwendet wurde, aus Syrien gestammt hätte.[72] Sechs Monate nach dem Beginn der Operationen der Koalitionstruppen im Irak versichert Paul Bremer, der Chef der amerikanischen Zivilverwaltung, im September 2003, dass 248 ausländische Kämpfer, davon 123 Syrer, gefangen genommen worden seien, wobei er darauf hinweist, dass »die ausländischen Kämpfer im Irak hauptsächlich über Syrien eingeschleust werden«.[73] Die Zeugenaussage eines ehemaligen Mudschahid, der dem Aufruf Sarkawis folgte und an den Kämpfen im Irak teilnahm, ist diesbezüglich besonders aufschlussreich. Die angeworbenen Kämpfer sollen eine »militärische Grundausrüstung« im Wert von 200 Dollar erhalten haben, zu der eine automatische Waffe, ein Granatwerfer und zehn Granaten gehörten. Ein irakischer Schleuser, der pro Person zwischen 500 und 1000 Dollar erhielt, soll anschließend die Dschihad-Anwärter in Syrien abgeholt und zu den Aufständischen geleitet haben. Dies alles soll mit Wissen und Willen der syrischen Obrigkeit geschehen sein.[74]

In Wirklichkeit wissen die westlichen Nachrichtendienste seit Jahren, dass Syrien ein Dreh- und Angelpunkt des islamistischen Terrorismus ist. Dieses Land erhält aufgrund seines Wohlwollens den islamistischen Terroristen gegenüber und des Schutzes, den es diesen bietet, den Beinamen »irakisches Pakistan«.

Bereits 2001 hebt der italienische Nachrichtendienst DIGOS, der einen Unterstützerkreis der kurdischen Islamistenbewegung *Ansar al-Islam* zerschlagen hat, die Vermittlerrolle Syriens bei der Weiterleitung von Kämpfern und finanziellen Mitteln in den Irak hervor. Die Analyse der Ermittlungsunterlagen, die durch mehrere Tausend Stunden mitgeschnittener Telefongespräche erhalten wurden, die Verhöre von Verdächtigen und die Tatbestandsaufnahmen der Antiterrorspezialisten bringen zutage, dass Syrien »eine Verbundstelle bei der Weiterleitung von Rekruten aus Europa zu *Ansar al-Islam*« ist. Den Antiterrorermittlern zufolge sei dem italienischen Netz von *Ansar al-Islam,* das von Sarkawi kontrolliert wurde, insbesondere »eine Logistikstruktur in Syrien zugute gekommen«, und etwa 40 neue Kämpfer sowie Gelder seien über Syrien in den Irak gelangt.[75] Mullah Fu'ad spielt dabei eine wichtige Rolle und wird für die »Freiwilligen, die sich in den Irak begeben möchten« sogar als der »Aufseher über die Einreise nach Syrien« angesehen. Von ihrem Stützpunkt in der Nähe von Damaskus aus lassen Mullah Fu'ad und seine Offiziere der italienischen Anwerbungszelle Anweisungen zukommen.[76]

Im Rahmen einer damit zusammenhängenden Fahndung stellen die Ermittler 2001 in Italien fest, dass der Chef einer Al-Qaida-Zelle in Mailand, Abdelkader Mahmud es-Sajed bin Khemais, in engem Kontakt mit der syrischen Regierung stand. In einem Telefongespräch, das im Jahr 2000 abgehört wurde, beruft er sich auf die syrische Regierung als Vertreter der »wahren Helden«. Er erzählt einem seiner Komplizen von einem Gespräch, das er mit dem syrischen Verteidigungsminister Mustafa Tlass hinsichtlich der Ziele »seiner Organisation« geführt habe. Mustafa Tlass soll bin Khemais Telefonnummern der *Hamas* und des *Islamischen Dschihad* mit den Worten gegeben haben: »Sprich mit ihnen, rufe sie an, sie kennen dich.«[77]

Mustafa Tlass hatte im syrischen Staatsapparat eine zentrale Stellung inne. Als starker Verteidigungsminister, der über 30 Jahre im Amt war, hatte er bis zu seinem Rücktritt im Mai 2004 entscheidenden Einfluss auf die Armee und die Geheimdienste. Seine Überzeugungen waren seit langem bekannt. Im Oktober 2001 soll er bei einer Zusammenkunft mit einer britischen Delegation erklärt haben, dass die Attentate vom 11. September das Werk einer »jüdischen Verschwörung« gewesen seien und dass der israelische Geheimdienst Mossad sogar mehrere Tausend jüdische Beschäftigte, die im World Trade Center arbeiteten, vor dem unmittelbar bevorstehenden Angriff gewarnt habe.[78]

Die Verflechtungen des syrischen Sicherheitsapparats mit den aktiven radikalislamistischen Netzwerken werden auch im Zuge anderer internationaler Ermittlungen deutlich. Dennoch bringt am 25. Mai 2003 der syrische Staatspräsident Baschar al-Assad in einem Interview der kuwaitischen Zeitung *Al-Anba* seine Zweifel an der Existenz der Terroristengruppe Al-Qaida zum Ausdruck: »Gibt es wirklich eine Organisation namens Al-Qaida? War sie in Afghanistan? Gibt es sie noch? [...] wir sprechen hier von einer gewissen ideologischen Einflusssphäre. Probleme entstehen durch die Ideologie, nicht durch die Organisationen.«[79]

Im Rahmen der Ermittlungen zu den Attentaten von Casablanca im Mai 2003 wird der Franzose Robert Richard Antoine Pierre vom nationalen Sicherheitsdienst Marokkos verhört. Er versichert, dass Anfang 2003 ein Netzwerk von Marokko aus aufgebaut worden sei, um Mudschahidin über den Libanon und Syrien in den Irak zu schicken. Er erklärt, dass er schließlich darauf verzichtet habe, dorthin zu gehen, um Attentate in Frankreich zu verüben: Insbesondere sollten »Kernkraftanlagen in Lyon und Synagogen« getroffen werden.[80]

Baltasar Garzón hat in Spanien zweifellos die umfangreichste Al-Qaida-Zelle in Europa ausgehoben. Sie setzte sich zum größten Teil aus Syrern zusammen. Auf Betreiben dieses Richters wurde die Gruppe ab Ende 2001 verhaftet. Im Rahmen dieser Festnahmen werden bei einem der Mitglieder der Zelle, Ghasub al-Abrasch Ghaljun, drei Briefe beschlagnahmt.[81] Sie wurden von diesem abgefasst und unterschrieben und sind an den Leiter des syrischen Geheimdienstes gerichtet. In einem der Schreiben informiert er den syrischen Nachrichtendienst über seine Teilnahme an einem Militärtraining im Irak. In einem anderen, das in Form eines Tätigkeitsberichts abgefasst ist, gibt er an, dass er »auf dessen Betreiben« auch dem Leiter des Nachrichtendienstes der Stadt Homs einen Bericht schicken werde.[82] Aus diesen Briefen geht ziemlich eindeutig hervor, dass Ghaljun mit der Zustimmung, wenn nicht im Einvernehmen mit der syrischen Obrigkeit handelte und dass diese zumindest genau über seine Lage und seine Absichten informiert war. Im Zuge der Ermittlungen stellt sich heraus, dass Abu Dahdah, der Chef der spanischen Al-Qaida-Zelle, der syrischen Islamistenorganisation *Taliah al-Muqatila* angehörte. Die Mitglieder dieser Organisation wurden von Baschar al-Assad begnadigt, obwohl sie ursprünglich Gegner des syrischen Regimes waren.[83]

Manche Mitglieder des syrischen Geheimdienstes sollen mit der Hamburger Zelle der Selbstmordattentäter vom 11. September in so enger Verbindung gestanden haben, dass Manfred Murck, der stellvertretende Leiter des Bundesamtes für Verfassungsschutz, bei den Ermittlungen zur Terroristenzelle von Hamburg die Existenz einer *Syrian connection* erwähnt.[84]

Im Kern der Ermittlungen steht eine Textil-Import-Export-Firma namens Tatex Trading GmbH, die seit 1978 in Rethwisch bei Bad Oldesloe in Schleswig-Holstein existiert.[85] Dieses Unternehmen wurde von Abdul-Matin Tatari, einem sechzigjährigen Deutschen syrischer Abstammung, gegründet, der später eine weitere Firma, Tatari Design, ins Leben rief. Tatex Trading hat zwei Gesellschafter, von denen einer Mohammed Madschid Said ist. Dessen Laufbahn scheint den deutschen Nachrichtendiensten höchst verdächtig, denn Mohammed Madschid Said ist der ehemalige Generaldirektor des syrischen Geheimdienstes, den er von 1987 bis 1994 leitete; doch vor allem war er 2001 Mitglied des nationalen Sicherheitsrates Syriens, der die höchste Instanz des Landes darstellt.[86]

Ab Ende 2001 entdecken die deutschen Ermittler, wie eng die Verbindung zwischen diesen Firmen, dem syrischen Nachrichtendienst und der Hamburger Zelle ist.

Die Firmen Tatari Design und Tatex Trading werden von den deutschen Justizbehörden offiziell verdächtigt, als Tarnfirmen gedient zu haben, um Dokumente zu fälschen und Geld zugunsten islamistischer Aktivisten in Deutschland zu waschen. Generalbundesanwalt Kay Nehm versichert insbesondere, dass die Familie Tatari »verdächtigt wird, zum Dschihad gewalttätiger militanter Islamisten beigetragen zu haben«. Im Klartext sollen die Tatari Geldwäsche betrieben haben, um aktiven Al-Qaida-Mitgliedern Personalausweise und Visa zu beschaffen.[87]

Am 10. September 2002 werden zwei Häuser und drei Büros der Tataris durchsucht. Die Familie wird mehrere Stunden lang verhört und legt erste Geständnisse ab. 2003 leitet die Staatsanwaltschaft in Hamburg ein Ermittlungsverfahren gegen Abdul-Matin Tatari ein.

Die Ermittlungsbeamten bringen in Erfahrung, dass einer der Söhne Tataris, der an der Technischen Universität Hamburg studiert, die Petition des 11.–September-Terroristen Mohammed Atta unterschrieben hat, in der dieser zur Gründung einer Gruppe »islamischer Studien« innerhalb der Universität aufrief. Es wird auch festgestellt, dass Mohammed Hadi Tatari, der älteste Sohn, Mohammed Atta häufig in der damals von mehreren der künftigen Selbstmordattentäter bewohnten Wohnung in Hamburg besuchte. Letzterer erklärt, auch oft mit Marwan al-Schehhi zusammengekommen zu sein, der die Maschine des United-Airlines-Flugs 175 steuerte, und Gast bei der Hochzeit von Mounir al-Motassadeq gewesen zu sein, der im Zusammenhang mit den Anschlägen vom 11. September unter Anklage steht.[88]

Der Vater, Abdul-Matin Tatari, gibt seinerseits zu, zwei Syrer aus Aleppo beschäftigt zu haben, die enge Verbindungen mit der Hamburger Zelle hatten. Es handelt sich um Mohammed Haydar Zammar, der als einer der Nachwuchswerber von Al-Qaida angesehen wird, und Ma'mun Darkazanli, dessen Firma unter dem Verdacht steht, die 9/11-Terroristen finanziell unterstützt zu haben.[89]

Im Zuge der deutschen Ermittlungen wird festgestellt, dass Mohammed Haydar Zammar derjenige war, der Mohammed Atta anwarb. Während eines von der deutschen Polizei abgehörten Telefongesprächs spricht Tatari von seinem Angestellten als »seinem Freund und Bruder«.[90] Die beiden Männer sollen der Muslimbruderschaft angehören.[91] Die deutschen Ermittler sind am Ende ihrer Nachforschungen zu Tatex und der Rolle von Mohammed Madschid Said davon überzeugt, dass die syrischen Behörden »zwangsläufig« mit der Terroristenzelle in Hamburg Kontakt hatten.[92]

Bereits 2001 hatte während des Prozesses gegen die Verantwortlichen der Anschläge, die 1998 gegen US-Botschaften in Afrika begangen wurden, Dschamal Ahmed al-Fadl, ein Zeuge der amerikanischen Regierung, die Existenz einer Al-Qaida zugehörigen Organisation in Syrien enthüllt. Er hatte erklärt, dass Al-Qaida in Syrien durch die Gruppe

Dschamaat-e-Dschihal al-Suri vertreten werde, die von einem gewissen Abu Mussab al-Suri geleitet werde, der seiner Erinnerung nach blond gewesen sei, was bei den radikalislamistischen Kämpfern eher selten vorkommt.[93] Abu Mussab al-Suri wurde bereits im vorhergehenden Kapitel erwähnt und ist niemand anderes als Mustafa Setmariam Nassar, gegen den Baltasar Garzón in Spanien ein Ermittlungsverfahren eingeleitet hat. Als einer der wichtigen Anführer der Terroristenorganisation Al-Qaida hatte er »ein Trainingslager in Afghanistan«[94] geleitet und sich 1996 nach Hamburg begeben, um dort einen gewissen Darkazanli, den ehemaligen Angestellten von Tatari, zu treffen.

Es gibt zahlreiche Beispiele für die Verflechtungen zwischen syrischen Terroristen und Al-Qaida. Vor dem Hintergrund der Attentate vom 11. September wurden mehrere *Syrian connections* aufgedeckt, die mit der Tätigkeit von Al-Qaida in Deutschland und Spanien in Verbindung standen. Diese Verflechtungen entwickelten sich nach der amerikanischen Offensive im Irak weiter; heute scheinen die Fäden verschiedener Dschihadisten-Gruppen, die im Nahen Osten aktiv sind, in Syrien zusammenzulaufen.

Nach 40 Jahren undurchsichtiger Beziehungen mit den härtesten islamistischen Bewegungen wäre es äußerst verwunderlich, wenn die syrische Regierung durch die extremistische Bedrohung überfordert wäre. Die syrischen Sicherheitsdienste, immerhin 15 an der Zahl, gelten als die bestinformierten des Nahen Ostens. Jeder von ihnen hat weitreichende Befugnisse und verfügt über einen direkten Zugang zum Amtssitz des Staatspräsidenten. Außerdem wird das syrische Staatsgebiet von den Sicherheitsdiensten systematisch so genau überprüft und durchsucht, dass die Existenz von »Grauzonen«, die der zentralen Kontrolle entgehen könnten, ausgeschlossen werden kann. Im Gegenteil spricht alles dafür, dass die Regierung versucht, die

Guerilla im Irak zu kontrollieren, indem sie die Durchreise ausländischer Kämpfer und den Nachschub an syrischen Kämpfern nicht wirklich behindert.

Um den hartnäckigen Anfragen der Vereinigten Staaten nachzukommen, die eine wirksamere Kontrolle der irakisch-syrischen Grenze forderten, hat Damaskus schließlich das Prinzip syrisch-amerikanischer Grenzpatrouillen akzeptiert. Dennoch halten die Ströme sunnitischer Kämpfer über die syrische Grenze in den Irak weiter an, was angesichts Tausender syrischer Soldaten, die im Libanon entlang der irakischen Grenze stationiert wurden, unverständlich erscheint.

Vor dem Hintergrund des irakischen Konflikts lässt das syrische Regime die Masken fallen.

Frankreich in der islamistischen Falle

Am 30. August 2004 wendet sich die französische Diplomatie an Jussuf al-Qardawi. Er soll die Geiselnahme der französischen Journalisten Christian Chesnot und Georges Malbrunot öffentlich verurteilen. Dieser Ideologe der Selbstmordattentate wird damit nach den Worten des französischen Außenministers zum »großen Gewissen des Islam« befördert.[95] Dem liegt wohl die Annahme zugrunde, dass am einfachsten Einfluss auf die Terroristen genommen werden könnte, indem man sich geradewegs an einen ihrer geistigen Führer wendet.

Niemand verurteilt zu diesem Zeitpunkt öffentlich das doppelte Spiel der französischen Islamisten, die einerseits die Initiativen der französischen Regierung zur Befreiung der Geiseln offen unterstützen und sogar eine Delegation in den Irak entsenden, während andererseits Feissal Mawlawi, geistliches Oberhaupt der *Union der islamischen Organisationen Frankreichs* (UOIF), heimlich ein Manifest in der arabischen Presse mit unterzeichnet, das dazu aufruft, gegen den »kolonialistischen amerikanisch-zionistischen« Feldzug im Irak »den mutigen, ehrenhaften islamischen Widerstand mit allen moralischen und materiellen Mitteln zu unterstützen«.[96]

Die Kohärenz der französischen Politik gegenüber dem Islamismus entzieht sich jeder Logik. Nicolas Sarkozy, der damalige Innenminister, erhebt das Schicksal der muslimischen Frauen zum Symbol eines immer radikaleren, archaischen Islam, als er sich öffentlich an den in Genf lebenden und lehrenden liberalen Islamwissenschaftler Tariq Ramadan wendet. Doch sechs Monate später bittet der französische Außenminister einen der extremistischsten islamischen Glaubensführer um Unterstützung: Jussuf al-Qardawi, der die untergeordnete Stellung der muslimischen Frau ideologisiert und der einer der wenigen Glaubensführer ist, der die Attentate vom 11. September rechtfertigte; darüber hinaus ist er ein führendes Mitglied der Muslimbruderschaft.[97]

Frankreich hat die wahren Ziele der Muslimbrüder weder angeprangert noch wirklich analysiert und scheint in der Falle des doppelten Spiels, ihrer bevorzugten dialektischen Waffe, gefangen zu sein. Einer der Gründertexte dieser Bruderschaft erklärt, dass es zweckmäßig sei, seine offizielle Haltung dem jeweiligen Aufenthaltsland anzupassen, um »einflussreiche Organe zu unterwandern« und »politische Entscheidungen zu beeinflussen«.[98] Diesbezüglich konnten sie sich wohl kaum bessere Umstände erhoffen. Nach ihrer öffentlichen Anerkennung sind sie zu politischen und diplomatischen Akteuren eines naiven Frankreich aufgestiegen, das unter Selbstzweifeln leidet und Extremisten nicht mehr öffentlich zu verurteilen wagt.

Die Bemühung um Anerkennung des Islam beruht in Frankreich auf der Vorstellung, dass eine solche Vorgehensweise unweigerlich zur politischen Integration der Islamisten und damit ihrer Mäßigung führe. Diese Strategie wird ihren Vordenkern heute zum Stolperstein und hält Frankreich in der Falle seiner Widersprüche gefangen. Wie könnte man sonst behaupten, den islamistischen Terrorismus bekämpfen zu wollen, und gleichzeitig dem Kampf gegen den radikalen Islam aus dem Weg gehen, der dessen Kernstück darstellt? Indem es die radikalislamistische Strömung privilegiert und sogar legitimiert, schwächt Frankreich darüber hinaus die gemäßigten Muslime im Lande und arbeitet damit den besagten Extremisten in die Hände.

Hat nicht genau diese Logik den französischen Außenminister Michel Barnier dazu bewogen, am 27. September 2004 zu fordern, dass der Internationalen Irakkonferenz »sämtliche politischen Kräfte [des Irak], auch diejenigen, die sich für den bewaffneten Widerstand entschieden haben«,[99] beiwohnen sollten? Sollte die diplomatische Unbedarftheit der Franzosen gar so weit gehen, Sarkawi einen Platz am Verhandlungstisch anzubieten? Diese ungeschickte Botschaft, die in einem chaotischen, komplexen Zusammenhang geäußert wurde, der sich den Regeln der herkömmlichen Diplomatie entzog, wurde von manchen als eine Art Anerkennung des bewaffneten Widerstands im Irak verstanden. Eine Woche später berichtet jedenfalls die Hizbollah in ihrem offiziellen Fernsehsender Al-Manar folgendermaßen darüber:

> »Wir können bekannt geben, dass dem tapferen, ehrenhaften Widerstand im Irak internationale Anerkennung ausgesprochen wurde. Frankreich, eines der fünf ständigen Mitglieder des Sicherheitsrates der Vereinten Nationen, hat die Teilnahme der Widerstandstruppen [an der Internationalen Irakkonferenz] gefordert. Dies bedeutet eine Anerkennung der Rechtmäßigkeit des Widerstands und der Tatsache, dass er auf dem richtigen Weg ist.«[100]

Ein seltsamer Zufall wollte es, dass die französische Medienkontrollbehörde CSA Al-Manar am 16. November 2004 in Frankreich senden ließ, was allgemeinen Protest hervorrief. Dieser Fernsehsender ist für seinen Antisemitismus sowie dafür bekannt, dass er islamistische Extremisten aller Strömungen unterstützt. Seit der amerikanischen Offensive im Irak hat Al-Manar seine Anstrengungen verdoppelt, die »Eindringlinge« zu verdammen und die Legitimität der Gewaltanwendung »mit allen Mitteln« geltend zu machen.[101] Wie auch immer diese Polemik enden wird – die Islamisten haben die Gelegenheit nicht versäumt, diese erste Entscheidung als ein weiteres Zeichen französischer Unentschlossenheit oder zumindest Verlegenheit zu deuten.

Frankreich ist vom irakischen Konflikt, dem es sich berechtigterweise widersetzt hat, verblendet. Heute weigert es sich zuzugeben, dass sich der zweite Krieg im Irak seit dem Frühjahr 2003 zu einer Konfrontation mit dem islamistischen Terrorismus gewandelt hat. In diesem Land, das zum bevorzugten Aktionsgebiet der Islamisten geworden ist, findet ein entscheidender Kampf gegen dessen Netzwerke statt. Der Irak ist für Frankreich zum Zerrspiegel geworden, zum einzig möglichen Deutungsraster der muslimischen Welt und ihrer wirklichen Motivationen; so wird den anfechtbaren politischen Zielen, mit denen die Invasion gerechtfertigt wurde, ebenso wie der Notwendigkeit der Bekämpfung der Geißel des Terrorismus amerikanisches Hegemoniestreben unterstellt. Es sei dahingestellt, ob der Friede auf diese Weise erreicht werden kann.

Faktisch bleibt Frankreich von der Bedrohung des islamistischen Terrorismus nicht verschont. Im Juni 2004 werden in der Pariser Gegend mehrere Islamisten festgenommen. Diese Mitglieder und Mitarbeiter einer salafistischen Moschee (in Levallois-Perret), die seit mehreren Monaten überwacht wird, sollen ein Netz von Nachwuchswerbern aufgebaut haben, um Dschihadisten in den Irak zu schicken. Am 15. Juni 2004 kann im Zuge der Durchsuchungen einiges Beweismaterial sichergestellt werden: zwei Waffen, eine Software zur Fälschung von behördlichen Dokumenten, gefälschte Personalausweise und islamistische Unterlagen, insbesondere Kassetten mit Aufnahmen von Abu Qitada sowie Flugblätter mit einem Aufruf zum Dschihad.

Vor allem aber hat die Polizei zwei erdrückende Beweise sichergestellt. Eine SMS, die am 11. Juni 2004 von einem Franzosen im Irak an das Mobiltelefon eines Mitglieds des Wohltätigkeitsvereins *Iqra,* der die salafistische Moschee kontrolliert, geschickt wurde. Die Nachricht bedarf keiner weiteren Erklärungen: »Die Gruppe ist gut angekommen, ich kontaktiere euch, wenn ich Hilfe brauche.« Die betreffende Gruppe, von der drei Mitglieder identifiziert wurden, soll sich aus Franzosen und Tunesiern zusammensetzen.[102]

Der zweite Beweis ist eine Vollmacht der *International Islamic Relief Organization* (IIRO) für eines der *Iqra*-Mitglieder, in ihrem Namen Gelder zu sammeln.[103] Während ihrer vorläufigen Festnahme gestehen zwei Verdächtige, Geld ins Ausland gebracht und neu Angeworbene in den Irak geschickt zu haben. Der mit der Sache befasste Richter befindet jedoch das Beweismaterial für »unzureichend«, um den Sachverhalt einer kriminellen Vereinigung in Verbindung mit einer terroristischen Tätigkeit anzuerkennen. Einige der Beschuldigten werden als einfache Zeugen vernommen, gegen andere wird ein Ermittlungsverfahren wegen des »Besitzes gefälschter Papiere und illegalen Aufenthalts« eingeleitet, dann werden sie wieder auf freien Fuß gesetzt.[104]

Dieser Fall, dem zunächst keine große Bedeutung beigemessen wurde, hatte in Wirklichkeit eine nicht unerhebliche internationale Tragweite. Die Pariser Staatsanwaltschaft hat im Übrigen ihre abweichende Beurteilung der Sache deutlich gemacht, indem sie gegen die zumindest überraschende Entscheidung des Antiterrorismus-Richters Berufung einlegte.

In einem CIA-Bericht von 1996 wurde bereits darauf hingewiesen, dass die IIRO mit Ramsi Jussuf in Verbindung stand, der in den Vereinigten Staaten wegen Beteiligung an dem ersten Anschlag auf das World Trade Center im Jahr 1993 verurteilt wurde, und vor allem mit Osama bin Laden, der damals als »reicher Saudi-Araber, der zurzeit im Sudan lebt und verschiedene extremistische islamische Gruppen unterstützt« beschrieben wurde.[105]

Was den Verein *Iqra* betrifft, konnten die Ermittler zwar nicht dessen Verbindung mit dem Weltverband *Iqra International* nachweisen, doch es bestehen zumindest institutionelle Beziehungen mit der IIRO. Der Präsident von *Iqra International,* ein ehemaliger saudi-arabischer Informationsminister, ist gleichzeitig auch Leiter des Investitionsausschusses der IIRO.[106]

Schließlich eröffnet die Pariser Staatsanwaltschaft am 20. September 2004 ein Ermittlungsverfahren zu den irakischen Netzwerken, insbesondere auf der Grundlage einer Mitteilung des französischen Inlandsnachrichtendienstes DST vom August, in der die verdächtige Abreise von rund zehn Franzosen tunesischer Abstammung über Syrien zum Dschihad in den Irak gemeldet wurde. Zwei Franzosen sollen außerdem im Mai 2004 an der syrisch-irakischen Grenze überprüft und in die Türkei zurückgeschickt worden sein.[107]

Die von den US-Nachrichtendiensten im Irak erstellten Berichte verzeichnen ab den ersten Monaten der amerikanischen Offensive eine wachsende Bedrohung und einen Zustrom von Dschihad-Kämpfern. Im November 2003 ist der Leiter der CIA-Station der Ansicht, dass sich die Lage im Irak aufgrund mehrerer Faktoren »verschlechtert«, unter anderem wegen des »Zustroms irakischer und ausländischer Rekruten zur Guerilla«, der Waffenlager, über die die

Aufständischen verfügen, und der Stärkung ihrer Organisation und Koordination. Die CIA identifiziert damals 15 Gruppen, die sich aktiv am bewaffneten Widerstand beteiligen.[108]

Im Juni 2004 weisen interne Quellen der CIA darauf hin, dass sich »seit mehreren Monaten die Beweise für die Unterstützung der irakischen Aufständischen durch mehrere Wohltätigkeitseinrichtungen« häuften. Einem Mitarbeiter des Antiterror-Zentrums der CIA zufolge sollen die bisher ausgemachten finanziellen Mittel hauptsächlich aus Pakistan und Europa stammen und über die betreffenden NGOs regelmäßig in den Irak gelangt sein. Die CIA glaubt von nun an, mit einem »ähnlichen Phänomen hinsichtlich Art und Umfang« wie zu Beginn der 1980er Jahre in Afghanistan konfrontiert zu sein, als zahlreiche islamische NGOs die arabischen Mudschahidin unterstützten.[109] Die irakische Übergangsregierung gelangt zu der gleichen Feststellung: »Terroristen aus verschiedenen Ländern strömen in den Irak [...]. Sie kommen aus Afghanistan, Pakistan, Europa, Marokko, Syrien ...«[110]

Am 22. Oktober 2004 wird bekannt, dass der 19-jährige Franzose Redouane El Hakim im Irak in den Reihen des islamistischen »Widerstands« ums Leben gekommen ist. Er ist Anfang 2004 über Syrien, wo er offiziell mit seinem Bruder Boubaker studieren sollte, in den Irak gelangt. Der Name dieses Boubaker war bereits in den Ermittlungen des Sonderdezernats zu der Moschee von Levallois-Perret aufgetaucht.[111] Seitdem sind nicht weniger als fünf Franzosen, die an der Seite der Islamisten kämpften, im Irak getötet worden.

SCHLUSSBEMERKUNG

Ein Nachfolger für bin Laden?

Sarkawi ist das genaue Gegenteil von Osama bin Laden – hinsichtlich Herkunft, Lebenslauf, Erziehung und Weltauffassung. Dennoch konnte Sarkawi den ideologischen Erfolg bin Ladens mit seinem Waffengeklirr im zweiten Irakkrieg so sehr übertönen, dass er diesen heute, vielleicht sogar dauerhaft, bei den Anhängern eines radikalen, kämpferischen Islam aussticht. Durch die rohe Gewalt seiner Aktionen hat Sarkawi sich bei den islamistischen Aktivisten und Glaubensführern durchgesetzt. Er konnte seine Netze ausbauen und verstärken, indem er in einer Reihe von Bewegungen und Zellen, die bis dahin bin Ladens Organisation angehörten, die führende Rolle übernahm.

Der Sarkawi-Effekt wirkt sich sogar auf religiösem Gebiet aus – viele radikale Islamisten richten sich von nun an am Tun und Treiben des Jordaniers im Irak aus.

Dennoch ist Sarkawi weder ein von den Amerikanern völlig frei erfundener Mythos, wie zuweilen behauptet wird, noch jenes »Supermann-Phantom«, das der ehemalige *Ansar al-Islam*-Chef Mullah Krekar in ihm zu erkennen glaubt. Für die Kämpfer ist Sarkawi vor allem ein militärischer Befehlshaber und ein Anführer – deswegen haben sie ihn gewählt. Für die radikalen Glaubensführer ist er derjenige, der den »Geist des Dschihad« weiterträgt, der bis dahin von bin Laden verkörpert wurde.

Bekanntermaßen stellt der Dschihad das grundlegende Bezugssystem von Al-Qaida dar. Davon zeugen mehrere Hundert historische Dokumente des Netzwerks, die im März 2002 in Bosnien-Herzegowina am Sitz einer vom ehemaligen Logistikchef der Gruppe geleiteten NGO sichergestellt wurden. Diese Archivalien bilden bis heute den umfangreichsten Dokumentenschatz zu Al-Qaida, der je entdeckt wurde, und sie sind insbesondere hinsichtlich der Entstehung der Organisation sehr aufschlussreich.

Al-Qaida ging 1988 vor dem Hintergrund des Afghanistan-Konflikts aus der großen Begeisterung hervor, die durch den Sieg der arabischen Kämpfer über den »gottlosen« Feind ausgelöst wurde. Dieser Krieg ist für Tausende von Dschihadisten nach wie vor ein Mythos. Die Kämpfe erscheinen in der kollektiven Erinnerung dieser Mudschahidin wie göttliche Zeichen, die sie in ihrer Vorstellung eines gerechten Krieges bestärken.

Die grundlegenden Doktrinen der Bewegung wurden im April 1988 in *Al-Dschihad,* der Zeitung der Mudschahidin in Afghanistan, veröffentlicht. Abdullah Azzam, der Mentor Osama bin Ladens und Gründer der ersten Organisation zur Nachwuchswerbung der Mudschahidin für die afghanische Front, rief in seinem Artikel zur Bildung einer »soliden Basis« *(Al-Qaida al-Sulbah)* auf, von der aus die Kriegsteilnehmer »den Geist des Dschihad erhalten« könnten.[1] Laut Protokoll eines Treffens zur Vorbereitung der Gründung ist Al-Qaida eine Gruppe, die unter den Muslimen, insbesondere den Arabern, den »Geist des Dschihad lebendig erhalten« soll, um »dem Dschihad neue Wege zu eröffnen und den Kontakt zwischen ihnen aufrechtzuerhalten«.[2] Osama bin Laden äußerte in der Folge die Idee, den Dschihad fortzuführen, im Rahmen einer Versammlung, die er am 11. August 1988 mit Abu al-Ridha abhielt und aus der die bis heute erste bekannte Erwähnung von Al-Qaida stammt, die bei dieser Gelegenheit dem Wortprotokoll zufolge *Qaida* (die »Basis«) genannt wurde. Bin Laden erklärte bei diesem Treffen, dass die Zeit des Krieges »eine Zeit der Ausbildung, der Stärkung und des Trainings für die kämpfenden Brüder« gewesen sei und dass sie auch »die Existenz der islamischen Welt bewiesen« habe. Er fuhr fort: »Wir haben diese Mission in unseren schwärzesten Stunden und innerhalb kurzer Zeit begonnen, wobei uns das saudi-arabische Volk von allergrößtem Nutzen war; wir konnten den Mudschahidin eine politische Kraft bieten, zahlreiche Spenden sammeln und die Macht wiederherstellen. Nun ist es an der Zeit, sich zu organisieren.« Die Versammlung endete mit einer »ersten Prognose« der Mitgliederzahl der Organisation: »Nach sechs Monaten der Existenz von Al-Qaida werden 314 Brüder bereitstehen und ausgebildet sein.«[3]

Am 20. August 1988 fand ein entscheidendes Treffen statt, an dem die neun wichtigsten Anführer der im Entstehen begriffenen Al-Qaida teilnahmen, darunter »Schekh Ussama«, Osama bin Laden selbst. Dabei wurde die Trennung bin Ladens von seinem Mentor Abdullah Azzam bestätigt, die Grundlagen der Organisation wurden geschaffen. Dem Protokoll dieser Versammlung zufolge war Osama bin Laden der Ansicht, dass die von Azzam gegründete Organisation *Makhtab al-Khedamat* »schlecht geführt und ineffizient« sei. Al-Qaida sollte »eine organisierte islamische Gruppe« sein, mit dem Ziel, »die Stimme Gottes zu verbreiten und seiner Religion zum Sieg zu verhelfen«. Die Versammlungsteilnehmer legten sogar die Beitrittsbedingungen fest: Die Bewerber müssen »auf unbestimmte Zeit Mitglieder werden«, »pflichttreu und ergeben« sein, »gute Umgangsformen« haben, »einen Bürgen vorweisen« und »den Statuten und Anweisungen Folge leisten«.[4]

In dieser Versammlung wurde auch der Treueschwur festgelegt, den jedes neue Mitglied der Organisation leisten muss: »Ich schwöre im Namen Gottes, den Vorgesetzten zu gehorchen, die dieses Werk mit Energie, klaren Vorstellungen, unter Schwierigkeiten oder mühelos für den Höheren leisten, damit die Stimme Gottes sich Gehör verschaffe und seine Religion den Sieg erringe.«

In einem weiteren Dokument wurde darauf hingewiesen, dass nach dieser Versammlung »die Tätigkeit von Al-Qaida am 10. September 1988 mit einer Gruppe von 15 Brüdern, davon 9 für die Verwaltung, begonnen« habe. Am 20. September zählte Al-Qaida bereits »30 Brüder, die die Aufnahmebedingungen erfüllen«.[5]

Die universalistischen, militärischen und nihilistischen Ambitionen der Organisation äußerten sich bereits sehr früh in manchen Propagandablättern wie den damals in Pakistan gedruckten dschihadistischen Zeitschriften *Al-Dschihad* und *Al-Bunjan al-Marsus,* deren Mitarbeiter Sarkawi 1999 war. Im Juli 1989 zeigte der Leitartikel eines Al-Qaida-Mitglieds den Weg des Dschihad sehr deutlich auf: »Die Pflicht eines jeden Muslim ist es, die Herausforderung des Dschihad anzunehmen, bis wir Amerika erreicht haben und es befreien.«[6]

Al-Qaida ist auf dem Nährboden des Dschihad entstanden und hat davon gelebt. Unter diesem gemeinsamen Nenner konnte die Organisation die Islamisten vereinen – vor allem ab 1996 und verstärkt ab 1998, als eine »Front« gegen die »Juden und die Kreuzzügler« gebildet wurde. Der »Initiations«-Dschihad in Afghanistan wurde in Bosnien und Tschetschenien mit anderen Mitteln, anderen Militärchefs und anderen Soldaten verfolgt, doch er bildete nach wie vor die Grundlage der Terroristenorganisation.

Die Offensive der amerikanischen Koalition im Irak hat es Sarkawi ermöglicht, sich als neuer Vertreter der »dschihadistischen« Richtung zu profilieren. In dieser Rolle ist er bereit, den ideologischen Fortbestand von Al-Qaida zu gewährleisten, was ihm die Zustimmung der Organisation zu seinen eigenen Zielen einbrachte. Ohne den Krieg im Irak wäre er nur einer von vielen Befehlshabern bin Ladens geblieben.

Der Dschihad ist eindeutig die grundlegende Triebkraft der islamistischen Terroristengruppen afghanischer Inspiration. Ohne diese ideologische und militärische Grundlage würden sie ihr eigentliches religiöses Fundament verlieren und damit ihre Glaubwürdigkeit und ihre neuen Mitglieder.

Die Zukunft und der Ausgang des Kriegs gegen den Terrorismus beruhen auf unserer Fähigkeit, diesen wirklich zu verstehen. Es darf kein weiterer Nährboden für den Dschihad geschaffen werden, der den dominierenden Kriegschef zu einem geistigen Anführer aufsteigen lassen könnte. Heute ist der Dschihad die größte Stärke Sarkawis – morgen kann er ihm zur Achillesferse werden.

Chronologischer Überblick

20. Oktober 1966	Ahmed Fadil Nazzal al-Khaleileh (alias Abu Mussab al-Sarkawi) wird im Stadtviertel Maqsum in Sarka (Zarqa), Jordanien, geboren.
1971	Einschulung in der Grundschule von Sarka (King Talal bin Abdallah Elementary School).
1977	Übertritt in die weiterführende Schule (Al Zarqa High School).
1982	Ahmed Fadil verlässt die Al Zarqa High School.
1983	Er wird als Arbeiter in einer Papierfabrik eingestellt, wo er bis zu seiner Entlassung sechs Monate arbeitet. Anschließend wird er von der Stadt Sarka als Wartungstechniker beschäftigt; einige Monate später gibt er diese Arbeit auf.
1984–1986	Wehrdienst in Jordanien.
1987	Sarkawi wird wegen vorsätzlicher Gewaltanwendung zu zwei Monaten Haft verurteilt. Gegen Bezahlung einer hohen Geldstrafe wird ihm die Haft erlassen.

1988	Heirat mit seiner ersten Frau Intissar Bakr al-Umari.
15. Februar 1989	Der letzte sowjetische Soldat wird aus Afghanistan abgezogen.
Frühjahr 1989	Sarkawi reist nach Pakistan, dann nach Khost (Khowst) in Afghanistan.
1989	Begegnung mit Issam Mohammed Taher al-Barqawi (alias Abu Mohammed al-Maqdissi) in Peschawar, Pakistan.
1989	Sarkawi wird Korrespondent der dschihadistischen Zeitschrift *Al-Bunjan al-Marsus*. Begegnung mit Saleh al-Hami.
1991	Heirat seiner Schwester mit dem jordanischen Dschihadisten Saleh al-Hami in Pakistan.
1991–1992	Sarkawi nimmt an den Kämpfen zwischen rivalisierenden islamischen Gruppen in Afghanistan teil, insbesondere an der Seite des islamistischen Anführers Gulbuddin Hekmatjar.
1992	Militärische Ausbildung im Terroristenlager von Sada in Afghanistan.
Mitte 1993	Rückkehr nach Sarka, wo Sarkawi einige Monate lang eine Videothek betreibt.
1993	Sarkawi nimmt die Beziehungen zu Abu Mohammed al-Maqdissi wieder auf.
29. März 1994	Sarkawi und seine Komplizen werden im Zusammenhang mit der *Beit al-Imam*-Affäre verhaftet. Sarkawi wird in Suwaqah inhaftiert.

1994	Tod von Fadil Nazzal Mohammed al-Khaleileh, Vater Abu Mussab al-Sarkawis.
27. November 1996	Sarkawi wird in Jordanien zu 15 Jahren Freiheitsstrafe verurteilt. Inhaftierung in Suwaqah, dann in Jafar.
18. März 1999	Amnestieerlass des Königs Abdullah von Jordanien.
29. März 1999	Sarkawi wird aus dem Gefängnis entlassen.
Sommer 1999	Erneute Reise nach Hayatabad in Pakistan, offiziell, um dort Honig zu verkaufen. Sarkawi begegnet seiner zukünftigen zweiten Frau Asra Jassin Mohammed Dscharrad.
Oktober 1999	Säuberungsaktion der Regierung Benazir Bhuttos gegen arabische Aktivisten. Nach kurzer Haft verlässt Sarkawi Pakistan und geht nach Afghanistan.
Ende 1999	Sarkawi lässt sich in Kabul nieder. Wirbt in Afghanistan mehrere Jordanier für eine Reihe von Attentaten in Jordanien an.
Anfang 2000	Er übernimmt die Leitung eines Trainingslagers von Al-Qaida in der Nähe von Herat. Er baut die *Al-Tawhid*-Zelle in Deutschland auf.
Oktober 2000	Sarkawi wird in Jordanien wegen seiner Beteiligung an der Planung des Millennium-Anschlags in Amman in Abwesenheit angeklagt.
Ende 2000	Er leitet das Trainingslager von Herat in Afghanistan, wirbt Jordanier

an und lässt sie über den Iran einschleusen.

Anfang 2001 Sarkawi leistet Osama bin Laden den
Treueschwur.

Mitte 2001 Er begibt sich nach Kandahar, wo er
von Al-Qaida 35 000 Dollar erhält,
um Jordanier anzuwerben und Anschläge gegen Israel zu organisieren.
Die damit beauftragten Terroristen
werden im Februar 2002 in der Stadt
Van in der Türkei verhaftet.

Herbst 2001 Nach den Anschlägen vom 11. September wird in Afghanistan unter der
Führung der Vereinigten Staaten von
den Koalitionstruppen die Operation
»Enduring Freedom« als Vergel-
tungsmaßnahme eingeleitet.

10. Dezember 2001 Mullah Krekar übernimmt die Leitung von *Ansar al-Islam*.

12. Dezember 2001 In einem abgehörten Telefongespräch
ist davon die Rede, dass Sarkawi bei
einem amerikanischen Bombenan-
griff am Magen und an einem Bein
verletzt worden sei. Er flieht aus Afghanistan in den Iran.

Ende 2001 Sarkawi geht mit den irakischen Islamisten von *Ansar al-Islam* ein Bündnis ein. Baut im irakischen Kurdistan
eine Basis in Khurmal auf.

5. Januar 2002 Ankunft in Meschhed im Iran.

Mitte Januar 2002 Durch ein abgehörtes Telefongespräch erfährt man, dass er wieder
genesen ist.

11. Februar 2002 Sarkawi wird wegen seiner Beteili-

gung an den geplanten Millenniums-
attentaten vom jordanischen Staatssicherheitsgericht zu 15 Jahren Haft
verurteilt.

Anfang 2002   Transfer von 40 000 Dollar für den
Erwerb gefälschter Pässe aus dem
Iran nach Deutschland. Wird kurzzei-
tig von den iranischen Sicherheitsbehörden inhaftiert, die ihn aufgrund
seines syrischen Passes wieder auf
freien Fuß setzen.

2. April 2002   In einem abgehörten Telefongespräch
wird die »finanzielle Lage« Sarkawis
als »vorteilhaft« bezeichnet.

4. April 2002   Sarkawi begibt sich in den Irak.

23. April 2002   Seine Unterstützerzelle in Deutschland wird zerschlagen.

Mai/Juni 2002   Sarkawi wird in Bagdad und im
nördlichen Irak gesehen.

Anfang Juli 2002   Er trifft sich mit Mullah Krekar und
schließt ein Bündnis mit ihm.

Juli bis September   Sarkawi hält sich in Damaskus auf.
2002

9. September 2002   Er begibt sich heimlich von Syrien
aus für kurze Zeit nach Jordanien.

Ende September   Sarkawi reist nach Bagdad, wo er im
2002   Restaurant Al-Ghouta Quartier bezieht.

28. Oktober 2002   Ermordung des amerikanischen Diplomaten Laurence Foley in Amman;
von Sarkawi erdacht und geplant.

Dezember 2002   Abu Subeidah enthüllt die Beteiligung Sarkawis an der Planung che-
mischer Attentate in Europa.

271

5. Februar 2003	Rede Colin Powells vor dem Sicherheitsrat der Vereinten Nationen, in der er Sarkawi als das Bindeglied zwischen Al-Qaida und dem Regime Saddam Husseins bezeichnet.
20. März 2003	Beginn der Offensive der Koalitionstruppen im Irak.
März 2003	Zerschlagung eines Unterstützerkreises von *Ansar al-Islam* in Italien. Durch abgehörte Telefongespräche wird in Erfahrung gebracht, dass Kämpfer über Syrien in den Irak eingeschleust werden.
Juli 2003	Der Iran versichert, eine große Anzahl von Al-Qaida-Mitgliedern in Haft zu halten.
7. August 2003	Bei einem Sarkawi zugeschriebenen Anschlag auf die jordanische Botschaft im Irak werden 14 Menschen getötet und 40 verletzt.
23. Januar 2004	In einem von den amerikanischen Behörden sichergestellten Brief, der Sarkawi zugeschrieben wird, bekennt sich dieser zu den meisten seit März 2003 gegen die Koalitionstruppen durchgeführten Aktionen.
Januar-April 2004	Veröffentlichung zweier Tonaufnahmen Sarkawis, in denen er die Muslime auffordert, im Irak am Dschihad teilzunehmen.
29. Februar 2004	Sarkawis Mutter Umm Sayel stirbt.
11. März 2004	Anschläge in Madrid, 202 Tote und über 1500 Verletzte.
6. April 2004	Sarkawi wird vom jordanischen Staats-

sicherheitsgericht wegen seiner Beteiligung an der Ermordung von Laurence Foley in Abwesenheit zum Tod durch den Strang verurteilt.

April 2004	Beginn der Geiselnahmen westlicher Staatsbürger im Irak.
20. April 2004	Verhaftung einer von Sarkawi kontrollierten Gruppe, die einen chemischen Anschlag in Amman plante.
Mai 2004	Gründung der Terroristengruppe *Tawhid wal-Dschihad*.
11. Mai 2004	Hinrichtung des US-Bürgers Nicholas Berg durch Sarkawis Gruppe, mutmaßlich durch Sarkawi selbst. Das Hinrichtungsvideo wird im Internet ausgestellt.
18. Mai 2004	Sarkawi bekennt sich zu der Ermordung von Izzaddin Salim, dem amtierenden Vorsitzenden des irakischen Übergangsrates.
Juni–Oktober 2004	Sarkawis Gruppe richtet mehrere westliche Geiseln im Irak hin.
1. Juli 2004	Die USA erhöhen das auf Sarkawi ausgesetzte Kopfgeld auf 25 Mio. US-Dollar.
23. September 2004	Omar Jussuf Dschumah alias Abu Anas al-Schami, wichtiger Koordinator Sarkawis, wird getötet.
Oktober 2004	Die amerikanische Militärführung schätzt, dass Sarkawi für den Tod von 675 Irakern und 40 Ausländern verantwortlich ist.
17. Oktober 2004	Sarkawi erneuert seinen Treueschwur Osama bin Laden gegenüber. Seine

	Gruppe bezeichnet sich von da an als »Al-Qaida-Ausschuss für den Dschihad in Mesopotamien«.
8.–13. November 2004	Offensive der Koalitionstruppen auf das sunnitische Bollwerk Falludscha. Sarkawi und seine Mitstreiter entkommen.
November/ Dezember 2004	Mehrere Mitglieder des Sarkawi-Netzwerks werden im Irak getötet oder verhaftet.
Januar 2005	Sarkawi entgeht nach irakischen Angaben mehrmals seiner Ergreifung.
20. Februar 2005	Sarkawi entgeht nur knapp seinen Häschern in Ramadi.
Mitte März 2005	Sarkawi entgeht seiner Ergreifung im Nordirak.
29. April 2005	Sarkawi meldet sich per Tonband aus dem Untergrund, droht den Amerikanern.
24. Mai 2005	Nach Medienberichten soll Sarkawi schwer verletzt und in einem Krankenhaus in Ramadi nur unzureichend behandelt worden sein. Auf ihrer Website betet die »Al-Qaida-Organisation in Mesopotamien« für seine Genesung.

Anmerkungen

Werdegang eines Terroristen

1 Volksfront zur Befreiung Palästinas; 1967 von George Habasch gegründete, revolutionär ausgerichtete Bewegung marxistischer Prägung.

2 Marc Lavergne, »Jordanie: fracture sociale et fragmentation spatiale dans un processus de métropolisation. Le cas d'Amman«, *Insanijat,* Algier, 2. Quartal 2004.

3 »Foreign general news«, *The Canadian Press,* 3. Juni 2001.

4 »Bomb defendants all deeply religious Muslims«, Reuters, 25. Mai 1994.

5 »Can Islamists be democrats? The case of Jordan«, *Middle East Journal,* 1. Juli 1997.

6 »Zarqa tribes in disarray ahead of elections while candidates scramble for women's votes«, *Jordan Times,* 11. Juli 1999.

7 »Can Islamists be democrats? The case of Jordan«, a. a. O.

8 »Zarqa tribes in disarray«, a. a. O.

9 Namentlich auch aus dem Interview, das wir am 16. September 2004 mit Muhannad Hidschasi, Militärstaatsanwalt des haschemitischen Königreichs Jordanien, geführt haben.

10 »Al-Zarqawi's tribe cables King Abdallah pledging allegiance«, *Al-Ra'y,* 29. Mai 2004.

11 Ghazi bin Mohammed, *The Tribes of Jordan at the beginning of the XXIst Century,* Amman, Turab Press, 1999.

12 »Jordan tribe voices solidarity with Iraq«, IPR Strategic Information Database, 16. Juli 2002.

13 Sarkawis Geschwister sind: Aisha, geboren 1963, verheiratet, wohnhaft in Sarka; Alia, geb. 1968, verh. mit Khaled al-Aruri, wohnh. in Sarka; Fatima, geb. 1961, verh., wohnh. in Amman; In-

275

tisar, geb. 1970, verh., wohnh. in Amman; Mariam, geb. 1968, verh. mit Haytham Mustafa Obeidat; Rabia, geb. 1975, verh., wohnh. in Amman; Aminah, geb. 1973, verh., wohnh. in Amman; Mohammed, geb. 1965, verh., wohnh. in Sarka; und Sajel, geb. 1959, verh., wohnh. in Saudi-Arabien. Quelle: Abschlussbericht des BKA (Bundeskriminalamt) über Abu Mussab al-Sarkawi, 2004, Archiv des Autors (in der Folge: A. d. A.).

14 Gespräch mit Abdullah Abu Rumman, ehemaliger Mithäftling Sarkawis, 8. November 2004.

15 Polizei von Sarka, 2004, A. d. A.

16 »Under the microscope«, Al-Dschasira, 1. Juli 2004.

17 Gespräch mit Sarkawis ehemaligem Klassenlehrer, 15. September 2004.

18 »Jordanian daily interviews wife of Abu-Mus'ab Al-Zarqawi«, htpp://worldnews.xignite.com. Ursprünglich in *Al-Dustur* (Internet-Version-WWW), 24. Juni 2004.

19 Schulbehörde Sarka, 2004, A. d. A.

20 Polizei von Sarka, 2004, A. d. A.

21 »Showdown with Iraq«, *Los Angeles Times,* 12. März 2003.

22 Gespräch mit Ahmed Firaz, einem ehemaligen Nachbarn der Familie Khalayleh, 15. September 2004.

23 »Zarqawi's journey: from dropout to prisoner to an insurgent leader in Iraq«, *New York Times,* 13. Juli 2004.

24 Polizei von Sarka, 1987, A. d. A.

25 »Report interviews Al-Zarqawi's neighbours, Prison mates«, *Al-Scharq al-Awsat,* 8. März 2004.

26 Ebenda.

27 Polizei von Sarka, 1987, A. d. A.

28 Gespräch mit Ibrahim Izzat, 15. September 2004.

29 Gespräch mit dem Sicherheitsbeauftragten des Gefängnisses von Suwaqah, 16. September 2004.

30 Gespräch mit Abdullah Abu Rumman, ehemaliger Mithäftling Sarkawis, 8. November 2004.

31 Polizei von Sarka, 2004, A. d. A.

32 »Under the microscope«, a. a. O.

33 Gespräch mit Mohammed al-Hareischah, einem Neffen Sarkawis, 15. September 2004.

34 »Arab Afghan says Usama bin Ladin's force strength overblown«, *Al-Scharq al-Awsat,* 6. September 2001.

35 »Arab veterans of Afghan war bolster Mideast Islamic factions«, *Associated Press* (AP), 25. November 1992.

36 Geständnis von Abu Mussab al-Sarkawi, Sicherheitsgericht des haschemitischen Königreiches von Jordanien, gerichtlicher Entscheid 95/300, 31. August 1994, A. d. A.

37 Botschaft mit der Überschrift »Ratschläge von Schekh Maqdissi an Abu Mussab al-Sarkawi«, 2004, A. d. A.

38 Geständnis von Abu Mohammed al-Maqdissi, Sicherheitsgericht des haschemitischen Königreiches von Jordanien, gerichtlicher Entscheid 95/300, 31. August 1994, A. d. A.

39 Ebenda.

40 »Oberster russischer Gerichtshof erwägt Verbot von 15 islamischen Organisationen«, Interfax, 12. Februar 2003.

41 OFAC (Office of Foreign Assets Control), US-Finanzministerium, SDGT-Liste (Specially Designated Global Terrorists, Aktualisierung vom 1. September 2002.

42 Sicherheitsgericht des haschemitischen Königreichs von Jordanien, gerichtlicher Entscheid 95/300 in Sachen Beit al-Iman, 31. August 1994, A. d. A.

43 »Paper questions court ruling on extradition of Jordanian to USA«, BBC (al-Urdum), 2. Dezember 1996.

44 »Arrests reportedly linked to masterminds of Khubar Blast«, BBC (al-Hadath), 28. Mai 1997.

45 »Arab Afghan says Usama bin Ladin's force strength overblown«, a. a. O.

46 Asmiri, mit richtigem Namen Wali Khan Amin Schah, ist auch unter dem Namen Asmarai (alias Asmari, Asmurai, Osmurai) bekannt.

47 »Under the microscope«, a. a. O.

48 Abschlussbericht des BKA über Abu Mussab al-Sarkawi, 2004, A. d. A.

49 Ebenda.

50 »Zarqawi segreto«, L'Espresso, Nr. 39, 30. September 2004.

51 »Under the microscope«, a. a. O.

52 Ebenda.

53 »Zarqawi took familiar route into terrorism«, Los Angeles Times, 2. Juli 2004.

54 Botschaft von Osama bin Laden, die am 26. Dezember 2001 vom Fernsehsender Al-Dschasira verbreitet wurde.

55 Geständnis von Abu Mussab al-Sarkawi, a. a. O.

56 Sicherheitsgericht des haschemitischen Königreiches von Jordanien im Verfahren um die Ermordung von Laurence Foley, 545/2003, A. d. A.

57 Geständnis von Mohammed Wasfi Omar Abu Khalil, Sicherheitsgericht des haschemitischen Königreiches von Jordanien, gerichtlicher Entscheid 95/300, 31. August 1994, A. d. A.

58 Bericht des US-Untersuchungsausschusses zu den Anschlägen vom 11. September 2001.

59 US v. Osama bin Laden, 20. Februar 2001, Aussage von Dschamal al-Fadl.

60 Government Evidentiary Proffer supporting the admissibility of coconspirator statements, US v. Enaam Arnaout, 02CR892, Northern District of Illinois, Eastern Division, 29. Januar 2003.

61 Sicherheitsgericht des haschemitischen Königreiches von Jordanien im Verfahren um die Ermordung von Laurence Foley, a. a. O.

62 »Under the microscope«, a. a. O.

63 »Arab veterans of Afghan war bolster Mideast Islamic factions«, a. a. O.

64 Ebenda.

65 Declaration in support of pretrial detentions, US v. Soliman S. Biheiri, case n° 03–365-A, declaration of David Kane, 14. August 2003.

66 Omar Mahmud (alias Osman, Omar Mahmud, Abu Qatada al-Filistini, alias Takfiri, alias Abu Ismael).

67 UNO, S/2002/127, Bericht des haschemitischen Königreichs von Jordanien an das Antiterror-Komitee, 21. Januar 2002.

68 »Arab veterans of Afghan war bolster Mideast Islamic factions«, a. a. O.

69 »Jordanians jailed for planning grenade attack on Israelis«, Agence France Press (AFP), 26. November 1996.

70 Gespräch mit Mohammed al-Hareischah, dem Neffen Sarkawis, 15. September 2004.

71 »Jordanian daily interviews wife of Abu-Mus'ab al-Zarqawi«, a. a. O.

72 »Zarqawi took familiar route into terrorism«, a. a. O.

73 Botschaft mit der Überschrift »Rat von Schekh Maqdissi an Abu Mussab al-Sarkawi«, 2004, A. d. A.

74 Abu Mohammed al-Maqdissi, al-Dimuqratia Din, http://www.almaqdese.com.

75 »Jordanian militants train in Afghanistan to confront regime«, AFP, 30. Mai 1993.

76 Geständnis von Abu Mussab al-Sarkawi, a. a. O.

77 »Arrests reportedly linked to masterminds of Khubar Blast«, BBC (al-Hadath), 28. Mai 1997.

78 Geständnis von Abu Mohammed al-Maqdissi, a. a. O.

79 Gespräch mit Muhannad Hidschasi, Militärstaatsanwalt des haschemitischen Königreichs Jordanien, 16. September 2004.

80 Geständnis von Abu Mussab al-Sarkawi, a. a. O.

81 »Zarqawi's journey«, a. a. O.

82 Geständnis von Khaled al-Aruri, Sicherheitsgericht des haschemitischen Königreiches von Jordanien, gerichtlicher Entscheid 95/300, 31. August 1994, A. d. A.

83 Geständnis von Abu Mussab al-Sarkawi, a. a. O.

84 Geständnis von Mohammed al-Maqdissi, a. a. O.

85 Geständnis von Abu Mussab al-Sarkawi, a. a. O.

86 Ebenda.

87 Geständnis von Mohammed al-Maqdissi, a. a. O.

88 Ebenda.

89 Gespräch mit Muhannad Hidschasi, Militärstaatsanwalt des haschemitischen Königreichs Jordanien, 16. September 2004.

90 Geständnis von Abu Mussab al-Sarkawi, a. a. O.

91 Geständnis von Mohammed al-Maqdissi, a. a. O.

92 »Under the microscope«, a. a. O.

93 »Papers report revival of Islamic groups«, BBC (al-Hadath), 12. Mai 1998.

94 »Jordan militants jailed for planned Israeli attacks«, Reuters, 27. November 1996.

95 *Jordan Human Rights Practices,* US-Außenministerium, 1995.

96 »Zarqawi took familiar route into terrorism«, a. a. O.

97 Gespräch mit dem Sicherheitsbeauftragten im Gefängnis von Suwaqah, 16. September 2004.

98 »Zarqawi's journey«, a. a. O.

99 Botschaft mit der Überschrift »Rat von Schekh Maqdissi an Abu Mussab al-Sarkawi«, 2004, A. d. A.

100 Ebenda.

101 Ebenda.

102 »Under the microscope«, a. a. O.

103 Ebenda.

104 »Report interviews al-Zarqawi's neighbours, Prison mates«, a. a. O.

105 Gespräch mit dem Sicherheitsbeauftragten im Gefängnis von Suwaqah, Jordanien, 16. September 2004.

106 »Report interviews al-Zarqawi's neighbours, Prison mates«, a. a. O.

107 »Zarqawi's journey«, a. a. O.

108 Ebenda.

109 »Zarqawi took familiar route into terrorism«, a. a. O.
110 Gespräch mit Abdullah Abu Rumman, ehemaliger Mithäftling von Sarkawi, 8. November 2003.
111 »Zarqawi segreto«, a. a. O.
112 Ebenda.
113 »Zarkawi's journey«, a. a. O.

Vollzeitterrorist

1 »Abdallah face à la bravade islamiste«, *Le Figaro,* 23. September 1999.
2 »King endorses general amnesty law«, Jordanian TV, 25. März 1999.
3 »Jordanian prisoners to be freed under amnesty«, Xinhua News Agency, 25. März 1999.
4 »Under the microscope«, *Al-Dschasira,* 1. Juli 2004.
5 »Zarqawi segreto«, *L'Espresso,* Nr. 39, 30. September 2004.
6 »Jordanian Daily interviews wife of Abu-Mus'ab Al-Zarqawi«, htpp://worldnews.xignite.com. Ursprünglich in *Al-Dustur* (Internet-Version-WWW), 24. Juni 2004.
7 »Under the microscope«, a. a. O.
8 »Showdown with Iraq«, *Los Angeles Times,* 12. März 2003.
9 »Al-Qa'ida's Abu-Mus'ab al-Sarkawi confirms he is currently in Iraq«, *Al-Scharq al-Awsat,* 26. Mai 2004.
10 »Sarkawi's journey: from dropout to prisoner to an insurgent leader in Iraq«, *New York Times,* 13. Juli 2004.
11 »Showdown with Iraq«, a. a. O.
12 Ebenda.
13 Ermittlungsverfahren der deutschen Bundesanwaltschaft in Sachen al-Tawhid, Aussage von Schadi Abdullah, 2002, Archiv des Autors (A. d. A.).
14 US v. Osama bin Laden, Aussage von Jamal Ahmad al-Fadl, New York, 7. Februar 2001.
15 »The Talibans: exporting extremism«, *Foreign Affairs,* November 1999.
16 »30 Arabs escape to Afghanistan to avoid arrest in Pakistan«, *The News,* 17. Juli 2000.
17 »Pakistan hands over bin Ladin's aid to Jordan«, *The News,* 18. Dezember 1999.
18 »Showdown with Iraq«, a. a. O.

19 Ermittlungsverfahren der deutschen Bundesanwaltschaft in Sachen al-Tawhid, Aussage von Schadi Abdullah, 2002, A. d. A.

20 Gespräch mit Muhammad al-Hareischah, dem Neffen Sarkawis, 15. September 2004.

21 Abschlussbericht des BKA über Abu Mussab al-Sarkawi, 2004, A. d. A.

22 Bericht des Untersuchungsausschusses zu den Anschlägen vom 11. September 2001, Anm. 181, Kap. 4. Memorandum des NSC (National Security Council).

23 Ermittlungsverfahren der deutschen Bundesanwaltschaft in Sachen al-Tawhid, Aussage von Schadi Abdullah, 2002, A. d. A.

24 Schlussantrag der Staatsanwaltschaft zur Teileinstellung des Verfahrens, zur Verweisung an die Strafkammer und Fortdauer der Untersuchungshaft, Tribunal de grande instance de Paris, in Sachen Beghal u. a., 2004, A. d. A.

25 Government Evidentiary Proffer supporting the admissibility of coconspirator statements, US v. Enaam Arnaout, 02CR892, Northern District of Illinois, Eastern Division, 29. Januar 2003.

26 Spanisches Ermittlungsverfahren Nr. 35/2001 über die Aktivitäten von Al-Qaida in Spanien, Papier der UCIE über die »afghanischen Araber«, A. d. A.

27 Ermittlungsverfahren der deutschen Bundesanwaltschaft in Sachen al-Tawhid, Aussage von Schadi Abdullah, 2002, A. d. A.

28 Interne Verzeichnisse der Organisation Al-Qaida, die 2001 in einem von Osama bin Laden benutzten Gästehaus beschlagnahmt wurden, S. 9, A. d. A.

29 Schlussantrag der Staatsanwaltschaft zur Teileinstellung des Verfahrens, zur Verweisung an die Strafkammer und Fortdauer der Untersuchungshaft, a. a. O.

30 »Zarqawi took familiar route into terrorism«, *Los Angeles Times,* 2. Juli 2004.

31 Abschlussbericht des BKA über Abu Mussab al-Sarkawi, 2004, a. a. O.

32 »Afghan envoy says bin Laden masterminded US terrorist attacks«, Interfax, 13. September 2001.

33 Abschlussbericht des BKA über Abu Mussab al-Sarkawi, 2004, a. a. O.

34 »Pakistan hails reopening of Afghan-Iran border«, AFP, 22. November 1999.

35 »Iran opening eases choke hold of UN sanctions on Afghans«, *Washington Post,* 22. Dezember 1999.

36 »FSB says Foreign mercenaries fought alongside Chechen rebels«, Interfax, 8. Dezember 1996.

37 Ermittlungsverfahren der Bundesanwaltschaft in Sachen al-Tawhid, Untersuchungen des BKA, 2002, A. d. A.

38 »Suspects captured in Van, members of ›Union of Imams‹ before Al-Qaida«, Anatolia, 19. Februar 2002.

39 »Al-Tawhid«, *Jane's Intelligence Review,* 21. September 2004.

40 »Jordanian security court begins trial of suspected al-Sarkawi ›collaborator‹«, BBC, 16. September 2004.

41 Gespräch mit dem Leiter eines arabischen Nachrichtendienstes, 8. Juli 2004.

42 »Al-Zarqawi's aide, terrorist Nidal Arabiyat, killed in North Baghdad operation«, *Bagdad,* 24. Februar 2004.

43 »US forces hand criminal over to Jordan«, UPI, 20. Juli 2004.

44 Erklärung von Azmi al-Dschajusi im staatlichen jordanischen Fernsehen, April 2004.

45 »Fourth Jordanian from al-Salt ›martyred‹ in Afghanistan«, *Al-Dustur,* 24. Oktober 2001.

46 Abschlussbericht des BKA über Abu Mussab al-Sarkawi, 2004, a. a. O.

47 »Under the microscope«, a. a. O.

48 »Ricin at terror camp«, *Daily Star,* 5. April 2003.

49 »Jordan unveils group linked to Al-Qaida, Ansar Al-Islam«, *Financial Times,* 13. September 2003.

50 Ebenda.

51 Schlussantrag der Staatsanwaltschaft zur Teileinstellung des Verfahrens, zur Verweisung an die Strafkammer und Fortdauer der Untersuchungshaft, a. a. O.

52 Haschemitisches Königreich von Jordanien, Sicherheitsgericht, in Sachen Millennium Plot, 2000, A. d. A.

53 »Military court sentences millennium terror plot defendant to death«, Associated Press, 11. Februar 2002.

54 Haschemitisches Königreich von Jordanien, Nationales Sicherheitsgericht, Beschluss Nr. 545/2003, in Sachen Laurence Foley, A. d. A.

55 Ebenda.

56 »Principaux points de la présentation de Colin Powell«, AFP, 5. Februar 2003.

57 Haschemitisches Königreich von Jordanien, Nationales Sicherheitsgericht, Beschluss Nr. 545/2003, in Sachen Laurence Foley, a. a. O.

58 »Saddam's bankers: ›UN is no problem‹, a manager of Iraq's state-owned bank, Rafidain, says of the international sanctions designed to prohibit transfers of money into the country«, *The Gazette* (Montréal, Québec), 21. Februar 2003.

59 Haschemitisches Königreich von Jordanien, Nationales Sicherheitsgericht, Beschluss Nr. 545/2003, in Sachen Laurence Foley, a. a. O.

60 Ebenda.

61 Ebenda.

62 Sean Penn, »Commentary«, *San Francisco Chronicle,* 14. Januar 2004.

63 Gespräch mit Sean Penn, 5. Dezember 2003.

64 Abschlussbericht des BKA über Abu Mussab al-Sarkawi, 2004, a. a. O.

65 Ebenda.

66 Ebenda.

67 Ermittlungsverfahren der deutschen Bundesanwaltschaft in Sachen al-Tawhid, Untersuchungen des BKA, 2002, A. d. A.

68 Ebenda.

69 Ebenda.

70 Ermittlungsverfahren der deutschen Bundesanwaltschaft in Sachen al-Tawhid, Untersuchungen des BKA, 2002, A. d. A.

71 Ebenda.

72 Rede von Colin Powell vor dem UNO-Sicherheitsrat am 5. Februar 2003.

73 Am 1. Juli 2004 setzt die amerikanische Regierung für die Ergreifung Abu Mussab al-Sarkawis dieselbe Summe aus wie für die Osama bin Ladens, nämlich 25 Millionen Dollar.

Sarkawis Irak

1 »Principaux points de la présentation de Colin Powell«, AFP, 5. Februar 2003.

2 Aussage von CIA-Direktor George Tenet vor der Senatskommission für die Streitkräfte, US-Kongress, 19. März 2002.

3 Report on the US intelligence community's prewar intelligence assessments on Iraq. Select Committee on Intelligence, US-Senat, 7. Juli 2004.

4 Aussage von Jorge Dezcallar de Mazarredo, ehemaliger Leiter des spanischen Nachrichtendienstes *Centro Nacional de Inteli-*

gencia (CNI), vor dem Untersuchungsausschuss zu den Anschlägen vom 11. März 2004, spanisches Abgeordnetenhaus, 19. Juli 2004, Archiv des Autors (A. d. A.).

5   Aussage von Dr. Khedhir Hamza, Anhörungen zur Untersuchung von Bedrohungen, Reaktionen und regionalen Erwägungen rund um den Irak, Ausschuss für auswärtige Beziehungen, US-Senat, 31. Juli und 1. August 2002.

6   Ebenda.

7   National Public Radio, 18. Februar 1999.

8   »The Immigration and Naturalization Service's contacts with two September 11 terrorists«, Office of the Inspector General, US Department of Justice, 20. Mai 2002.

9   »UN Envoy confirms terrorist meeting«, *Prague Post,* 5. Juni 2002.

10 Associated Press (AP), 26. April 2001.

11 Testimony of Eleonor Hill, Staff Director, Joint Inquiry Committee, Hearings on the 9/11 failures, Joint House and Senate Select Intelligence Committee hearings, 18. September 2002.

12 Spanisches Justizverfahren Nr. 35/2001 zu den Aktivitäten von Al-Qaida in Spanien, A. d. A.

13 Jussuf Galán, der im April 2002 in Spanien verhaftet wurde, befand sich im Dezember 2004 in Untersuchungshaft.

14 USA *v.* UBL, trial transcript, 26. Februar 2001, testimony of L'Houssaine Kherchtou.

15 *New York Times,* 4. Oktober 1998.

16 Remarks by the under secretary of State for political affairs at the Middle-East Institute, Washington D. C., US Department of State Dispatch, November 1998.

17 Statement of James Foley, State Department Spokesman, AP, 26. August 1998.

18 Sandy Berger, National Security Advisor, Press Briefing, 26. Februar 1999.

19 UBL declaration of war, 23. August 1996.

20 Robert Fisk interview, *The Independent,* 6. Dezember 1996.

21 *Sunday Times,* 16. September 2001.

22 USA *v.* UBL, trial transcript, 13. Februar 2001, testimony of Jamal Ahmed Mohammed Al-Fadl.

23 Testimony for the US Congress presented by Dr Amatzia Baram, 24. September 2002 (Übersetzungen von FBIS [Foreign Broadcast Information Service der University of Michigan]).

24 »Ansar Al-Islam, Ansar Al-Sunnah Army, Abu-Mus'ab Al-Zarkawi, Abou-Hafs Brigades«, *Al-Basrah,* 14. März 2004.

25 »Jordan unveils group linked to Al-Qa'ida, Ansar al-Islam«, *Al-Ra'y,* 13. September 2003.

26 »Paper says bin-Ladin sets up ›Jund al-Islam‹ group in Iraq's Kurdistan«, *Al-Scharq al-Awsat,* 28. September 2001.

27 Ebenda.

28 US v. Osama bin Laden, Aussage von Dschamal Ahmed Al-Fadl, 13. Februar 2001.

29 Spanisches Ermittlungsverfahren Nr. 35/2001 über die Aktivitäten von Al-Qaida in Spanien, A. d. A.

30 »New Kurdish fundamentalist group declares ›jihad‹ against secular parties«, *Al-Scharq al-Awsat,* 11. September 2001.

31 http://www.geocities.com/kordestaan/jundalislamenglish11.htm.

32 http://www.geocities.com/kordestaan/jundalislamenglish9.htm.

33 http://www.geocities.com/kordestaan/jundalislamenglish.1.htm.

34 »Iraqi Kurdistan: Kurdish leaders cited on activities of Jund Al-Islam movement«, *Al-Madschallah,* 10. Februar 2002.

35 http://www.geocities.com/kordestaan/jundalislamenglish.2.htm.

36 http://www.geocities.com/kordestaan/jundalislamenglish.10.htm.

37 »Iraqi Kurdistan: Kurdish leaders cited on activities of Jund al-Islam movement«, a. a. O.

38 »Iraq: US regime change efforts and post-Saddam governance«, Congressional Research Service, 25. November 2003.

39 »Iraq: Ansar al-Islam leader views US war, denies Norwegian charges«, *Al-Scharq al-Awsat,* 25. April 2003.

40 RFI, 20. und 29. September 2002.

41 Jason Burke, *Al-Qaeda: Casting a Shadow of Terror,* London 2004, S. 201.

42 »The enemy of my enemy: the odd link between Ansar Al-Islam, Iraq and Iran«, Institut canadien d'études stratégiques, April 2003.

43 Interview mit Mullah Krekar, *Al-Scharq al-Awsat,* 21. Februar 2003.

44 Interview mit Mullah Krekar, *Nidal Ul Islam,* September 1997.

45 »Iraq: Kurdish Islamist leader explains split«, *Hawlati,* 10. Juni 2001.

46 »Talks to unite Al-Jama'ah al-Islamiyah, Jund al-Islam in Northern Iraq fail«, *Al-Scharq al-Awsat,* 19. Oktober 2001.

47 »Iraq: Kurdish Islamic groups agree on the dissolution of armed fundamentalists«, BBC, 28. November 2001.

48 »Iraq: Kurdish Islamic group wins over previously neutral groups«, *Hawlati,* 16. September 2001.

49 Interview mit Mullah Krekar, *Al-Scharq al-Awsat*, 21. Februar 2003.

50 Tribunale Ordinario di Milano, Guido Salvini, Az. 5236/02 RGNR, »Anordnung der Untersuchungshaft«, 21. November 2003, A. d. A.

51 Quelle: www.cihad.net, die türkische Internetseite von *Ansar al-Islam.*

52 Interview mit Mullah Krekar, *Nidal Ul Islam,* a. a. O.

53 »Al-Tawhid«, *Jane's Intelligence Review,* 21. September 2004.

54 CIA analytic report, »Ansar al-Islam: Al-Qa'ida's Ally in Northeastern Iraq«, CTC 2003–40011CX, 1. Februar 2003, Bericht der Untersuchungskommission über die Anschläge vom 11. September 2001.

55 Quelle: www.ayobi.com, die Internetseite von *Ansar al-Islam.*

56 *Hawlati,* 28. Oktober 2001.

57 »Threat of war: mountain camps: militant Kurds training Al-Qaida fighters: extremists suspected of testing chemical weapons and links to Iraq«, *The Guardian,* 23. August 2002.

58 Gespräch mit einem europäischen Leiter des Antiterrorkampfes, 2004.

59 *UPI,* 25. September 2002.

60 *Der Spiegel,* 10. Februar 2003.

61 Tribunale Ordinario di Milano, a. a. O.

62 EFE, 1. November 2001.

63 »Mulla Kraykar: I met Ben Ladin at a luxurious villa in Arab Afghans' quarter in 1988«, *Al-Scharq al-Awsat,* 1. März 2003.

64 »Iraqi Kurdistan: Ansar al-Islam group denies links to Al-Qa'ida, Iraqi regime«, *Al-Scharq al-Awsat,* 29. September 2002.

65 Tribunale Ordinario di Milano, a. a. O.

66 Bei einem Verhör bestätigt ein Mitglied der italienischen Zelle von *Ansar al-Islam,* dass das Lager von Khurmal für freiwillige Muschahidin vorgesehen war. Tribunale Ordinario di Milano, a. a. O.

67 »Jordan unveils group linked to Al-Qa'ida, Ansar al-Islam«, *Al-Ra'y,* 13. September 2003.

68 Abschlussbericht des BKA über Abu Mussab al-Sarkawi, 2004, A. d. A.

69 »CIA review finds no evidence Saddam had ties to Islamic terrorists«. *Knight Ridder,* 5. Oktober 2004.

70 Tribunale Ordinario di Milano, a. a. O.

71 Abteilung für öffentliche Sicherheit, Jordanien, Dokument 10/31/C/8846, A. d. A.

72 Tribunale Ordinario di Milano, a. a. O.

73 Ebenda.

74 Ebenda.

75 »Ansar al-Islam reportedly dismisses mollah Krekar as group leader«, *Al-Scharq al-Awsat,* 23. August 2003.

76 Erkärung des US-Finanzministeriums zur Bestimmung von *Ansar al-Islam,* 20. Februar 2003.

77 *Hawlati,* 12. November 2003.

78 »Ansar al-Islam bolsters European network«, *Jane's Intelligence Review,* 21. September 2004.

79 *Al-Scharq al-Awsat,* 18. März 2004.

80 Mitteilungen von *Dschund al-Islam,* A. d. A.

81 Intelligence report, interrogation of Khallad, 12. September 2003; CIAanalytic report, »Iran and al-Qa'ida: ties forged in Islamic extremism«, CTC 2004–40009HCX, März 2004, S. 6–12, US-Untersuchungsausschuss über die Anschläge zum 11. September 2001.

82 Intelligence report, analysis of Hezbollah, Iran, and 9/11, 20. Dezember 2001; Intelligence report, interrogation of Binalshibh, 16. Juli 2004; US-Untersuchungsausschuss zu den Anschlägen vom 11. September 2001.

83 IRNA, 22. Juni 2002.

84 »Iran reportedly rejects Jordanian demand to hand over Al-Zarkawi«, *Al-Scharq al-Awsat,* 2. September 2003.

85 Abschlussbericht des BKA über Abu Mussab al-Sarkawi, 2004, A. d. A.

86 Ermittlungsverfahren der Bundesanwaltschaft in Sachen al-Tawhid, Untersuchungen des BKA, 2002, A. d. A.

87 »Jordan unveils group linked to Al-Qa'ida, Ansar al-Islam«, a. a. O.

88 »Minister says Iran holding senior members of Al-Qa'ida ›terror‹ network«, AFP, 23. Juli 2003.

89 »Iran denies harboring Al-Qa'ida, challenges foreign intelligence services«, AFP, 14. Oktober 2003.

90 »Iran reports to UNSC Committee on efforts to block Al-Qa'ida, Taliban«, IRNA, 28. Oktober 2003.

91 »Iran to put on trial 12 al-Qaeda suspects«, *Iran News,* 25. Juni 2004.

92 »Jordan unveils group linked to Al-Qa'ida, Ansar al-Islam«, a. a. O.

93 »Ansar al-Islam group threatens to fight Americans, seculars in Iraq«, *Al-Scharq al-Awsat,* 13. Juni 2003.

94 LBC Sat Television Transcript, 10. August 2003.

95 »*Hawlati* reveals the secret of Arbil explosions«, *Hawlati,* 11. April 2004.

96 »Ansar al-Islam«, *Al-Maqrizi Center for Historical Studies,* 14. März 2004.

97 Benannt nach Mohammed Atif alias Abu Hafs al-Masri (»der Ägypter«), einem ehemaligen ägyptischen Polizeioffizier, der 1981 an der Ermordung Präsident al-Sadats beteiligt war. Mitbegründer und Sicherheitsbeauftragter/Operationschef von Al-Qaida, mit Osama bin Laden verschwägert (eine seiner Töchter ist mit einem Sohn bin Ladens verheiratet). Mitwirkung bei zahlreichen Anschlägen. Kam 2001 in Kabul ums Leben. A. d. Ü.

98 *Al-Hayat,* 5. September 2003.

99 »Islamists cited on US-Iraqi-Syrian ›deal‹, ›suicide elements‹ in Iraq«, *Al-Sharq al-Awsat,* 13. April 2003.

100 Botschaft mit der Überschrift »Rat von Schekh Maqdissi an Abu Mussab al-Sarkawi«, 2004, A. d. A.

101 Ebenda.

102 »New Al-Qaida spokesman expects ›gloomy fate‹ for US ›crusade‹ on Iraq«, *Al-Scharq al-Awsat,* 24. März 2003.

103 Quelle: www.cihad.net, die türkische Internetseite von *Ansar al-Islam.*

104 »Ansar Al-Islam bolsters European network«, *Jane's Intelligence Review,* a. a. O.

105 »Cheik Abou Moussab Zarkaoui abat un infidèle américain«, Erklärung an die Nation, Videoaufnahme, 11. Mai 2004, A. d. A.

106 »Vereinigung der salafistischen Mudschahidin mit *Al-Tawhid wal al-Djihad*«, Mitteilung vom 13. Mai 2004.

107 Mitteilung von *Ansar al-Sunna,* 10. November 2004, A. d. A.

108 Interne Register der Organisation Al-Qaida, die in Afghanistan in einem von bin Laden benutzten Gästehaus gefunden wurden, S. 9, A. d. A.

109 Quelle: http://www.almaqdese.com.

110 »Summary of Intelligence Report on Abou Moussab al-Zarqawi«, irak. Übergangsbehörde, 23. September 2004, A. d. A.

111 »Estimates by US see more rebels with more funds«, *New York Times,* 22. Oktober 2004.

112 »Jordanian State Security Court begins trial of Al-Zarqawi collaborator«, *Al-Ra'y,* 16. September 2004, http://worldnews.xignite.com/xWorldNews.aspx?articleid=GMP20040916000014;

»Killing of Abou-Anas al-Shami was a strong blow to Al-Zarqa-wi's group«, *Al-Sharq al-Awsat,* 24. September 2004.

113 Botschaft mit der Überschrift »Rat von Schekh Maqdissi an Abu Mussab al-Sarkawi«, 2004, A. d. A.

114 »Un lieutenant de Zarkaoui à la tête des rebelles à Fallouja«, AFP, 19. November 2004.

115 »Estimates by US see more rebels with more funds«, a. a. O.

116 »Jordanian State Security Court begins trial of Al-Zarqawi collaborator«, a. a. O.

117 »Al-Qa'ida's Abou-Mus'ab Al-Zarqawi deplores muslims' ›renunciation‹ of djihad«, FBIS Report, 6. Januar 2004.

118 »Text of Al-Zarqawi message threatening more attacks«, FBIS Report, 6. April 2004.

119 Mitteilung der Sarkawi-Gruppe, 14. Oktober 2004, A. d. A.

120 »Deux Libanais sortent vivants de la tranière de Zarkaoui«, AFP, 14. Oktober 2004.

121 »Deux Libanais sortent vivants de la tranière de Zarkaoui«, a. a. O.; »Les deux Libanais libérés en Irak avaient été enlevés par Tawhid Wal Djihad«, AFP, 13. Oktober 2004.

122 Al-Arabiya TV, Vereinigte Arabische Emirate, 10. Oktober 2004.

123 Ebenda.

124 »Wanted rebel vows loyalty to bin Laden, web sites say«, *New York Times,* 18. Oktober 2004.

125 Auszug aus dem Brief von Abu Mussab al-Sarkawi, irak. Übergangsbehörde, 23. Januar 2004.

126 Mitteilung von *Tawhid wal-Dschihad,* 3. August 2004, A. d. A.

127 *Al-Hayat,* 10. September 2004.

128 Ebenda.

129 Osama bin Laden, Kriegserklärung vom 23. August 1996.

130 Auszug aus dem Brief Abu Mussab al-Zarkawis, irak. Übergangsbehörde, 23. Januar 2004.

131 »Text of Al-Zarqawi message threatening more attacks«, a. a. O.

132 *Voice of Djihad,* Nr. 1, 17. Oktober 2003, The Middle East Media Research Institute (MEMRI).

133 »United Kingdom: »Fugitive« Islamist Abou-Qatadah interviewed via Internet«, *Al-Scharq al-Awsat,* 18. Oktober 2002.

134 *Al-Ahram al-Arabi,* 3. Februar 2001.

135 »Muslim cleric calls suicide bombers martyrs«, AP, 25. April 2001.

136 Al-Dschasira, 9. Dezember 2001.

137 »Islamic scholar says anyone killed trying to expel US forces from Gulf is ›martyr‹«, *Gulf News,* 29. Januar 2003.

138 »Al-Qaradawi, saudi clerics call for djihad against US, support for Iraq«, *Al-Quds al-Arabi,* 8. März 2003.

139 »Qatar's Al-Qaradawi resumes anti-US rhetoric«, Irak-FMA, FBIS Report, 29. September 2003.

140 »Friday sermons urge islamic unity, denounce ›aggression‹ on Palestinians, Iraq«, FBIS report, 3. Oktober 2003.

141 »Friday sermons denounce bombings, urge resistance, hail Prophet's birthday«, FBIS report, 30. April 2004.

142 »Islamic figures, scholars worldwide condemn ›US-Zionist crimes‹ in Iraq, Palestine«, *Al-Quds al-Arabi,* 23. August 2004.

143 »Egypt: Muslim cleric Al-Qardawi calls on Muslims to fight all Americans in Iraq«, Teheran Sahar TV 1, 3. September 2004.

144 *Al-Scharq al-Awsat,* 2. September 2004.

145 Auszug aus dem Brief von Abu Mussab al-Sarkawi, irak. Übergangsbehörde, 23. Januar 2004.

146 *Voice of Djihad,* Nr. 23, August/September 2004, S. 36 ff., MEMRI, 12. Oktober 2004.

147 Mitteilung der Bewegung *Tawhid wal-Dschihad,* 17. Oktober 2004, A. d. A.

148 Mitteilung von Abu Mussab al-Sarkawi, 12. November 2004, A. d. A.

EIN GLOBALES NETZWERK

1 *Der Spiegel,* 25. November 2002.

2 Quelle: http://www.treas.gov/rewards/pdfs/terroristlists/list16.pdf.

3 Ermittlungsverfahren der Bundesanwaltschaft in Sachen *Al-Tawhid,* 2002, Archiv des Autors (A.d. A.).

4 Ebenda.

5 Im Dezember 2004 saß Aschraf al-Dagma in Deutschland noch immer in Präventivhaft; ihm droht eine zehnjährige Zuchthausstrafe.

6 Ermittlungsverfahren der Bundesanwaltschaft in Sachen *Al-Tawhid,* 2002, A. d. A.

7 Im Dezember 2004 saß Abu Dhess in Deutschland noch immer in Präventivhaft; ihm droht eine zehnjährige Zuchthausstrafe.

8 Ermittlungsverfahren der Bundesanwaltschaft in Sachen *Al-Tawhid,* 2002, A. d. A.

9 Ebenda.

10 Schadi Abdullah saß zwei Jahre in Deutschland in Haft, bevor er

2004 freigelassen wurde, nachdem er mit den Justizbehörden zusammengearbeitet hatte.

11 Im Dezember 2004 saß Dschamil Mustafa in Deutschland noch immer in Präventivhaft; ihm droht eine fünfjährige Haftstrafe.

12 Ermittlungsverfahren der Bundesanwaltschaft in Sachen *Al-Tawhid,* 2002, A. d. A.

13 Ebenda.

14 Ebenda.

15 *Der Spiegel,* 22. März 2004, S. 26.

16 Ermittlungsverfahren der Bundesanwaltschaft in Sachen *Al-Tawhid,* 2002, A. d. A.

17 Entscheidung der *Special Immigration Appeal Commission* (SIAC), März 2004, A. d. A. Im März 2005 wurde Qatada gegen Kaution entlassen, nachdem die »Law Lords« im Oberhaus entschieden hatten, dass Teil 4 des Gesetzes über Antiterrorismus, Verbrechen und Sicherheit von 2001 *(Antiterrorism, Crime and Security Act 2001),* welcher die Inhaftierung terrorverdächtiger Ausländer ermöglichte, gegen die Europäische Menschenrechtskonvention verstoße. Anm. d. Ü.

18 Tribunale Ordinario di Milano, Guido Salvini, n° 5230/02 RGNR, »Anordnung der Präventivhaft«, 21. November 2003, A. d. A.

19 Im Dezember 2004 befinden sich Mohammed Tahir Hamid, Amin Mohammed Mostafa, Radi al-Ajaschi und Abdullah Mohammed Ise in Italien in Präventivhaft.

20 Im Dezember 2004 befindet sich Murad Trabulsi nach wie vor in italienischer Präventivhaft.

21 Tribunale Ordinario di Milano, Guido Salvini, n°· 5230/02 RGNR, »Anordnung der Präventivhaft«, 21. November 2003, A. d. A.

22 Italienisches Gerichtsverfahren in Sachen *Ansar al-Islam,* 2003, A. d. A.

23 Ebenda.

24 Ebenda.

25 Tribunale Ordinario di Milano, Guido Salvini, n°· 5230/02 RGNR, »Anordnung der Präventivhaft«, 21. November 2003, A. d. A.

26 »The General Intelligence Department uncovers new al-Qa'ida and Ansar al-Islam group that planned terrorist operations against tourists, US interests in Jordan, and intelligence officers«, *Al-Ra'y,* 13. September 2003.

27 Abderrazak Mahdschub wurde von Deutschland an Italien ausgeliefert und dort in Präventivhaft genommen.

28 »Spain says three Algerians linked to Iraq attacks«, *The Washington Post,* 20. Mai 2004.

29 Italienisches Gerichtsverfahren in Sachen *Ansar Al-Islam,* 2003,
A. d. A.

30 Analyse des russischen Inlandsgeheimdienstes FSB zum Wahha-
bismus im Kaukasus, A. d. A.

31 Space TV, Baku, 25. September 2003.

32 Tribunale Ordinario di Milano, Guido Salvini, N°· 5230/02
RGNR, »Anordnung der Präventivhaft«, 21. November 2003,
A. d. A.

33 Pressemitteilung des französischen Innenministeriums (minis-
tère de l'Intérieur, de la Sécurité Intérieure et des Libertés loca-
les), 30. Dezember 2002, A. d. A.

34 Merouane Benahmed, Menad Benchellali und sein Vater Che-
lalli Benchellali befinden sich im Dezember 2004 nach wie vor
in französischer Präventivhaft.

35 Pressemitteilung des französischen Ministeriums für Inneres,
innere Sicherheit und die Freiheiten der Gebietskörperschaften,
30. Dezember 2002, A. d. A.

36 Die Auslieferung Abu Dohas an die USA ist laut Meldung der
Londoner *Sunday Times* vom 24. April 2005 vorerst gescheitert,
weil der einzige Zeuge, der in den USA verhaftete Ahmed Res-
sam, seine Aussage zurückgezogen hat. Anm. d. Ü.

37 Pressemitteilung des französischen Innenministeriums, 30. Dezember 2002, A. d. A.

38 »Quand le juge Bruguière fait la bombe devant les patrons«, *Le
Canard enchaîné,* 6. Oktober 2004.

39 Mulud und Samir Feddag sind im Dezember 2004 in Großbritannien wegen Gebrauchs von gefälschten Pässen in Präventivhaft.

40 »Une série d'attentats frappe Madrid et fait plus de cent morts«,
Le Monde, 12. März 2004.

41 »Des millions de personnes dans les rues, l'ETA dément toute
responsabilité«, AFP, 12. März 2004.

42 Erklärung des Vorsitzenden des zentralen Untersuchungsge-
richts Nr. 5 der Audiencia Nacional, Baltasar Garzón Real, am
15. Juli 2004 vor dem parlamentarischen Untersuchungsausschuss zu den Attentaten vom 11. März 2004, A. d. A.

43 »Iraq in Dschihad, hopes and risks«, Dezember 2003, A. d. A.

44 Ebenda.

45 Im Dezember 2004 ist Dschamal Sugam immer noch in spanischer Präventivhaft. Sein Bruder Mohammed Schawi wurde am 2. Dezember 2004 auf freien Fuß gesetzt, steht der spanischen Justiz aber für das laufende Verfahren zu den Anschlägen vom 11. März 2004 zur Verfügung.

46 Suresh Kumar und Vinay Kohly wurden ebenfalls entlassen, stehen jedoch im Rahmen des laufenden Verfahrens der spanischen Justiz zur Verfügung.

47 »Five arrests in Madrid bombing«, *AP News,* 13. März 2004.

48 Abu Dahdah befindet sich im Dezember 2004 nach wie vor in spanischer Präventivhaft.

49 Spanisches Gerichtsverfahren Nr. 35/2001 bezüglich der Aktivitäten von Al-Qaida in Spanien, A. d. A.

50 Dem deutschen Ermittlungsverfahren zu den Anschlägen vom 11. September 2001 zufolge hat Mohammed Fizazi 1999 und 2000 in der Al-Quds-Moschee in Hamburg gepredigt, die Mohammed Atta zu dieser Zeit regelmäßig besuchte. A. d. A.

51 Abschlussbericht des BKA über Abu Mussab al-Sarkawi, 2004, A. d. A.

52 Spanisches Gerichtsverfahren Nr. 35/2001 bezüglich der Aktivitäten von Al-Qaida in Spanien, A. d. A. Im Dezember 2004 befindet sich Saïd Schedadi immer noch in Präventivhaft in Spanien.

53 Dschamal Sugam taucht in den Akten des Prozesses um die sogenannte Afghanistan-Connection auf. In diesem Verfahren gab der zu vier Jahren Freiheitsstrafe verurteilte David Courtailler zu, Sugam 1998 in einer Moschee in Madrid getroffen zu haben.

54 Marokkanischer Staatsangehöriger, geboren am 2. Februar 1968 in Hedami in Marokko. Im Dezember 2004 ist der in Spanien unter Anschuldigung stehende Amer Azizi auf der Flucht.

55 Abdul-Latif Murafik wird im Zusammenhang mit den Attentaten vom 16. Mai 2003 in Casablanca auch von der marokkanischen Justiz gesucht.

56 Anklageschrift, Fall Nr. 35, Ermittlungsrichter Nr. 5, 17. September 2003, A. d. A.

57 Ebenda.

58 Ebenda. Abdullah Kheiata Qattan befindet sich im Dezember 2004 in spanischer Präventivhaft.

59 Ebenda.

60 Spanisches Gerichtsverfahren Nr. 35/2001 bezüglich der Aktivitäten von Al-Qaida in Spanien, A. d. A.

61 Am 7. Dezember 2004 wurde Rabei Othman Ahmed al-Sajed, der seit Juni 2004 in Italien inhaftiert war, an Spanien ausgeliefert.

62 Im Dezember 2004 ist al-Suri, der in Spanien unter Anklage steht, auf der Flucht.

63 Schlussantrag der Staatsanwaltschaft zur Teileinstellung des Verfahrens, zur Verweisung an die Strafkammer und Fortdauer der Präventivhaft, Tribunal de grande instance de Paris, in Sachen Beghal u. a., 2004. – Das *Islamic Observation Centre* (IOC) gab Verlautbarungen radikaler islamistischer Organisationen an die Medien weiter (Anm. d. Ü.).

64 Spanisches Gerichtsverfahren Nr. 35/2001 bezüglich der Aktivitäten von Al-Qaida in Spanien, A. d. A.

65 Religionsrat.

66 Im Dezember 2004 befindet sich Mohammed Ghalib Kaladsche Suweidi in spanischer Präventivhaft.

67 Haschemitisches Königreich Jordanien, Staatssicherheitsgericht, Urteil Nr. 545/2003 in Sachen Laurence Foley, A. d. A.

68 »Jordanian source cited on concern over security of border«, *Al-Hayat,* 4. August 2004.

69 »Transcript: Chairman of the Joint Chiefs of Staff, General Richard B. Myers. Interview with a Pakistani television news channel«, Botschaft der Vereinigten Staaten in Islamabad, 29. Juli 2003.

70 »Échec d'une rencontre secrète«, 9. April 2004, *Intelligence Online.*

71 »General cites rising peril of terror in Iraq«, *The Washington Post,* 22. August 2003.

72 Ebenda.

73 »Powell gives hope for Iraq power handover, UN staff prepare to leave«, AFP, 27. September 2003.

74 »An Arab ›Martyr‹ Thwarted«, *New York Times,* 2. November 2004.

75 Italienisches Gerichtsverfahren, »Minaccia terroristica di matrice islamica; esito attività investigativa esperita sul conto di Remadna Abdelhalim Hafed, Chekkouri Yassine, Es Sayed Abdelkader Mahmoud, Benattia Nabil«, Procedimento penale n. 13016/99, CAT A4 DIGOS 01, Mailand, 21. November 2001.

76 Italienisches Gerichtsverfahren in Sachen *Ansar al-Islam,* 2003, A. d. A.

77 »The Europeans know more than they now pretend?«, von Mi-

chael Ledee, American Enterprise Institute of Washington, *National Review,* 11. Februar 2003.

78 »Syrian Defense Minister blames WTC Attacks on Israel«, *The Jerusalem Post,* 19. Oktober 2001.

79 »President says he doubts Al-Qaeda exists«, *Los Angeles Times,* 26. Mai 2003.

80 Vernehmung von Robert Richard Antoine Pierre, Direction générale de la sûreté nationale, Marokko, 7. Juli 2003, A. d. A. Im Dezember 2004 befindet sich Robert Richard Antoine Pierre immer noch in marokkanischer Präventivhaft.

81 Im Dezember 2004 befindet sich Ghasub al-Abrasch Ghaljun in spanischer Präventivhaft.

82 Spanisches Gerichtsverfahren, Band 79, »Juzgado central de Instrucción n° 5: contra Imad Eddin Barakat Yarkas; relaciones con extremistas islámicos: con Ghasoub Al-Abrash Ghalyoun«, *Sumario* n° 35/2001, 12. November 2001.

83 »A transformation in Syria«, *Financial Times,* 6. Dezember 2001; vgl. »Syria's new cabinet is overshadowed by old realities«, *New York Times,* 21. Januar 2002; »A face of terror or benevolence; Enam Arnaout calls his work honourable, but the US says it's a cover for his support of terrorism«, *The Chicago Tribune,* 13. Oktober 2002.

84 »The Hamburg connection«, *The Toronto Star,* 29. September 2002.

85 Verband der Vereine Creditreform, *Creditreform: German Companies,* 2002.

86 »The Syrian bet; did the Bush administration burn a useful source on Al-Qaeda?«, *The New Yorker,* 28. Juli 2003.

87 »Deutsch-syrischer Kaufmann unter Terrorverdacht«, *Die Welt,* 11. September 2002; siehe auch »German hunts for terror clues«, CNN Berlin, 10. September 2002.

88 Deutsches Gerichtsverfahren »Erklärung zur Person: Tatari Mohammed, Hady«, Bundeskriminalamt, Hamburg, 12. März 2003.

89 »Treasury Department releases list of 39 additional specially designated global terrorists«, Office of Public Affairs, United States Department of the Treasury, 12. Oktober 2001; siehe auch »Designees on the UN 1390 List«, United Nations, 12. Oktober 2001, und »Charity founders tied to Hamburg terror suspects«, *The Chicago Tribune,* 3. November 2003.

90 »Erklärung zur Person: Tatari Mohammed, Hady«, Bundeskri-

minalamt, Hamburg, 12. März 2003; siehe auch »Terroristen: Spur nach Syrien«, *Der Spiegel,* 19. September 2002, S. 19.

91 Matthew Levitt, »Criminal enterprise in the political economy of Middle Eastern terrorism«, *Policywatch,* The Washington Institute, 3. Januar 2003; siehe auch »Syria: Syrian Intelligence linked to Al-Qaeda cell in Hamburg«, *Middle East Intelligence Bulletin,* Bd. 4, Nr. 9, September 2002; und Robert Baer, *Sleeping with the devil,* New York 2003, S. 124.

92 »Terroristen: Spur nach Syrien«, a. a. O.

93 USA v. UBL, Gerichtsprotokoll, 6. Februar 2001, Zeugenaussage von Dschamal Ahmed al-Fadl.

94 Spanisches Gerichtsverfahren Nr. 35/2001 bezüglich der Aktivitäten von Al-Qaida in Spanien, A. d. A.

95 Erklärung des französischen Außenministers, Amman, Jordanien, 31. August 2004.

96 »Islamic figures, scholars worldwide condemn ›US-Zionist crimes‹ in Iraq, Palestine«, *Al-Quds al-Arabi,* 23. August 2004.

97 Vgl. Interview des Oberhaupts der ägyptischen Muslimbrüder, *Al-Sharq al-Awsat,* 15. November 2002.

98 Gründertexte der Muslimbrüder, A. d. A.

99 »La France pose la question d'un retrait des forces américaines d'Irak«, AFP, 27. September 2004.

100 Al-Manar TV, 6. Oktober 2004, FBIS (Foreign Broadcast Information System).

101 Al-Manar TV, 27. August 2004, 24. September 2004, 15. Oktober 2004, FBIS.

102 »Une enquête mise à mal par les tensions entre parquet et juges antiterroristes«, *Le Monde,* 25. Juni 2004.

103 Ebenda.

104 »La guerre des juges sauve les jihadistes«, *Libération,* 25. Juni 2004.

105 CIA-Bericht über islamische Wohltätigkeitsorganisationen in Bosnien-Herzegowina, 1996, A. d. A.

106 »IIRO raises SR15 m in funds«, *Arab News,* 22. Dezember 1993.

107 »La justice enquête sur des volontaires français en Irak«, *Le Figaro,* 22. September 2004.

108 »CIA: Iraq security to get worse«, CNN, 12. November 2003.

109 Gespräch mit dem Autor, 22. Juni 2004.

110 »Iraqi PM: Terrorists pouring in«, CNN, 20. September 2004.

111 »Identification d'un Français mort en combattant la coalition en Irak«, AFP, 22. Oktober 2004.

SCHLUSSBEMERKUNG

1   *Al-Dschihad,* Band 41, April 1988.
2   Interne Dokumente von Al-Qaida, Archiv des Autors.
3   Ebenda.
4   Ebenda.
5   Ebenda.
6   *Al-Bunjan al-Marsus,* Juli 1989.

DOKUMENTE

I

Protokoll der Vernehmung Sarkawis durch
die jordanische Justiz 1994

HASCHEMITISCHES KÖNIGREICH JORDANIEN
STAATSSICHERHEITSGERICHT
URTEIL 95/300

Ahmed Fadel Nazzal al-Khaleileh, aus Sarka, Ramzi-Straße (in der
Nähe der Moschee Al-Falah), 28 Jahre alt, Wehrdienst geleistet und
verheiratet. Festgenommen am 29. März 1994, seitdem inhaftiert.
   Ahmed Fadel wurde aus Zarka überstellt. Er wohnt dort im Stadtviertel Ramzi (in der Nähe der Moschee Al-Falah). Er ist 28 Jahre alt.
Er ist Muslim. Er war an einer illegalen Organisation beteiligt. Er
war ohne entsprechende Erlaubnis im Besitz von Bomben und
Schusswaffen ohne Waffenschein. Außerdem hat er die Ehre des Königs durch mündliche Äußerungen verletzt. Er fälschte Pässe und be-
nutzte auch selbst gefälschte Pässe, was einen Verstoß gegen das Gesetz Nr. 63 von 1961 darstellt.

Erklärungen des Verdächtigen ohne Einsatz von Zwangsmitteln:

1989 begab ich mich nach Pakistan; während meines Aufenthalts
habe ich Issam Mohammed Taher (Abu Mohammed Al-Maqdissi)
kennen gelernt. Ich bin bis 1993 dort geblieben und dann nach Jordanien zurückgekehrt. Ich habe eine Ausbildung in einem militärischen
Trainingslager (Sada – »Das Echo«) absolviert. Ich wurde in der
Handhabung von Waffen – Kalaschnikow, RPG und Granatwerfer –

geschult, um am Dschihad in Afghanistan teilzunehmen. Mitte 1993 bin ich nach Jordanien zurückgekehrt. Ich habe erfahren, dass Abu Mohammed Al-Maqdissi auch zurückgekehrt war. Ich habe ihn besucht und von unseren gemeinsamen Erinnerungen an Pakistan gesprochen. Unsere Beziehungen haben sich verstärkt. Ich hatte Freunde, die ich ihm vorgestellt habe. Sie waren in Sarka. Sie waren religiöse Extremisten. Einer von ihnen war Scherif (auch Abu Aschraf genannt). Die anderen waren Suleiman Taleb Hamza, Khaled al-Aruri, Nasser Fajez, mein Bruder, Nafez Fajez, Mohammed Rawadschde, Amer Sarradsch und Nasri Tahajineh.

Wir haben bei Scherif an einer religiösen Unterweisung teilgenommen. Oft fand der Unterricht, in dem es um Glaubensfragen ging, auch bei Nasser Fajez statt. Es ging darum, dass das Leben wie im Koran beurteilt und gelenkt werden sollte. Weder der König noch die arabischen und muslimischen Staatspräsidenten halten sich an diese Gebote. Die Unterweisung fand bei Issam Mohammed Taher statt. 1994 habe ich Issam Mohammed Taher, Khaled al-Aruri und Mustafa, den Schwager von Issam Mohammed Taher, begleitet, um Fajez (Abu al-Barrar) die Stadt Ma'an zu zeigen. Fajez hat mit uns in Pakistan gelebt.

Als ich Abdul-Madschid al-Madschali besuchte, war ich in Begleitung meines Freundes Khaled al-Aruri. Wir haben ihn in al-Qasr in der Region von al-Karak besucht. Es handelte sich um einen reinen Höflichkeitsbesuch. Wir haben weder über Religion noch über den Dschihad oder Organisationen gesprochen. Ich besuchte ihn auch, um einen Kassettenrekorder abzuholen, mit dessen Verkauf ich ihn betraut hatte; er hatte ihn nicht verkaufen können.

Ich erfuhr, dass die Geheimdienste mich überwachten. Ich besuchte Janal Ramzi, weil ich während meines Aufenthalts in Pakistan gehört hatte, dass er ähnlich denke wie ich, Waffen besitze und ein Profi im Pistolen- und Gewehrschießen sei. Er begleitete mich, als ich Issam Mohammed Taher besuchte.

Die Nachrichtendienste luden mich vor. Ich weigerte mich, dieser Vorladung zu folgen. Ich hätte alles getan, um nicht dorthin zu gehen, und hätte Widerstand geleistet, wenn sie versucht hätten, mich mitzunehmen. Als ich von meiner Vorladung erfuhr, habe ich in Yanal eine Maschinenpistole gekauft – ich erinnere mich nicht mehr an die Marke –, für die ich 800 Dinar bezahlt habe. Das habe ich mit der Absicht getan, Widerstand zu leisten, wenn die Polizei mich holen käme. Es war eine Maschinenpistole der Marke M15. Ich hatte drei Magazine und 35 Patronen für diese Waffe.

Ich bin kein Mitglied von *Beit al-Imam*. Issam Mohammed Taher und ich waren Gegner der Amerikaner, weil sie den Islam ablehnten; im Dezember 1993 hat mich Issam Mohammed Taher besucht und zu sich eingeladen. Wir haben uns mit einem Freund getroffen, der eine Handelsvertretung hatte. Unterwegs erzählte mir Issam, dass er sechs Bomben und fünf Personenminen habe, die er in Kuweit gekauft habe. Ich bat ihn darum, sie mir anzuvertrauen, um sie zu verstecken, was er akzeptierte. Zwei Tage danach bin ich mit Khaled al-Aruri zu Issam Mohammed Taher gegangen, um die Bomben und Minen abzuholen. Er hatte bei sich tatsächlich einen Sack mit den Bomben und Minen, von denen ich sprach. Ich bin dann nach Hause gegangen und Khaled zu sich, und ich habe die Bomben und Minen etwa zwei Wochen lang bei mir zu Hause aufgehoben. Dann hat Issam mit mir gesprochen und Fragen über die Bomben gestellt. Ich habe ihm erzählt, dass ich keinen geeigneten Platz gefunden habe, um sie zu verstecken. Issam hat mich darum gebeten, sie ihm zurückzugeben, was ich auch getan habe. Khaled al-Aruri begleitete mich. Ich habe Issam alles zurückgegeben, außer zwei Bomben, die ich behalten habe, um sie für ein Selbstmordattentat in den von den Zionisten besetzten Gebieten zu verwenden. Wir haben begonnen, diese Aktion mit zwei Selbstmordattentätern, Suleiman Taleb Hamzi und Abdul-Hadi Daghlas, vorzubereiten. Die Bomben sollten in der Nähe der israelisch-jordanischen Grenze eingesetzt werden. Wir haben für diese Aktion zwei Kalaschnikows vorbereitet, um sie Suleiman Taleb Hamzi in der Nähe der Grenze zur Durchführung der Aktion mitzugeben. Doch einen Tag nach der Vorbereitung der Aktion wurde Abdul-Hadi Daghlas verhaftet und wir konnten sie nicht durchführen. Ich fasste ins Auge, aus Jordanien zu fliehen; dann hat mich ein gewisser Mahmud Hassan Hadschawi, der in Sarka in der Nähe der Hussein-Moschee wohnt, gebeten, jemanden zu besuchen, den er gut kenne und der jemanden aus seiner Familie kenne, der Pässe fälsche. Er hat Hadschawis Bitte nachgegeben, mir zu helfen. Hadschawi hat von mir ein Foto und 100 Dinar verlangt. Ich habe bezahlt und ihm ein Foto gegeben. Ungefähr eine Woche später hat er mir den gefälschten Pass, der auf den Namen Ali Ahmed Abdullah Madschali ausgestellt war und mein Foto trug, gegeben. Der Pass hatte die Nummer D725303. Ich habe Issam und Khaled al-Aruri den Vorschlag gemacht; sie waren einverstanden und haben mir beide ein Foto und 100 Dinar gegeben. Ich habe alles derselben Person namens Mahmud Hassan Hadschawi gegeben. Eine Woche später habe ich die beiden gefälschten Pässe Issam und Khaled al-Aruri ausgehändigt, aber die Polizei hat alles entdeckt, mein Haus durchsucht und meinen gefälschten Pass und die M15-Maschinenpistole gefunden, die ich ohne sein Wissen im Haus meines Bruders versteckt hatte. Sie haben sie zusammen mit drei Magazinen und 65 9-mm-Patronen sowie zwei schwarzen Magazinen gefunden; die beiden Bomben, die in meinem Besitz waren, hatte ich Suleiman Hamza gegeben. Sie haben sie bei Suleimans Schwager gefunden, der Noman heißt und in dem Viertel Wadi Hajar wohnt. Ich habe mich schuldig gemacht, weil ich Bomben und Minen sowie Waffen ohne offiziellen Waffenschein sowie einen gefälschten Pass in meinem Besitz gehabt habe und für Freunde Pässe habe fälschen lassen. Von mir bestätigt und unterschrieben.

Unterschrift: Ahmed Fadel
31. August 1994

II

Von Sarkawi unterzeichneter Brief
(2004 im Irak beschlagnahmt)

Im Namen Gottes, der voll Barmherzigkeit und Güte ist.

Von … … … … … bis zu den stolzesten Menschen und Führern in dieser Zeit der Unterdrückung,

… … … … … Den Männern auf den Gipfeln der Berge, den Falken des Ruhms, den Löwen von den Shara[-Bergen][1], den beiden verehrten Brüdern … … … … …,

Gottes Friede und Barmherzigkeit und Segen sei mit euch.

Mögen unsere Körper auch weit voneinander entfernt sein, die Distanz zwischen unseren Herzen ist gering.

In diesen Worten von Imam Malik finden wir Trost. Ich hoffe, dass wir beide wohlauf sind. Ich bitte Gott den Allerhöchsten, den Großmütigen, [dass] dieser Brief euch in bester Gesundheit und voll Wonnen, getragen durch die Winde von Sieg und Triumph, erreichen möge … Amen.

Ich sende euch einen Bericht, der euch in eurer Situation wohl ansteht und alle positiven und negativen Gesichtspunkte auf dem Schauplatz der Operationen im Irak zutage fördert.

Wir ihr wisst, hat Gott die [islamische] Nation in Seinem Namen auf dem Boden Mesopotamiens mit einem Dschihad bedacht. Ihr habt Kenntnis davon, dass dieses Land ein besonderes ist. Es birgt günstige und ungünstige Elemente, wie es sie sonst nirgends gibt. Eines der

---

1 Shara-Berge: im Südwesten Jordaniens.

günstigsten Elemente ist, dass dies ein Dschihad im Herzen Arabiens ist, nur zwei Schritt weit von den beiden Heiligen Stätten[2] und Al-Aqsa[3] entfernt. Gottes Religion lehrt uns, dass die wirkliche, die entscheidende Schlacht zwischen den Ungläubigen und dem Islam auf diesem Boden, das heißt in [Groß-]Syrien[4] und seiner Umgebung geschlagen wird. Deshalb müssen wir dringend all unsere Kräfte aufbieten, um Kontrolle über dieses Land zu gewinnen; dann mag Gottes Wille geschehen. In der jetzigen Situation, o tapfere Schekhs, müssen wir die Frage aufmerksam untersuchen und uns dabei auf unser wahres Gesetz und die Wirklichkeit stützen, in der wir leben.

So also stellt sich, meiner beschränkten Vision nach, die jetzige Situation dar. Ich bitte Gott um Vergebung für meine Redseligkeit und meine Abschweifungen. Ich sage, nachdem ich Gott um Seine Hilfe angerufen habe, dass die Amerikaner, wie ihr sehr wohl wisst, auf der Grundlage einer Abmachung in den Irak eingedrungen sind, mit der der Staat Groß-Israel vom Nil bis zum Euphrat erschaffen werden soll, und dass diese amerikanisch-zionistische Administration der Ansicht ist, dass sie, indem sie die Schaffung des Staates [Groß-]Israel beschleunigt, auch die Ankunft des Messias beschleunige. Sie ist mit all ihren Männern und all ihrem dünkelhaften Stolz gegenüber Gott und seinem Propheten in den Irak gezogen. Sie dachte, die Operation ginge ohne weiteres über die Bühne; und selbst wenn es Schwierigkeiten gäbe, wäre es ein Leichtes. Doch dann war sie mit einer völlig anderen Wirklichkeit konfrontiert. Die Mudschahidin-Brüder haben ihre Operationen sofort in die Wege geleitet, wodurch die Situation komplizierter wurde. Dann folgten die Operationen immer schneller aufeinander. So ging es im sunnitischen Dreieck, sofern dies der Name dieser Gegend ist. Die Amerikaner mussten einen Pakt mit den schändlichsten Wesen der menschlichen Rasse, den Schiiten, schließen. Der Pakt wurde auf [folgender] Basis geschlossen: Die Schiiten sollten zwei Drittel der Beute als Gegenleistung dafür erhalten, dass sie sich den Reihen der Kreuzzügler gegen die Mudschahidin anschlossen.

---

2   Die zwei Heiligen Stätten: Mekka und Medina in Saudi-Arabien.
3   Die Al-Aqsa-Moschee in Jerusalem.
4   Der Begriff »Groß-Syrien« schließt den Libanon, Jordanien, Palästina und Teile der Türkei mit ein.

Erstens: Die Zusammensetzung [des Irak]

Im Großen und Ganzen ist der Irak ein Politmosaik, ein Land, in dem die Ethnien sich vermischen und diverse Konfessionen und Sekten mit zahlreichen, vielschichtigen Unterschieden nebeneinander existieren, und das – angefangen bei Sijad[5] bis hin zu Saddam – nur von einem mächtigen Herrscher regiert werden konnte. Für die Zukunft stehen schwierige Entscheidungen an. Es ist ein Land, in dem jeder, ob er mit Ernsthaftigkeit zu Werke geht oder nicht, schwere Prüfungen und große Schwierigkeiten kennen lernt.

Im Einzelnen stellt es sich wie folgt dar:

1. Die Kurden

Die in zwei Hälften, die Barazani und die Talabani[6], gespaltenen Kurden haben sich mit Leib und Seele den Amerikanern verschrieben. Sie haben ihr Land für die Juden geöffnet, die es zu einem Rückzugsort und zum trojanischen Pferd gemacht haben, um ihre Vorhaben zum Ziel zu führen. Sie (die Juden) schleichen sich in das gesamte Gebiet ein, hüllen sich in ihre Gewänder und trachten danach, mit ihrer Hilfe die finanzielle Kontrolle und die wirtschaftliche Hegemonie zu erlangen; sie bedienen sich ihrer auch als Spionagenetz, mit dem sie die gesamte Region überzogen haben. Die Stimme des Islam ist bei den meisten von ihnen (den Kurden) verklungen, und der Glanz ihrer Religion wirft nur noch mattes Licht in ihr Heim. Die irakische Da'wa[7] hat sie vergiftet, und diejenigen unter ihnen, die ehrenhaft bleiben, werden, auch wenn sie noch so wenige an der Zahl sind, unterdrückt und leben in der Angst, von den [Raub-]Vögeln fortgerissen zu werden.

---

5 Sijad: von Khalif Moawija als Gouverneur von Basra (ab 665) und Kufra (670–675) eingesetzt. Bekämpfte erfolgreich Kharidschiten (vgl. FN 23) und Schiiten.

6 Anhänger der Demokratischen Partei Kurdistans (KDP) von Mustafa Barzani (1903–1979) und seinem Sohn Massud (geb. 1946) und der PUK (Patriotische Union Kurdistans) von Dschalal Talabani (geb. 1933).

7 Da'wa: Ruf, Einladung (zum rechten Glauben), Bekehrung, Missionierung, hier: Propaganda.

[Sie sind] das unüberwindbare Hindernis, die schleichende Schlange, der hinterhältige und gemeine Skorpion, der Feind auf der Lauer und das ätzende Gift. Wir begeben uns hier in eine Schlacht, die auf zwei Ebenen stattfindet. Auf der ersten, offensichtlichen und erklärten Ebene ringen wir mit einem Feind, der der Angreifer ist, und mit den beschämendsten aller Ungläubigen. [Auf der anderen Ebene ist dies] eine bittere und schwierige Schlacht, in der wir einem hinterhältigen Feind gegenüberstehen, der das Gesicht des Freundes aufsetzt, guten Willen zeigt und zur Kameradschaft aufruft, in Wirklichkeit aber düstere Absichten hat und sein wahres Wesen tunlichst verbirgt. Es sind die Erben der Batini-Gruppen[8], die die Geschichte des Islam begleitet und Narben hinterlassen haben, die auch über die Zeit nicht vergehen. Wer immer sich die Zeit nimmt, die Situation sorgfältig zu beobachten, wird feststellen, dass das Schiitentum die größte Gefahr und Herausforderung ist, der wir begegnen müssen. »Sie sind die Feinde. Seid auf der Hut vor ihnen. Bekämpft sie. Gott ist unser Zeuge, sie sind Lügner.« Die Botschaft, die die Geschichte uns übermittelt, bewahrheitet sich, wie die derzeitige Situation beweist, die eindringlich zeigt, dass die schiitische Religion nichts mit dem Islam gemein hat, es sei denn in dem Sinne, in dem auch Juden etwas mit Christen gemein haben als Völker ein und derselben Schrift. Diese erwiesenen Polytheisten, die an den Gräbern der Verstorbenen gedenken und beten, die Trauerzüge veranstalten, die die Gefährten [des Propheten] als Ungläubige beschimpfen und die Mütter der Gläubigen und die Elite dieser [islamischen] Nation beleidigen, tun alles, um den Koran zu verfälschen, den sie als Ausdruck logischen Denkens ausgeben, um jene zu verunglimpfen, die die wahre Kenntnis haben; sie reden auch von der Unfehlbarkeit der [islamischen] Nation, sie geben vor, es sei entscheidend, an sie zu glauben, sie behaupten, sie hätten die Offenbarung erlebt, und noch in vielerlei anderer Form erbringen sie den offenkundigen Beweis für ihren Atheismus, der einem aus ihren maßgeblichen Werken und ihren Originalquellen entgegenspringt (die sie weiterhin drucken, verbreiten und veröffentlichen). Zu glauben, wie es manch sanfte Träumer tun, ein Schiit könne [sein] historisches Erbe und seinen düsteren, überlieferten Hass auf die Nawasib[9] vergessen [die Hass gegenüber

---

8   Batini: esoterische schiitische Sekte, besonders im Irak verbreitet.
9   Nawasib: Bezeichnung der Schiiten für ihre Feinde (die Sunniten).

der Nachkommenschaft des Propheten hegen], wie sie sie nach freier Eingebung nennen, käme der Aufforderung an einen Christen gleich, auf die Vorstellung von der Kreuzigung des Messias zu verzichten. Darauf würde sich niemand einlassen, der bei klarem Verstand ist. Es sind Leute, die ihre Ungläubigkeit und ihren Atheismus weitergetrieben haben, indem sie politische Manöver verfolgen und alles tun, um von der Regierungskrise und dem Gleichgewicht der Mächte zu profitieren; sie versuchen, einen neuen Staat zu entwerfen und auf dem Umweg über ihre Parteien und politischen Organisationen und durch die Zusammenarbeit mit ihren heimlichen Verbündeten, den Vereinigten Staaten, dessen Leitlinien festzuschreiben.

In allen Zeiten und seit jeher sind sie eine Sekte von Betrügern und Verrätern gewesen. Die von ihnen vertretenen Prinzipien zielen darauf, die Sunniten zu bekämpfen. Beim Fall des niederträchtigen Baath-Regimes lautete die Parole der Schiiten: »Rache, Rache von Tikrit bis Al-Anbar«[10]. Das zeigt hinlänglich, wie stark ihr heimlicher Groll auf die Sunniten ist. Ihre »Ulema« aber haben es stets verstanden, die Angelegenheiten ihrer Sekte so zu lenken, dass der Kampf, in dem sie den Sunniten gegenüberstehen, nicht in einen offenen Partisanenkrieg ausartet, denn sie wissen, dass sie so keinen Sieg erringen werden. Sie wissen, dass, sollte es je zu einem Partisanenkrieg kommen, die Anzahl derer innerhalb der [islamischen] Nation, die die Sunniten im Irak unterstützen würden, beträchtlich wäre. Als würdige Anhänger einer Religion der Heuchelei sind sie anders vorgegangen, hinterhältiger und raffinierter. Sie haben sich zunächst der staatlichen Institutionen bemächtigt, seiner Sicherheits-, Militär- und Wirtschaftsstrukturen. Wie ihr, Gott segne euch, wisst, sind Sicherheit und Wirtschaft zwei wesentliche Bereiche eines jeden Landes. Sie haben sich in das Herz dieser Institutionen und ihre Verzweigungen eingeschlichen. Um auf die Frage zurückzukommen, die uns hier beschäftigt, will ich für meine Behauptungen ein Beispiel nennen: Die Badr-Brigade, der bewaffnete Zweig des Obersten Islamischen Revolutionsrates, hat sich ihrer schiitischen Aufmachung entledigt und zeigt sich fortan in der von Polizei und Armee. Sie hat eigene Kader in diesen Institutionen platziert und sich unter dem Vorwand, Land und Leute zu schützen, darangemacht, mit den Sunniten abzurechnen. In manchen Städten hat die amerikanische Armee ihren Abzug

---

10 Tikrit: Heimatstadt Saddam Husseins, nördlich von Bagdad. Al-Anbar: irakische Provinz, in der Falludscha liegt, westlich von Bagdad. Sunnitische Hochburgen.

in die Wege geleitet, und ihre Präsenz geht zurück. An ihre Stelle tritt Schritt um Schritt eine irakische Armee, und darin besteht unser Hauptproblem. In unserem Kampf gegen die Amerikaner nämlich haben wir leichtes Spiel. Der Feind ist sichtbar und ungeschützt, er kennt weder das Terrain noch die derzeitige Situation der Mudschahidin, denn seine nachrichtendienstlichen Quellen sind dürftig. Wir haben keinen Zweifel, dass die bewaffneten Streitkräfte dieser Kreuzzügler demnächst verschwunden sein werden. Wenn man die derzeitige Situation untersucht, fällt auf, wie eifrig der Feind darum bemüht war, [lokale] Armeeposten und Polizeidienststellen einzurichten, die jetzt langsam die Aufgaben erfüllen, die man ihnen zugewiesen hat. Dieser Feind, bestehend aus Schiiten, denen sich sunnitische Agenten angeschlossen haben, ist die wirkliche Gefahr für uns, denn er [besteht aus] unseren Mitbürgern, die uns besser als irgendjemand sonst kennen. Sie haben ganz andere Fähigkeiten als ihre Herren in der Armee der Kreuzzügler, und sie versuchen, wie schon gesagt, den Bereich der Sicherheit im Irak unter ihre Kontrolle zu bringen. In systematischer und durchdachter Vorgehensweise haben sie etliche Sunniten und viele ihrer Feinde der Baath-Partei sowie weitere Verbündete der Sunniten liquidiert. Zuerst haben sie zahlreiche Mudschahidin-Brüder getötet, und dann Wissenschaftler, Denker, Doktoren, Ingenieure und andere mehr umgebracht. Gott allein weiß, was noch geschehen wird, aber ich für meinen Teil glaube, dass uns das Schlimmste noch bevorsteht, solange die amerikanische Armee die rückwärtigen Stellungen besetzt und die schiitische Geheimarmee und ihre Militärbrigaden weiter an ihrer Seite kämpfen. Wie Schlangen schleichen sie sich ein, um die Kontrolle über die Armee und die Polizeikräfte zu erlangen, die wichtigste Waffe und eiserne Hand unserer Dritten Welt, und wie ihr Vormund, die Juden, sämtliche Wirtschaftsstrukturen an sich zu reißen. Je weiter die Zeit fortschreitet, desto größer wird ihre Hoffnung, eines Tages die Entstehung eines Schiitenstaates zu erleben, der sich vom Iran über den Irak, Syrien und den Libanon bis zum Pappmaché-Königreich am Golf[11] erstreckt. Mit ihren gegen Tikrit und Al-Anbar gerichteten Racheparolen ist die Badr-Brigade auf den Plan getreten, dann aber hat sie ihre Lumpen abgestreift und die Insignien von Armee und Polizei angelegt, um die

---

11 Bahrein, Insel-Emirat am Persischen Golf, konstitutionelle Monarchie, in dem die Sunniten an der Regierung beteiligt und die Schiiten in der Opposition sind. Die Bevölkerung ist zu gleichen Teilen sunnitisch und schiitisch.

Sunniten zu unterdrücken und das Volk des Islam im Namen von Gesetz und Gerechtigkeit zu töten, all das unter Verwendung schönfärberischer Worte. Die Gefährdung liegt in der arglistigen Täuschung. Ihre Ghunusi-Religion (die sich auf die innerste Erleuchtung jedes Einzelnen gründet) trägt den Schleier der Lüge und die Maske der Heuchelei und nutzt so die Naivität und die Gutmütigkeit vieler Sunniten aus. Wir wissen nicht, wann unsere [islamische] Nation beginnen wird, aus der Geschichte zu lernen und auf das Zeugnis überkommener Zeiten zu bauen. Der schiitische Safawidenstaat[12] war ein unüberwindbares Hindernis auf dem Weg des Islam; denn er war ein Dolchstoß ins Herz des Islam und in den Rücken seines Volkes. Ein Orientalist hat zu Recht erklärt, wenn der Safawidenstaat nicht existiert hätte, würden wir, die wir in Europa leben, heute den Koran lesen wie die Berber in Algerien. Zwar sind die Truppen des Osmanischen Reiches vor den Toren Wiens stehen geblieben, und diese Schutzmauern wären beinahe eingestürzt und hätten es dem Islam [ermöglicht], sich im Zeichen des Schwertes von Ruhm und Dschihad in ganz Europa auszubreiten. Die Truppen aber waren zum Rückzug gezwungen, weil die Armee des Safawidenstaates Bagdad besetzt, seine Moscheen zerstört, sein Volk getötet, seine Frauen gefangen und seine Reichtümer beschlagnahmt hatte. Die Armeen kehrten zurück, um die Heiligtümer und das Volk des Islam zu verteidigen. Die erbitterten Kämpfe in den zwei darauf folgenden Jahrhunderten endeten erst, als Macht und Ausdehnung des islamischen Staates sich verflüchtigt hatten und die [islamische] Nation schlummerte – bevor Trommeln und Pfeifen des westlichen Eroberers ihn aus seinem Schlaf rissen.

Der Koran lehrt uns: Die Machenschaften der Heuchler, die Betrügereien der fünften Kolonne und die Manöver derer, deren Mund voller Honig ist, aber in deren menschlicher Gestalt das Herz eines Dämonen wohnt – das ist der Wundbrand, das ist der heimliche Grund für unsere Not, das ist der Wurm im Fleisch des Apfels. »Sie sind die Feinde. Nehmt euch vor ihnen in Acht.« Schekh al-Islam Ibn Taymiyya[13] lag richtig mit dem, was er sagte (nachdem er davon gesprochen hatte, was sie [die Schiiten] über das Volk des Islam dachten):

12 Safawiden-Staat: iranische Dynastie, 1502–1722, die das Land im Zeichen des schiitischen Islam einigte und eine kulturelle und wirtschaftliche Blüte herbeiführte.
13 Schekh al-Islam Ibn Taymiyya (1263–1328): kontroverser islamischer Gelehrter des Mittelalters, dient heutigen radikalen Sunniten als In-

»Deshalb helfen sie, falsch und hinterlistig, wie sie sind, den Ungläubigen gegen die muslimischen Volksmassen und sind der Hauptgrund für das Erscheinen Dschinghis Khans, des Königs der Ungläubigen, in den Ländern des Islam, für Hulagus[14] Eindringen in den Irak, für die Eroberung Aleppos und die Plünderung von Al-Salihiyya[15] und anderes mehr. Deshalb räuberten sie die Truppen der Muslime aus, als sie sich auf dem Weg durch Ägypten zum ersten Mal begegneten. Und deshalb hielten sie die Muslime am Wegesrand auf, um sie auszurauben. Und deshalb kamen sie den Tataren und den Franken gegen die Muslime zu Hilfe. Sie empfanden große Trauer über den Sieg des Islam, denn sie waren die Freunde der Juden, der Franken und der Polytheisten gegen die Muslime. So viel in Kürze zur Moral dieser Heuchler ... Ihr Herz ist voller Essig und unvergleichlichem Zorn auf alle Muslime, junge wie alte, von den gottlosesten bis hin zu ihren glühendsten Verfechtern.

Ihre größte [Geste der] Frömmigkeit besteht darin, die muslimischen Freunde Gottes bis hin zum Letzten zu verfluchen. So sind diese Menschen, denen wie sonst niemandem an der Spaltung der Muslime gelegen ist. Einige ihrer wichtigsten Prinzipien gebieten ihnen, die Führungselite wie die orthodoxen Kalifen und die ›Ulema‹[16] der Muslime der Ungläubigkeit zu bezichtigen, sie zu verfluchen und zu beleidigen, denn sie glauben, dass, wer immer nicht an die Unfehlbarkeit des Imams glaubt (die es nicht gibt), weder an Gott noch an seinen Propheten glaubt, Gott segne ihn und gewähre ihm Heil ...

Die Schiiten lieben die Tataren und deren Staat, denn dank ihrer haben sie den Ruhm erlangt, den ihnen der muslimische Staat verwehrt hat ... Sie waren die eifrigsten Unterstützer [der Tataren], als diese sich der Länder des Islam bemächtigten, die Muslime töteten und deren Frauen gefangen nahmen. Die Geschichte

spiration. Er sprach sich für eine enge Verbindung von Gesellschaft, Staat und Religion aus und unterteilte die Welt in *Dar al-Islam* (Das Reich des Islam) und *Dar al-Harb* (das Reich des Krieges, d. h. der Ungläubigen, die der islamischen Welt feindlich gesinnt sind).

14 Hulagu (auch Hülegü und Hulegu) Khan (1217–1265): mongolischer (tatarischer) Herrscher, der einen Großteil Südwestasiens eroberte. Enkel von Dschingis Khan (1155/1162/1167–1227) und Bruder von Kublai Khan (1215–1294), wurde er der erste Khan des Ilkhanats Persien.

15 Al-Salihiyya: Ort bei Damaskus, am Abhang des Berges Qasyun.

16 Ulema: religiöser Führer.

vom Kalifen und den Männern von Ibn al-Alqami[17] in Aleppo ist berühmt, jeder kennt sie. Wenn die Muslime Christen und Polytheisten bezwingen, sind die Schiiten betrübt. Und wenn Polytheisten und Christen über die Muslime siegen, feiern die Schiiten das Ereignis mit Freuden.« – *Al-Fatawa,* 28. Teil, Seite 478 bis 527.

Ehre sei Gott, denn es ist, als sei die verborgene Wahrheit vor Seinen Augen ans Licht gekommen (Ibn Taymiyya) und zeige sich ihm und veranlasse ihn zu klaren Worten, die auf einer genauen Prüfung der Tatsachen beruhen. Unsere Imame haben genau beschrieben, welcher Weg einzuschlagen ist, und das wahre Wesen dieser Menschen aufgedeckt. Wie Imam al-Bukhari[18] sagt: »Nie werde ich in meinem Haus hinter einem Schiiten oder hinter Juden oder Christen beten. Sie sind dort nicht willkommen. Anlässlich religiöser Feste darf man sie nicht feiern. Man darf sie nicht heiraten. Sie dürfen nicht als Zeugen auftreten. Man darf die Tiere, die sie töten, nicht verzehren.« – *Khalq Afal al-Ibad,* Seite 125.

Imam Ahmed[19] sagt (auf die Frage, wer Abu Bakr, Umar und Aisha, Gott sei ihnen gnädig, verflucht habe): »Ich sehe ihn nicht im Islam.« Imam Malik[20] sagt: »Wer die Gefährten des Propheten, Gott segne ihn und gewähre ihm sein Heil, verflucht, gehört nicht zum Islam.« – *Kitab al-Sunna al-Khallal,* Nummer 779.

Al-Faryabi[21] sagt: »Ich sehe nur Atheisten unter den Schiiten.« – *Al-Lalika'i,* 8. Teil, Seite 1545.

Und als Ibn Hazum[22] unwiderlegbare Beweise gegen die Juden und Christen beibrachte, die die Tora und das Evangelium verfälscht hatten, konnten sie nichts zu ihrer Verteidigung vorbringen, als dass die Schiiten unter ihnen von Verdrehungen im Koran sprachen. Er sagt:

---

17 Ibn al-Alqami: Wesir, der Bagdad im 13. Jh. den Mongolen übergab. Daher werden diejenigen heutigen Iraker, die mit den Amerikanern zusammenarbeiten – vor allem die Schiiten –, als »Kinder Ibn a-Alqamis« bezeichnet.
18 Imam Abu Abdullah Mohammed Ibn Ismail al-Bukhari (geb. 809 in Buchara, gest. 869): islamischer Gelehrter, schrieb u. a. *Al-Jami al-Sahih,* ein Buch mit 7275 Aussprüchen des Propheten Mohammed.
19 Imam Ahmed bin Hanbal (780–855): islamischer Gelehrter in Bagdad.
20 Imam Malik (715–795): Islamischer Gelehrter jemenitischer Abstammung in Medina.
21 Mohammed ibn Yusuf al-Faryabi (gest. 1211): islamischer Gelehrter.
22 Abu Mohammed Ali ibn Ahmad ibn Said ibn Hazum (994–1064): islamischer Gelehrter aus Córdoba.

»Gott sei barmherzig! Die Schiiten, von denen sie reden und die behaupten, das Original sei gegen eine Fälschung eingetauscht worden, sind keine Muslime. Sie gehören zu einer Sekte, die den mit Lügen und Unglauben gepflasterten Weg der Juden und Christen weiter beschreiten.« – *Al-Fasl,* 2. Teil, Seite 78.

Ibn Taymiyya sagt: »Das beweist eindeutig, dass sie unheilbringender sind als die Mitglieder der Sekten und dass sie verdienen, härter als die Kharidschis[23] bestraft zu werden. Aus diesem Grund sind Schiiten nach Ansicht aller ein Volk von Ketzern. In der Volksmenge verbreitet sich die Wahrheit: Die Schiiten sind das Gegenteil der Sunniten, weil sie sich weigern, die Sunna von Gottes Propheten, Gott segne ihn und gewähre ihm sein Heil, und die Gesetze des Islam anzuerkennen.« – Auszug aus *Sa'ir Ahl al-Ahwah,* 28. Teil, Seite 482.

Und er sagt: »Und wenn die Sunna[24] und die Idschma[25] darin übereinstimmen, dass es heißt, wenn man [doch nur den Geist des] muslimischen Angreifers vor aller Augen aufdecken könnte, indem man ihn tötet, so müsste man ihn töten, auch wenn er [nur] einen halben Dinar gestohlen hätte, wie aber steht es erst um jene, die die Gesetze des Islam nicht einhalten und Gott und seinen Propheten, Gott segne ihn und gewähre ihm sein Heil, bekämpfen?« – 4. Teil, Seite 251.

Und dazu soll das Volk des Islam wissen, dass wir nicht die Ersten sind, die diesen Weg beschreiten. Wir sind nicht die Ersten, die das Schwert schwingen. Diese Leute [die Schiiten] töten weiterhin jene, die den Islam und die Mudschahidin der Gemeinschaft herbeisehnen; sie stoßen ihnen den Dolch in den Rücken, und sie werden vom komplizenhaften Schweigen der ganzen Welt und leider auch der Symbolfiguren, die mit den Sunniten verbündet sind, gedeckt.

Sie sind ferner wie ein Knochen in der Kehle der Mudschahidin, wie eine Klinge [im Rücken] ihrer Führer. Alle wissen es, die meisten Mudschahidin, die im Kampf gefallen sind, wurden durch dieser Leute Hände getötet. In diese Wunden, die noch nicht verheilt sind, rammen sie weiterhin die Dolche des Hasses und der Hinterlist. Tag und Nacht gehen sie unablässig zu Werke.

---

23 Kharidschis, Kharidschiten (Abtrünnige): Frühe radikale islamische Sekte, die sich dem Prinzip der *idschma,* einer gemeinsamen Entscheidungsfindung (vgl. FN 25), widersetzte.

24 Sunna: Überlieferung (der Worte und Taten des Propheten Mohammed). Grundlage der sunnitischen Glaubensrichtung.

25 Idschma: wörtlich »Übereinstimmung« – im Islam eine gemeinsame Entscheidungsfindung in Religionsfragen.

2. [sic] Was die Sunniten betrifft

Sie sind ärmer als Waisen am Tisch der Verderbten. Sie haben [ihr] Oberhaupt verloren und irren in der Wüste umher, ohne alles, von allen unbeachtet, gespalten und zerstreut, ihrer Galionsfigur beraubt, die sie geeint hat, die die einzelnen Teile zusammengefügt und dafür gesorgt hat, dass die Schale des Eis nicht zerbrach. Auch sie stellen sich in verschiedener Weise dar.

1. Die Volksmassen

Diese Volksmassen sind die schweigende Mehrheit, es gibt sie, aber sie existieren nicht. »Die Vandalen, die allen und jedem hinterherliefen, waren ausgehungert. Sie nahmen das Wissen der Gelehrten nicht in Anspruch und suchten keinen Schutz.« Wenn sie auch die Amerikaner in der Regel hassen und ihren Untergang herbeisehnen und sich wünschen, die dunkle Wolke, die durch sie auf ihren Schultern lastet, möge verfliegen, so wenden sie sich doch trotz allem der Verheißung einer strahlenden, blühenden Zukunft, eines friedlichen Lebens zu, eines Lebens mit Komfort und dessen Annehmlichkeiten. In ihrer Hoffnung auf diesen Tag sind sie die ideale Beute für das Räderwerk der [Medien der] Information und der Verführungsstrategien der politischen Sirenen … Nichtsdestoweniger sind sie Teil des irakischen Volkes.

2. Die Scheichs und die »Ulemas«

Die meisten von ihnen sind dem Untergang geweihte Sufis.[26] Statt religiös zu praktizieren, begnügen sie sich damit, bei irgendwelchen Feierlichkeiten unter Anleitung eines Kameltreibers zu singen und zu tanzen, und geben sich dann prunkvollen Gelagen hin. In Wirklichkeit sind sie nichts als eine unheilvolle Droge und irreführende Wegweiser für eine [islamische] Nation, die in dunkler Nacht tastend nach dem Weg sucht. Vom Geist des Dschihad, vom Gesetz des Martyriums, von der Missbilligung der Ungläubigen wissen sie nichts, da sind sie arglos wie der Wolf angesichts von Josefs Blut, Friede sei mit ihm. Während Unglück und Schrecken wüten, redet keiner von ihnen je vom Dschihad oder ruft zur Opferung oder zum Selbstopfer auf. Für sie ist drei bereits zu viel, ganz zu schweigen von vier. Sie sind unserer Aufgabe nicht würdig.

---

26 Esoteriker, mystische Frömmler.

3. Die [Muslim-]Brüder

Wir ihr sehen konntet, schlagen sie Gewinn aus dem Blut der Märtyrer und gründen ihren wertlosen Ruhm auf den sterblichen Überresten der Gläubigen. Sie haben ihre Pferde entwürdigt, die Waffen gestreckt, »Nein zum Dschihad« gesagt … und sie haben gelogen.

All ihre Anstrengungen sind darauf gerichtet, ihre politische Einflussnahme zu stärken, sich der Sitze der sunnitischen Volksvertreter zu bemächtigen und den Kuchen innerhalb der Regierung, die gebildet wurde, aufzuteilen, derweil sie die Gruppen der Mudschahidin durch ihre finanzielle Unterstützung heimlich unter ihre Kontrolle bringen wollen, und zwar aus zwei Gründen. Zum einen, um die Propaganda anzuheizen und die Unterwanderung der ausländischen Medien weiter zu betreiben und sich so Gelder und öffentliche Sympathie zu sichern, so wie sie es bereits anlässlich der Geschehnisse in Syrien gemacht haben; und ihr zweites Ziel ist es, die Situation zu kontrollieren, um diese Gruppen dann aufzulösen, wenn das Fest vorbei ist, und die Erträge unter sich aufzuteilen. Jetzt wollen sie eine sunnitische Schura[27] schaffen, die der Sprecher der Sunniten sein soll. Sie haben die Angewohnheit, sich in innerste Dinge einzumischen und ihr Mäntelchen nach dem Wind zu hängen, je nach dem herrschenden politischen Klima. Sie sind wankelmütig in ihrer Religion. Sie gehorchen keinem dauerhaften Prinzip und stützen sich auf keine konsequente gesetzliche Basis. Wir dagegen haben Gott um Hilfe angerufen.

D. [sic] Die Mudschahidin

Sie sind die Quintessenz des Sunnitentums und der Lebenssaft dieses Landes. Die allermeisten von ihnen sind der sunnitischen Lehre und natürlich dem salafistischen[28] Glaubensbekenntnis verpflichtet. Die Salafisten haben erst dann eine eigene Gruppe gebildet, als der Weg in eine andere Richtung führte und das Volk aus [entfernten] Gegenden sich hinter ihrem Zug in Gang gesetzt hat. Im Allgemeinen zeichnen sich Mudschahidin durch folgende Eigenschaften aus:

---

27 Rat (beratende Versammlung).

28 Das Wort »Salafisten« bezieht sich auf die ersten Muslime (*salaf*, die »Vorfahren«). Die gleichnamige fundamentalistische Bewegung wurde von dem berühmten ägyptischen Vordenker Raschid Rida (1865–1935) gegründet.

1. Die meisten von ihnen haben keine Ausbildung und keine Erfahrung, insbesondere nicht auf dem Gebiet der organisierten kollektiven Arbeit. Sie haben sich, daran besteht kein Zweifel, als Reaktion auf ein repressives Regime gebildet, das das Land militarisiert, Not über die Bevölkerung gebracht, Angst und Schrecken verbreitet und das Vertrauen des Volkes untergraben hat. Deshalb arbeiten die meisten dieser Gruppen isoliert, ohne politischen Horizont oder Zukunftsvision und ohne sich um das Erbe des Landes zu sorgen. Zwar keimt die Idee; das kaum vernehmbare Murmeln ist lauter geworden, und mittlerweile reden sie laut von der Notwendigkeit, sich zusammenzutun und unter einem Banner zu vereinen. Aber dieses Vorhaben steht noch ganz am Anfang. Mit Gottes Segen versuchen wir, es schnellstmöglich reifen zu lassen.

2. Hier zeigt sich der Dschihad [leider] in Gestalt von Minenfeldern, Raketenfeuern und dem hellen Schein der Mörser, die in der Ferne widerhallen. Noch stellen die irakischen Brüder ihre Sicherheit über alles und kehren lieber in die Arme ihrer Frauen zurück, vor allen Ängsten sicher. Die Mitglieder dieser Gruppen rühmen sich manchmal damit, dass noch niemand der Ihren getötet oder gefangen genommen worden sei. Bei unseren vielen Begegnungen haben wir ihnen gesagt, dass Sicherheit und Sieg nicht zusammengehen, dass der Baum des Triumphs und die Erlangung der Macht ihre ganze Erhabenheit nur dann entfalten, wenn sie aus dem Blut geschöpft und dem Tod getrotzt haben, dass die [islamische] Nation nicht bestehen kann, ohne vom Martyrium gekostet und den Geruch des Blutes eingesogen zu haben, das im Namen Gottes vergossen wird, und dass das Volk nicht aus seiner Erstarrung erwacht, bis das Opfer und die Schilderung der Märtyrer sie nicht Tag und Nacht beschäftigen. Die Frage erfordert mehr Geduld und Überzeugung. Wir haben große Hoffnung in Gott.

E. [sic] Die eingewanderten Mudschahidin
Angesichts der Tragweite des Kampfes, der unserer harrt, ist ihre Zahl noch viel zu gering. Wir wissen, dass viele Warenkonvois unterwegs sind, dass der Dschihad weiter seinen Gang geht und dass viele von ihnen nur durch die Ungewissheit bezüglich der gemeinsamen Ziele und die mit Absicht im Dunkeln gehaltenen realen Tatsachen davon abgehalten werden, dem Ruf zu den Waffen zu [folgen]. Wenn wir nicht zur allgemeinen Mobilmachung aufrufen, so deshalb, weil

es in diesem Land weder Berge gibt, in denen wir Zuflucht finden könnten, noch Wälder, hinter deren Büschen wir uns verbergen könnten. Wir sind exponiert, und unsere Bewegungen sind gefährdet. Wir werden überall beobachtet. Der Feind steht uns gegenüber, und in unserem Rücken liegt das Meer. Etliche Iraker würden euch gern aufnehmen und in brüderlichem Geist die Türen öffnen; doch wenn es darum geht, das Heim in einen logistischen Stützpunkt zu verwandeln und zur Kampfzone zu machen, ist plötzlich niemand mehr zur Stelle. Deshalb haben wir uns oft geopfert, um die Brüder aufzunehmen und ihnen Schutz zu gewähren. Darunter leidet die Ausbildung neuer Rekruten; wir kommen sozusagen nur mit einem Klotz am Bein voran, auch wenn wir, Gott sei es gelobt und dank unserer unermüdlichen Anstrengungen und unserer unablässigen Suche, über immer mehr strategische Orte verfügen, Gott sei es gelobt, um dort Brüder aufzunehmen, die [das Feuer des] Krieges am Lodern halten und die Bevölkerung des Landes in das Getümmel führen, damit es, so Gott will, zum Ausbruch eines richtigen Krieges kommt.

Zweitens: Die aktuelle Situation und die Zukunft

Es besteht kein Zweifel, dass die Amerikaner schwere Verluste erleiden, weil sie über weite Teile des Landes und der Bevölkerung verteilt sind und weil es leicht ist, an Waffen heranzukommen, was sie zu idealen und verlockenden Zielscheiben für die Gläubigen macht. Doch ist Amerika nicht hierher gekommen, um dann wieder abzuziehen, und es wird auch nicht gehen, auch wenn die Blessuren, die ihm zugefügt werden, noch so schwer sind und es noch so viel Blut wird vergießen müssen. Sein unmittelbares Ziel ist es, sich sicher auf seine Stützpunkte zurückziehen zu können, freie Hand zu haben und die irakischen Schlachtfelder der von ihm installierten Regierung überlassen zu können, die es mit einer Armee und mit Polizeikräften ausgestattet hat, die Saddam und dessen Helfershelfer dem Volk übergeben und über ihr Schicksal entscheiden. Es besteht kein Zweifel, dass unser Spielraum geschrumpft ist und das Joch, das die Mudschahidin einengt, sich weiter zugezogen hat. Dieser Aufmarsch von Soldaten und Polizeikräften lässt auf eine fürchterliche Zukunft schließen.

Drittens: Wo stehen wir?

Trotz der fehlenden Unterstützung, abtrünniger Freunde und harter Umstände hat es uns Gott, der Allerhöchste, ermöglicht, dem Feind ernsthaften Schaden zuzufügen. Gott sei gelobt, was die Ortsbestimmung, Vorbereitung und Planung angeht, standen wir im Zentrum aller Märtyreroperationen, mit Ausnahme derer im Norden. Gott sei gelobt, ich habe bislang 25 [solche Operationen] durchgeführt, auch gegen die Schiiten und ihre Galionsfiguren, gegen die Amerikaner und ihre Soldaten, die Polizei und die Armee sowie gegen die Mächte der Koalition. Weitere werden folgen, so Gott will. Wenn wir bislang nicht in aller Öffentlichkeit agiert haben, so deshalb, weil wir zunächst an Boden gewinnen und endgültig die integrierten Strukturen auf die Beine stellen wollten, die es uns erlauben würden, ohne Deckung vorzugehen, ohne die Konsequenzen tragen zu müssen, um in einer Position der Stärke auftreten zu können und eine Niederlage zu vermeiden. Wir suchen den Schutz Gottes. Gott sei gelobt, wir sind gut vorangekommen und haben wichtige Schritte hinter uns gebracht. Je näher der schicksalhafte Moment rückt, desto mehr spüren wir, dass [unsere] Präsenz sich ausgedehnt und von der Sicherheitslücke profitiert hat; wir haben strategische Orte im Gelände hinzugewonnen und zum neuralgischen Zentrum gemacht, von dem aus wir unsere Operationen in Angriff nehmen und in großem Umfang taktieren können, so Gott will.

Viertens: Der Aktionsplan

Nach eingehender Bestandsaufnahme können wir den Feind anhand von vier Kategorien identifizieren.

1. Die Amerikaner
Sie sind, wie ihr wisst, die feigsten Kreaturen Gottes. Sie sind, Gott sei es gelobt, eine leichte Beute. Wir bitten Gott, dass wir sie töten und gefangen nehmen können, damit sich Panik bei denen breit mache, die sie unterstützen, und damit wir sie gegen unsere Scheichs und unsere Brüder, die in Gefangenschaft sind, eintauschen können.

2. Die Kurden
Sie sind ein Fremdkörper, der uns die Luft raubt, und eine Wunde, deren wir uns noch entledigen müssen. Sie stehen ganz unten auf der

Liste, auch wenn wir unser Möglichstes tun, mit Gottes Hilfe einige ihrer Galionsfiguren zu treffen.

3. Soldaten, Polizeikräfte und Spione
Sie sind Augen, Ohren und Hände des Besatzers, der sich ihrer bedient, um zu sehen, zu hören und Gewalt auszuüben. Mit Gottes Hilfe sind wir entschlossen, sie künftig zu einer privilegierten Zielscheibe zu machen, bevor sich die Situation stabilisiert hat und sie zu Verhaftungen übergehen werden.

4. Die Schiiten
Sie sind in unseren Augen das Schlüsselelement für eine Veränderung. Damit meine ich, dass, indem wir sie zur Zielscheibe nehmen und ins Herz [ihrer] religiösen, politischen und militärischen Strukturen treffen, wir ihre Wut auf die Sunniten entfachen ..., wir zwingen sie, die Zähne zu zeigen und den heimtückischen Groll, der sie im Innersten antreibt, zu offenbaren. Wenn es uns gelingt, sie auf den Schauplatz des Partisanenkriegs zu treiben, wird es möglich, die Sunniten ihrer Unbekümmertheit zu entreißen, weil sie die Last der unmittelbaren Gefahr und der verheerenden Todesbedrohung, die von diesen Sabäern ausgeht, verspüren werden. So schwach und gespalten sie auch sein mögen, die Sunniten sind die schlagkräftigsten Feinde, die entschlossensten Kämpfer und die loyalsten Gefährten gegen die Batini[29] (Schiiten), die ein Volk von Verrätern und Feiglingen sind. Tapfer sind sie nur gegenüber den Schwachen, und sie greifen nur die an, die schon am Boden liegen. Die meisten Sunniten sind sich der Gefahr bewusst, die von diesen Leuten ausgeht, sie misstrauen ihnen und wissen, was geschehen würde, wenn sie es zuließen, dass sie an Macht gewinnen. Wenn man sich nur nicht mit der Schwäche der Sufi-Scheichs und der [Muslim-]Brüder hätte abfinden müssen, die Dinge hätten eine andere Wendung genommen.

Bald werden die Schlummernden aus ihrem bleiernen Schlaf erwachen und sich erheben, aber unsere Operation setzt auch voraus, dass wir die Schiiten neutralisieren und ihnen vor der Schicksalsschlacht die Zähne ziehen; wir müssen auch bald die Wut des Volkes auf die Amerikaner schüren, die die Zerstörung verbreitet haben und

---

29 Batini (arab. *Batini,* »versteckt«). Eine Untergruppe der Ismaeliten (Siebener-Schiiten). Die Batini glauben, dass jeder Koranvers neben der vordergründigen noch eine versteckte Bedeutung habe, die nur den Eingeweihten, nicht aber dem gewöhnlichen Volk bekannt ist.

die Hauptursache für diese Pest sind. Das Volk muss sich hüten, sich mit dem Honig und den Freuden voll zu saugen, die ihm bislang verwehrt waren, denn die Männer laufen Gefahr, schwach zu werden, der Sicherheit ihres Zuhauses den Vorzug zu geben und für den Lärm der Schwerter und das Gewieher der Pferde taub zu sein.

5. Die Mechanismus der Aktion

Unsere jetzige Situation zwingt uns dazu, wie ich es euch bereits sagte, mit Mut und Präzision vorzugehen, und zwar schnell, denn [ansonsten] werden wir kein Ergebnis erzielen, das der Religion gemäß ist. Gott der Allerhöchste allein weiß, was geschehen wird, aber wir unsererseits sehen die Lösung darin, die Schiiten in die Schlacht zu treiben, denn das ist das einzige Mittel, um unseren Kampf gegen die Ungläubigen weiterzuführen. Wir sagen, dass wir sie aus mehreren Gründen in die Schlacht treiben müssen, die nachstehend genannt sind:

1. Sie (das heißt die Schiiten) haben dem Volk des Islam heimlich den Krieg erklärt. Sie sind der gefährliche, den Sunniten unmittelbar nahe stehende Feind, wenn auch die Amerikaner ebenfalls ein großer Feind sind. Die Gefahr, die von den Schiiten ausgeht, ist dennoch größer und der Schaden, den sie uns zufügen, schlimmer und zerstörerischer für die [islamische] Nation als der, den uns die Amerikaner zufügen, über die fast einhellig die Meinung geäußert wird, dass sie der Aggressor sind und getötet werden müssen.
2. Sie haben den Amerikanern ihre Freundschaft und Hilfe angeboten und sich ihnen im Kampf gegen die Mudschahidin angeschlossen. Sie haben sich bemüht, dem Dschihad und den Mudschahidin ein Ende zu bereiten, und unternehmen in dieser Hinsicht weiterhin größte Anstrengungen.
3. Unser Kampf gegen die Schiiten ist das Mittel, die [islamische] Nation in die Schlacht zu treiben. Wir beschäftigen uns hier mit den Details unserer Aktion. Wir haben bereits gesagt, dass die Schiiten die Uniform der Armee, der Polizei und der irakischen Sicherheit[skräfte] angelegt haben und die Fahne der Verteidigung von Land und Leuten hochhalten. Unter dieser Fahne vereint, haben sie begonnen, die Sunniten zu liquidieren, die sie beschuldigen, Saboteure zu sein, Überbleibsel der Baath-Partei und Terroristen, die das Böse im Land verbreiten. Die Leitlinien hat ihnen der [irakische] Regierungsrat vorgegeben, und die Amerikaner haben ihnen gestattet, sich unter das sunnitische Volk und die Mud-

schahidin zu mischen. Dafür ein Beispiel, das uns zurück in jene Gegend führt, die das sunnitische Dreieck genannt wird, sofern dies der Name dieser Gegend ist. Die Armee und die Polizeikräfte haben begonnen, sich in diesem Gebiet auszubreiten, und gewinnen mit jedem Tag mehr Macht. Verantwortungsvolle Posten haben sie Agenten anvertraut, die sie unter den Sunniten und der Bevölkerung des Landes [rekrutiert] haben. Mit anderen Worten: Diese Armee und diese Polizeikräfte sind manchmal über Familienbande, Blut und Ehre mit den Bewohnern verbunden. In Wirklichkeit ist diese Gegend die Drehscheibe für all unsere Aktivitäten. Wenn die Amerikaner aus diesen Gebieten verschwunden sein werden – und sie haben bereits mit dem Rückzug begonnen – und diese Agenten an ihre Stelle getreten sind, die schicksalhaft mit dem Volk dieser Erde verbunden sind, wie wird es dann mit uns weitergehen?

Wenn wir sie bekämpfen (und wir müssen sie bekämpfen), werden wir einer Alternative gegenüberstehen. Das heißt:

1. Wir bekämpfen sie, und zwar mit größten Schwierigkeiten wegen der Kluft, die sich zwischen uns und den Menschen in diesem Land auftun wird. Wie können wir ihre Vettern und Söhne bekämpfen, und unter welchem Vorwand, sobald die Amerikaner, die von ihren rückwärtigen Stützpunkten aus die Zügel der Macht in der Hand halten, sich zurückgezogen haben werden? Die Entscheidung darüber obliegt zu gegebener Zeit den wahren Söhnen dieses Landes. Die Demokratie ist im Anmarsch; wenn sie erst eingeführt ist, gibt es für uns keine Entschuldigung mehr.
2. Wir brechen auf und machen uns auf die Suche nach einem neuen Land, wie es in der Geschichte des Dschihad leider häufig der Fall war, weil unser Feind an Macht gewinnt und seine Wurzeln Tag für Tag festigt. Beim Herrn der Kaaba, [dies] wird uns lähmen und in den Abgrund der Irrungen führen. Die Leute folgen der Religion ihrer Könige. Ihre Herzen sind mit euch, und ihre Schwerter sind auf Seiten der Bani Umayya (Omajaden[30]), das heißt mit Macht, Sieg und Sicherheit. Gott habe Erbarmen.

---

30 Die Sunniten gründen sich auf den Khalifen Moawija, der dem Geschlecht der Omajaden (Ommayaden, Ummayaden) entstammte, die Schiiten auf dessen Konkurrenten Ali ibn Ali Talib als Viertem Imam.

Ich wiederhole es noch einmal, unsere einzige Lösung besteht darin, die Schiiten zu treffen, ihre religiösen, militärischen und sonstigen Kader anzugreifen, sie unablässig niederzuzwingen, bis sie sich den Sunniten unterwerfen. Manche mögen der Ansicht sein, wir seien in dieser Frage übereifrig und streng, wir würden die [islamische] Nation in eine Schlacht treiben, auf die sie nicht vorbereitet ist, die abstoßend sein und in der viel Blut fließen wird. Dies aber ist genau das, was wir wollen, denn in der jetzigen Situation hat die Unterscheidung zwischen dem, was gerecht ist und was nicht, keine Daseinsberechtigung mehr. Die Schiiten haben all diesen Begriffen vom Gleichgewicht ein Ende gesetzt. Die Religion Gottes ist kostbarer als das Leben und die Seelen. Wenn die überwältigende Mehrheit auf Seiten der Wahrheit steht, verlangt diese Religion, dass man Opfer bringt. Das Blut soll fließen, und wir werden das Schicksal der gerechten Männer lindern, indem wir ihren Einzug ins Paradies beschleunigen. [Was] dagegen jene [angeht], die das Böse verbreiten, so werden wir von ihnen erlöst sein, denn bei Gott, die Religion Gottes ist kostbarer als alles und kommt vor Leben, Reichtum und Kindern. Die Geschichte von den »Gefährten des Grabens«, die Gott gesegnet hat, ist dafür der beste Beweis.[31] Laut Imam al-Nawawi[32] hat diese Geschichte gezeigt, dass die Stadt und die Wüste sich bis zur Vernichtung bekämpfen können, solange nicht jeder seinen Glauben an die Einzigartigkeit Gottes anerkennt, und dass dies auch gut ist. Die Menschen leben, Blut und Ehre sind gerettet nur dank des Opfers, das im Namen dieser Religion erbracht wird. Bei Gott, o Brüder, die Schiiten fordern uns immer wieder zum Kampf und rufen uns in dunkle Nächte, denen wir uns um keinen Preis entziehen dürfen. Sie sind eine unmittelbare Gefahr, und der Gegenstand der Befürchtungen, die wir alle teilen, ist ein realer. Wisset, dass diese [Schiiten] die feigsten Kreaturen Gottes sind und dass, indem wir ihre Führer töten, wir sie noch schwächer und feiger machen, denn wenn einer ihrer Führer den Tod findet, stirbt die ganze Sekte mit ihm. Wenn aber ein Sunnitenführer stirbt oder getötet wird, dann taucht ein [neuer]

---

31 Im 5. Jahr nach der Auswanderung Mohammeds von Mekka nach Medina ließ Mohammed einen Verteidigungsgraben um Medina anlegen, um die Stadt vor ungläubigen Angreifern zu schützen. So konnte die kleine Gruppe der Gefährten Mohammeds die Stadt erfolgreich gegen eine große Übermacht verteidigen.

32 Imam al-Nawawi (1233–1277): islamischer Gelehrter aus Nawa (südlich von Damaskus).

Sajid (Herr, Führer) auf. Sie gehen mit allem Eifer in die Schlacht und machen den Schwächsten unter den Sunniten wieder Mut. Wüsstet ihr, wie beklommen vor Angst die Sunniten sind, ihr würdet Tränen der Trauer über sie vergießen. Wie viele Moscheen wurden in Husseinijas (schiitische Moscheen[33]) verwandelt, wie viele Häuser haben sie über ihren Bewohnern zum Einsturz gebracht, wie viele Brüder getötet und verstümmelt, und wie viele Schwestern wurden in den Händen der verkommenen Ungläubigen in ihrer Ehre besudelt? Wenn es uns gelingt, ihnen immer wieder schmerzliche Schläge zuzufügen und sie so in die Schlacht zu zwingen, werden wir die Karten [neu] mischen können. Dann wird der Regierungsrat keinerlei Legitimität mehr besitzen, ebenso wenig wie die Amerikaner, die sich in eine zweite Schlacht gegen die Schiiten stürzen werden. Das ist es, was wir wollen, und viele Sunnitengebiete werden sich wohl oder übel auf die Seite der Mudschahidin schlagen. Auf Dauer werden sich die Mudschahidin dieser entscheidenden Gebiete, von denen aus sie die Offensive gegen die Schiitenbastionen starten können, bemächtigen; sie werden auch ihre Medienarbeit präzise abstimmen und eine solide Strategie entwickeln können, um die Mudschahidin [im Irak] und die Brüder im Ausland für sich zu gewinnen.

1. Wir befinden uns in einem wirklichen Wettlauf gegen die Zeit, um schnellstmöglich Kompanien aus Mudschahidin zu bilden, die in den Schutzzonen Stellung beziehen und Anstrengungen unternehmen, um ein flächendeckendes Netz von Kontrollpunkten im Land zu errichten und auf sämtlichen Wegen bis hin zum kleinsten Pfad Jagd auf den Feind (die Amerikaner, Polizeikräfte und Soldaten) zu machen. Wir werden sie weiterhin in immer größerer Zahl erschaffen. Die Schiiten werden wir, so Gott will, mit Hilfe von Selbstmordanschlägen und Autobomben bis ins Mark treffen.
2. Seit geraumer Zeit schon bemühen wir uns, das Schauspiel der Operationen aufmerksam zu verfolgen und diejenigen auszuwählen, die versuchen, ehrliche und aufrechte Männer zu finden, die sich uns anschließen, um das Richtige zu tun und mit ihrer Hilfe gesonderte Aktionen auf die Beine zu stellen; wir werden diese Männer testen und mit dem Ziel, der Solidarität und Geschlossenheit ein festes Fundament zu geben, auf die Probe stellen. Wir hof-

---

33 Husseinija: benannt nach Hussein, dem zweiten Sohn von Ali ibn Abi Talib und 3. Imam der Schiiten.

fen, auf diesem Weg große Fortschritte erzielt zu haben. Vielleicht beschließen wir schon bald, unsere Aktionen öffentlich zu machen, auch wenn ein solcher Schritt allmählich erfolgen muss, damit wir vor aller Augen agieren können. Wir verstecken uns schon seit langem. Wir arbeiten derzeit an einem systematischen Dossier, in dem die Fakten aufgedeckt und unsere Beschlüsse dargelegt werden und durch das die Entschlossenheit gestärkt wird; so wird bei der Fortführung des Dschihad die Wirkung der Feder in die des Schwertes eingehen.

3. Wir werden ferner vermehrt Anstrengungen unternehmen, um der Ungewissheit, die unser Unterfangen zunichte macht, ein Ende zu bereiten und die Regeln der Scharia zu erläutern, mit Hilfe von Kassetten, schriftlichen Dokumenten, Studien und Bildungsprogrammen, die das Bewusstsein schärfen und die Lehre von der Einzigartigkeit Gottes fest verankern sollen, die der Schaffung der Infrastruktur dienen und dabei helfen sollen, dass wir [unseren] Verpflichtungen nachkommen.

5. [sic] Der Ablauf der Operationen

Wir hoffen, dass wir unser Arbeitstempo erhöhen und Kompanien und Bataillone aus erprobten und widerstandsfähigen Spezialisten zusammenstellen werden, die sich auf den schicksalhaften Moment vorbereiten, da wir ohne Deckung in Erscheinung treten; dann werden wir das Gebiet bei Nacht unter unsere Kontrolle bringen und es bei Tageslicht erweitern, sofern Gott der Allerhöchste, der Eroberer, es uns erlaubt. Wir hoffen, dass diese Operation (ich meine diese schicksalhafte Stunde) ungefähr vier Monate vor dem Zeitpunkt stattfindet, da die von unseren Feinden in Aussicht gestellte Regierung gebildet wird. Wir ihr seht, befinden wir uns in einem Wettlauf gegen die Zeit. Wenn es uns gelingt, wie wir hoffen, einen Rollenwechsel vorzunehmen und ihre Pläne zu durchkreuzen, so wird es gut sein. Wenn das Gegenteil geschieht (und wir erflehen den Schutz Gottes) und die Regierung das gesamte Gebiet unter ihre Kontrolle bringt, müssen wir aufbrechen und in andere Länder ziehen, wo wir unsere Flagge erneut hissen können und es Gott überlassen bleibt, uns in seinem Namen zum Martyrium aufzurufen.

6. Und was ist mit euch?

Ihr, ehrwürdige Brüder, seid die Führer, Wegweiser und Symbolfiguren im Dschihad und im Kampf. Wir halten uns nicht für würdig, eure Autorität in Frage zu stellen, und wir haben nie Ruhm zu unserem eigenen Nutzen angestrebt. Wir hoffen lediglich, die Speerspitze zu werden, die anregende Avantgarde, die Brücke, die sich über unsere [islamische] Nation spannt und über die wir das Ufer des uns verheißenen Sieges und die erhoffte Zukunft erreichen. Dies ist unsere Vision, wie wir sie soeben dargelegt haben. Dies ist der Weg, der sich uns darbietet, wie wir ihn soeben in groben Zügen skizziert haben. Wenn ihr mit uns in diesem Punkt einer Meinung seid, wenn ihr ihn euch als unser gemeinsames Programm und als den zu beschreitenden Weg zu Eigen macht, und wenn ihr euch uns in der Meinung anschließt, dass wir die Sekten der Apostasie bekämpfen sollen, so sind wir eure forschen Soldaten und werden unter eurer Fahne all unsere Kräfte aufbieten, uns euren Befehlen beugen und ohne zu zögern Treue schwören, öffentlich und in den Medien, zum Ärger der Ungläubigen und zur Freude derer, die die Einzigartigkeit Gottes preisen. An jenem Tag werden die Gläubigen den Sieg Gottes feiern. Wenn euch die Dinge anders erscheinen, sind wir Brüder, und die unterschiedliche Ansicht wird [unsere] Freundschaft nicht beeinträchtigen. Wir arbeiten in dieser Sache zusammen, um das Gute zu bewirken und den Dschihad zu unterstützen. In der Erwartung eurer Antwort, auf dass Gott euch schütze, ihr, die ihr die Krönung des Guten und die lebendige Kraft des Islam und seines Volkes seid. Amen, amen.

Der Friede und die Barmherzigkeit und der Segen Gottes seien mit euch.

Quelle: Brief von Abu Mussab al-Sarkawi,
Übergangsregierung des Irak, 23. Januar 2004.

Personenregister

(Da arabische Personennamen in ihrer Vollform sehr lang sind, sind hier nur diejenigen Namensbestandteile aufgeführt, unter denen der Betreffende bekannt ist. Arabische Namen, die man unter Ch, Z vermisst, siehe unter Kh, S. Manche Namen finden sich auch unter dem vorangesetzten Artikel al?. Der besseren Lesbarkeit wegen wird für arabische Namen eine vereinfachte Transkription verwendet, die mit den Mitteln der deutschen Orthographie möglichst nahe an die Originalaussprache herankommen soll. Dabei entspricht »kh« dem deutschen Ach-Laut, »q« ist ein kehliges »k«, »th« entspricht dem entsprechenden englischen Laut, »z« ist ein stimmhaftes »s«. Einige Namen haben sich allerdings bereits in anderer Schreibweise eingebürgert, z. B. Sarkawi statt Sarqawi/Zarqawi, und werden in dieser Form übernommen.)

328

330

331

333

Danksagung

Der Autor möchte all jenen danken, ohne die dieses Buch nicht zustande gekommen wäre, und seine Dankbarkeit auch den zahlreichen Zeitzeugen gegenüber zum Ausdruck bringen, die es aus persönlichen oder beruflichen Gründen vorgezogen haben, ihre Anonymität zu wahren.